역설

독특한 방식으로 주어지는 하나님의 위로

초판 1쇄   2017년 08월 31일 발행

지은이   한병수
펴낸이   김기영
발행처   도서출판 영음사
주소   경기도 수원시 권선구 경수대로 369번길20, 4층
전화   031) 233-1401, 1402
팩스   031) 233-1409
전자우편   biblecomen@daum.net
등록   2011. 3. 1 제251-2011-14호

이 도서의 국립중앙도서관 출판시도서목록(CIP)은 서지정보유통지원시스템 홈페이지(http://seoji.nl.go.kr)와 국가자료공동목록시스템(http://www.nl.go.kr/kolisnet)에서 이용하실 수 있습니다.(CIP제어번호: CIP2017020795)

ISBN 978-89-7304-131-2 (03230)
값은 뒤표지에 있습니다.

이 책의 출판권은 도서출판 영음사에 있습니다.
저작권법에 의하여 보호를 받는 저작물이므로 무단전재와 복제를 금합니다.

역설

독특한 방식으로
주어지는
하나님의 위로

한병수 지음

Paradox
God of Comfort

도서출판
영음사

추천사

성경의 가르침에는 역설적 진리들로 가득합니다. 신학의 통일성을 강조하는 신학자가 여기 하나님의 말씀을 선포하는 설교자로 섰습니다. 그것도 역설적 진리들을 선포하기 위해서입니다. 신학과 설교의 통전성을 누구보다 잘 알고 있는 저자는 자신이 섬기는 기독교 대학 강단에서 선포한 메시지들 가운데 기독교의 역설적 진리를 담고 있는 최상의 메시지들을 선별하여 독자들에게 선보입니다. 꼼꼼하고 철저한 성경해석, 깊은 묵상을 통한 통찰력, 집요한 설득의 수사와 목회자의 따스한 심정, 수월한 가독성을 통해 저자는 "이해를 추구하는 신앙"의 진면목을 보여줍니다. 이 책은 기독대학생들을 넘어 더 넓은 독자들과 청중들을 향해 출항하는 돛단배와 같습니다. 탁월한 메시지 컬렉션입니다. 18편의 정찬 메뉴가 여러분을 기다리고 있습니다.

류호준(백석대학교 구약학 교수)

한병수 박사의 강론집 '역설'은 우선 두 가지 점에서 나를 유혹했다. 첫째는 '역설'이라는 책 제목이었다. 설교집은 대체로 하나님, 십자가, 복음, 구원, 은혜, 사랑 등과 같은 단어가 포함되는데, 이런 기대와는 달리 '역설'이란 제목이 신선하게 다가왔다. 뭔가 부박(浮薄)을 타파하는 창신의 의지가 내감을 스쳐 나의 호기심을 자극했다. 둘째는 다름 아닌 한병수 박사의 강론집이라는 점이 나의 관심을 끌었다. 한병수 박사는 한국과 미국에서 오랫동안 학문에 정진하여 서양신학의 학맥을 섭렵한 신학자일 뿐만 아니라 신앙적 인격과 품성을 지닌 학자인데 그는 어떻게 설교했을까? 나는 그를 알고 그의 깊은 학문세계를 보았지만, 그의 설교를 들은 일이 없다. 그래서 그가 요리하고 직조(織造)한 설교가 궁금했다. 그래서 이 책은 나에게 호기심으로 다가왔다.

나는 이 강론집을 읽으면서 저자가 제목으로 제시한 바와 같은, 성경이 말하는 진리, 혹은 기독교적 가치는 우리들의 현실에서는 '역설적'이라는 점을 다시 배우게 되었다. '역설'이란 겉으로 보기에는 명백히 모순되고 부조리하게 보이지만, 그 속에 진실을 담고 있는 그 무엇에 대한 표현인데, 저자는 우리가 그르려니 하고 지나쳤던 역설적 진리를 18가지 성경 본문을 통해 명쾌하게 제시하고 있다. 무턱대고 믿으라고 윽박지르지 않고 차분하면서도 논리적으로 우리의 이성을 자극한다. 그리고는 성경이 가르치는 바는 이것입니다 라고 제시한다.

오늘의 많은 그리스도인들은 현세적 안녕과 평안과 부를 추구한다. 그것이 신앙의 목표가 되고 있다. 내세관도 따지고 보면 현세적 안녕과 평안의 연장이라는 의미가 강하다. 말하자면 흉(凶)과 화(禍)를 피하고 길(吉)과 복(福)을 종교적 이상으로 여기고 있다. 그래서 고통보다는 평안을, 환란 보다는 형통을 신앙의 이상으로 여긴다. 그런데 저자는 평안보다는 고통이, 형통보다 환란이 진리를 담아내는 '그릇'이라고 말하면서 범인의 상식을 타파한다. 여기에 역설이 있다. 저자가 말하는 역설이란 우리 눈에 비친, 혹은 우리의 가치관으로 볼 때는 전도(顚倒)된 진리라는 점을 지적한다. 그래서 우리가 볼 때는 이해할 수 없지만, 성경이 말하는, 하나님 나라의 역설적 가르침을 제시하고 바른 신앙행위가 무엇인가를 보여준다.

이 책은 유망한 신학자의 오랜 연학(研學)이 빚어낸 강론으로서 성경의 가르침을 헤아리는 저자의 성경신학적 안목이 잘 드러나 있다. 무엇보다도 개혁신학 전통에 굳게 선 그의 성경해석이 신뢰를 주고 있다. 이 책에 수록된 설교는 특수한 그 무엇이 아니다. 우리들의 일상의 현실에서 마주하는 문제들을 취급하고 있고, 그 주제들을 편안하게 해설하면서 우리를 말씀의 깊은 자리로 인도하고 있다. 설교집의 범람 가운데서도, 이 책이 꼭 읽혀져야 하는 이유는 하나님의 말씀을 바르게 해설하고 있기 때문이다. 이 책은 "예수 믿고 복 받자"는 현실 안주적인 천박한 기독교에 대한 경고이자 성경이 말하는 기독교 신앙이 무엇인가를 선명하게 제시하고 있다. 종교개혁 500주년을 맞는 이 때 이 책이 출판된 것은 하나님의 은혜라고 생각한다.

이상규(고신대학교 역사신학 교수)

머리말

  수학의 전설인 피타고라스는 세계를 "수"라고 했습니다. 신적인 존재와의 소통도 '수' 본성을 파악하면 가능할 것이라고 했습니다. 그러나 이 세상에서 수학이 담아내는 지식의 분량과 영역은 그렇게 크지 않습니다. 덧셈과 뺄셈과 곱셈과 나눗셈의 질서가 통용되는 범위는 눈에 보이는 가시적인 세계의 일부분일 뿐입니다. 고대부터 지금까지 수학의 지속적인 발전이 있었지만 유의미한 변화는 없었습니다. 오히려 의도하지 않은 인간의 지적인 한계만 무의식 중에 드러내고 있을 뿐입니다. 자연은 수의 안식처가 아닙니다. 오히려 자연과 수 사이의 부조화와 부적응 사태가 빚어지고 그 사태의 심각성이 증폭되고 있습니다.

  사람들은 원인과 결과라는 도식도 지식을 담아내는 유용한 그릇으로 애용하고 있습니다. 그러나 세상에는 인과율이 적용되지 않아서 운명이나 우연으로 분류되는 일들이 얼마나 많은지 모릅니다. 그리고 원인과 결과 사이에 무수히 많은 인과율의 연쇄가 생략되고 있어 저의 눈에는 비약에 면죄부를 제공하는 방편으로 남용되고 있는 듯합니다. 사람들이 생각하는 원인은 사실 원인이 아니라 다른 결과보다 앞선 결과일 뿐입니다. 연쇄적인 결과들의 시간적인 배열에 불과한 인과율이 담아낼 수 있는 지식의 범주도 그리 넓지가 않습니다.

대전제와 소전제와 결론으로 구성되는 삼단논법 경우에도 비록 지식의 단편적인 내용들을 담아내는 요긴한 도구이지만 마치 깨어진 그릇처럼 지식의 중요하고 본질적인 부위들은 많이 놓칩니다. 다음과 같은 사례를 보십시오. "인간은 죽는다"(대전제). "나는 인간이다"(소전제). "그러므로 나는 죽는다"(결론). 우리 각자가 죽는다는 것은 굳이 논리적인 설명의 도구를 사용하지 않더라도 쉽게 이해되는 것입니다. 불필요한 설명일 수도 있습니다. 인간은 누구이고, 왜 죽는지에 대해서는 아무런 설명이 없습니다. 모든 사람들이 공감하는 이해의 평균치에 걸러지는 지식은 당연히 제한적일 수밖에 없습니다.

수학과 논리학과 인과율이 담아내지 못하는 대단히 중요한 기독교의 진리는 대체로 역설의 형태를 취하고 있습니다. 역설(παρά-δοξος)은 모순되는 듯한 설명을 가리키는 말입니다. 성경에서 역설은 인간의 보편적인 상식이나 대중들의 폭넓은 공감대나 사람들의 일반적인 경험과는 상충되는 진리의 내용을 담아내는 유용한 그릇으로 사용되고 있습니다. 죽음의 때를 영광으로 여기시는 예수님, 연약함을 주님의 강함이 주어지는 준비로서 자랑하는 바울, 아무런 까닭도 없이 하나님을 경배와 사랑의 대상으로 여기는 욥, 자신의 생명보다 하나님 앞에서의 경건을 더 소중하게 여기는 다니엘, 보이는 것이 아니라 보이지 아니하는 것의 증거를 붙들고 믿음으로 살아가는 의인, 부와 명예의 추구자가 아니라 하나님 경외와 명령의 준행을 인간의 본질로 이해하는 솔로몬은 모두 역설의 귀재이며 너무나도 심오한 기독교의 진리를 우리에게 전달하고 있습니다. 이러한 역설의 진리는 세상이 생산할 수도 없고 공급할 수도 없습니다. 아예 관심도 없습니다. 역설적인 진리의 생산과 공급은 교회의 고유한 몫입니다.

〈역설〉은 제가 여러 교회에서 전달한 설교들을 모은 책입니다. 책의 제목은 세상의 지식과는 너무나도 확연하게 구별되는 기독교의 진리를 묵상하고 설교할 때마다 그 진리가 세상의 논리 속에서는 마치 거짓인 것처럼 모순인 것처럼 여겨져서 붙인 것입니다. 비록 역설로 보이지만 "우리는 속이는 자 같으나 참되고 무명한 자 같으나 유명한 자요 죽은 자 같으나 보라 우리가 살아 있고 징계를 받는 자 같으나 죽임을 당하지 아니하고 근심하는 자 같으나 항상 기뻐하고 가난한 자 같으나 많은 사람을 부요하게 하고 아무 것도 없는 자 같으나 모든 것을 가진 자"입니다(고후 6:8-10). 예수님이 그런 분이셨고 성경이 그런 책입니다.

부족한 원고를 꼼꼼하게 읽고 아름답게 편집하고 고급스런 단행본의 옷을 입혀 주신 영음사 대표님과 편집팀, 그리고 특별히 과분한 추천사로 연약한 저자를 격려해 주신 사랑하고 존경하는 류호준 교수님과 이상규 교수님께 진심으로 감사의 마음을 전합니다.

2017년 7월 전주대 교정에서
한병수

- 차례 -

추천사 — 4
머리말 — 8

1
위로의 하나님
고후 1:4-9 — 15

2
참된 예배자
롬 12:1 — 27

3
사랑의 예수
롬 5:8 — 41

4
예수님은 누구신가?
마 16:13-18 — 65

5
긍휼의 복
마 5:7 — 85

6
베드로의 선택: 하나님의 아들
마 14:27-33 — 103

7
성경이 말하는 복
시 73:25-28 — 121

8
여호와는 나의 목자
시 23:1 — 141

9
내가 응하리라
호 2:21-23 — 159

10
하나님의 뜻을 분별하라
행 21:4-14
179

11
자발적인 순종
빌 2:5-8
195

12
서로 용서하라
엡 4:32
209

13
까닭없는 신앙
욥 1:9
225

14
바울의 상급
고전 9:16-18
239

15
믿음의 본질
히브리서 11:1-3
257

16
다니엘의 경건
단 6:10
269

17
생각의 습관
빌 4:6-8
289

18
듣는 마음
왕상 3:9-13
311

1
위로의 하나님

⁴우리의 모든 환난 중에서 우리를 위로하사 우리로 하여금 하나님께 받는 위로로써 모든 환난 중에 있는 자들을 능히 위로하게 하시는 이시로다 ⁵그리스도의 고난이 우리에게 넘친 것 같이 우리가 받는 위로도 그리스도로 말미암아 넘치는도다 ⁶우리가 환난 당하는 것도 너희가 위로와 구원을 받게 하려는 것이요 우리가 위로를 받는 것도 너희가 위로를 받게 하려는 것이니 이 위로가 너희 속에 역사하여 우리가 받는 것 같은 고난을 너희도 견디게 하느니라 ⁷너희를 위한 우리의 소망이 견고함은 너희가 고난에 참여하는 자가 된 것 같이 위로에도 그러할 줄을 앎이라 ⁸형제들아 우리가 아시아에서 당한 환난을 너희가 모르기를 원하지 아니하노니 힘에 겹도록 심한 고난을 당하여 살 소망까지 끊어지고 ⁹우리는 우리 자신이 사형 선고를 받은 줄 알았으니 이는 우리로 자기를 의지하지 말고 오직 죽은 자를 다시 살리시는 하나님만 의지하게 하심이라

고린도후서 1:4-9

억울하고 답답하고 고통스런 일들을 좋아하는 사람은 아무도 없습니다. 그러나 인생에는 원하지 않아도 그러한 일들이 많이 일어납니다. 이러한 환난은 우리가 예측할 수 없고 통제할 수 없는 무수히 많은 변수들로 인하여 생겨납니다. 그럼에도 우리가 확신하는 것은 비록 우리가 무지하고 무기력하지만 우리를 사랑하고 도우시는 하나님이 우리와 함께 계시다는 사실입니다. 하나님은 온 세상의 만물을 다스리는 분입니다. 인생의 모든 요소들을 주관

하고 계십니다. 우리가 그 하나님을 믿는다면 아무리 우리의 지각과 능력을 벗어난 환난들이 발생해도 걱정할 필요가 없습니다. 도무지 해결책이 보이지 않는 절망의 막다른 코너에 내몰리는 상황이라 할지라도 하나님은 피할 소망의 길을 내십니다. 우리의 하나님은 황폐한 광야 속에서도 풍성한 식탁을 내시고 시체의 악취와 죽음의 뼈다귀가 나뒹구는 아골 골짜기에도 소망의 문을 만드시는 분입니다.

독특한 방식으로 주어지는 하나님의 위로

본문에서 바울은 고통과 슬픔과 역경에 빠진 성도들에게 위로의 하나님을 가르치고 있습니다. "우리의 모든 환난 중에서 우리를 위로하사 우리로 하여금 하나님께 받는 위로로써 모든 환난 중에 있는 자들을 능히 위로하게 하시는 이시로다"(4절). 하나님은 당신의 자녀와 백성된 우리가 환난을 당할 때에 팔장을 낀 채 무심한 표정으로 관망하는 분이 아닙니다. 하나님의 눈에 우리는 "보시기에 심히 좋은" 존재이며, 하나님은 시인의 입술을 통해 우리에게 "땅에 있는 성도는 존귀한 자니 나의 모든 즐거움이 저들에게 있다""(시 16:3)고 하십니다. 하나님은 "너로 말미암아 기쁨을 이기지 못하시며 너를 잠잠히 사랑하고 너로 말미암아 즐거이 부르며 기뻐하는 분"(습 3:17)이라고 말씀하고 있습니다. 하나님의 이러한 사랑과 관심은 우리에게 그것에 어울리는 훌륭한 자격이 있어서가 아니라 그리스도 안에서 값없이 거저 주시는 사랑입니다. 하나님은 우리를 결코 버리시지 않습니다. 언제나 위로해 주십니다. 그래서 바울은 지금 위로의 하나님을 소개하며 노래하고 있습니다.

그런데 하나님의 위로에는 그 위로가 주어지는 독특한 방식이 있습니다. 그냥 하늘에서 위로가 뚝 떨어지는 방식이 아닙니다. 하나님은 분명히 우리를 위로하는 분이신데, "우리로 하여금 하나님께 받는 위로로써 모든 환난 중에 있는 자들을 능히 위로하게 하시는 분"(4절)이라고 말합니다. 하나님은 사람을 통해서 위로를 주십니다. 특별히 동일한 환난을 당한 경험자를 통해서 주십니다. 우리가 환난을 당하면 첫째는 하나님의 위로를 받습니다. 둘째는 하나님께 받은 위로는 동일한 환난을 경험하는 다른 사람들의 위로를 위한 도구로 쓰임을 받습니다. 환난이 클수록 하나님의 위로도 클 수밖에 없습니다. 그렇다면 다른 사람들을 위해 더 큰 위로를 준비하는 셈입니다. 아무리 큰 환난이 우리에게 닥쳐도 우리가 염려하지 않는 이유는 환난의 그러한 크기에 버금가는 하나님의 위로가 주어질 것이기 때문입니다.

그리스도 예수의 고난은 우리가 받는 위로의 원천

이러한 바울의 깨달음은 예수님의 교훈에서 온 것입니다. 바울은 그리스도 예수께서 그렇게 하셨기 때문에 그를 본받아 따라하는 것이라고 말합니다.

"그리스도의 고난이 우리에게 넘친 것같이 우리가 받는 위로도 그리스도로 말미암아 넘치는도다"(고후 1:5).

이는 예수님과 바울 사이에 이미 고난과 위로의 원리가 있었다는 말입니다. 주님은 무한한 고난을 당하셨으나 동시에 아버지 하나님으로부터 무한한 위로를 받으셨습니다. 주께서 고난 받으실 때 무한한 위로를 받으신 것처럼, 바울 자신도 큰 환난 속에서 아버지 하나님으로부터 위로를 받았다는 것입니다. 우리가 환난을 기뻐하는 이유가 여기에 있습니다. 그리스도 예수의 고난과 위로가 바로 예수님의 남은 고난을 당하는 우리 모두에게 위로의 원천이 되기 때문입니다. 위로의 원천이신 예수님의 위로가 우리에게 넘침으로 우리가 다른 사람들을 위로할 수 있는 것입니다. 따라서 우리가 당하는 환난이 동일한 환난을 당하는 사람들에게 위로가 될 수 있습니다.

우리에게 환난과 고난이 있는 이유

바울은 자신이 환난을 당하는 데에는 목적이 있다고 말합니다. 그 목적은 "너희가 위로와 구원을 받게 하려는 것"입니다(6절). 환난과 역경을 감수하는 이유는 의무감과 강요 때문이 아닙니다. 바울은 자원하는 마음으로 고린도 교회의 성도들을 위해 "재물도 허비하고 또 나 자신까지 허비"(고후 12:15)할 것이라고 말합니다. 골로새 교회의 성도들에 대해서는 "너희를 위하여 받는 괴로움"(골 1:24)을 기뻐하고 있다고 말합니다. 자신이 당하는 고난을 동일하게 당하는 분들에게 확실한 위로와 구원이 주어질 것이기 때문에 기꺼이 기쁨으로 복음과 함께 고난을 받겠다는 것입니다. 우리가 환난을 당할 때에 이러한 사실을 기억하는 것이 좋습니다. 무엇보다 환난을 당하는 우리에게 주님의 위로가 반드시 있다는 것입니다. 그리고 이 위로는 우리뿐만 아니라 동일한 고난을 당하는 모든 분들에게 확실히 전해지게 된다는 것입니다. 7절에서 바울은 이렇게 말하고 있습니다.

> "너희를 위한 우리의 소망이 견고함은 너희가 고난에 참여하는 자가 된 것 같이 위로에도 그러할 줄을 앎이라"(고후 1:7).

바울은 단순히 고난과 위로의 원리를 이론으로 전개하고 있지 않습니다. 실제로 그가 받은 극도의 고난이 있었다고 말합니다. 고난의 구체적인 내용은 적시하지 않고 있습니다. 그래서 추론할 수밖에 없습니다. 학자들은 다음과 같은 고난들 중의 하나였을 것이라고 말합니다. 고린도후서 11장 23-27절을 보십시오.

"그들이 그리스도의 일꾼이냐 정신 없는 말을 하거니와 나는 더욱 그러하도다 내가 수고를 넘치도록 하고 옥에 갇히기도 더 많이 하고 매도 수없이 맞고 여러 번 죽을 뻔하였으니 유대인들에게 사십에서 하나 감한 매를 다섯 번 맞았으며 세 번 태장으로 맞고 한 번 돌로 맞고 세 번 파선하고 일 주야를 깊은 바다에서 지냈으며 여러 번 여행하면서 강의 위험과 강도의 위험과 동족의 위험과 이방인의 위험과 시내의 위험과 광야의 위험과 바다의 위험과 거짓 형제 중의 위험을 당하고 또 수고하며 애쓰고 여러 번 자지 못하고 주리며 목마르고 여러 번 굶고 춥고 헐벗었노라"(고후 11:23-27).

제가 보기에도 바울이 경험했던 환난은 이러한 위험들 중의 하나였을 것입니다. 여기에 하나를 더 추가할 수 있다면 아마도 교회에 대한 사랑일 것입니다. "이외의 일은 고사하고 아직도 날마다 내 속에 눌리는 일이 있으니 곧 모든 교회를 위하여 염려하는 것이라"(고후 11:28). 날마다 바울의 마음을 누른 모든 교회를 위한 염려, 참으로 향기로운 환난인 것 같습니다. 실로 바울은 모든 종류의 환난들을 거의 다 경험한 사람인 것 같습니다.

"약할 그 때에 곧 강함"이란 모순의 의미

그런데 바울은 연약하여 대처할 능력이 없는 환난들을 당하면서 위축되는 기색을 전혀 보이지 않습니다. 오히려 복음을 전하다가 당하는 환난 속에서 "약한 것들과 능욕과 궁핍과 핍박과 곤란"을 기뻐하되 그 이유로서 "내가 약할 그때에 곧 강하기 때문"(고후 12:10)이란 역설적인 생각을 밝힙니다. 여기에서 약함은 바울 자신의 것이고 강함은 주님의 것입니다. 바울은 자신의 연약함을 '예수 그리스도의 능력이 내게 머무는 장치'(고후 12:9)라고 말합니다. 즉 연약함은 인간적인 강함이 아니라 주님의 강한 능력이 머무는 조건이기 때문에 기뻐했던 것입니다. 우리가 약할수록 주님의 강력한 능력은 보다 선명하게 드러날 것입니다. 우리에게 연약함이 있습니까? 바울처럼 기뻐하는 것이 마땅하고 옳습니다.

바울은 자신이 아시아 지역에서 당했던 환난을 "힘에 겹도록 심한 고난을 당하여 살 소망까지 끊어지고 우리는 우리 자신이 사형선고를 받은 줄 알"(9절) 정도라고 말합니다. 그렇다면 주님께서 바울에게 주신 위로도 사형선고 수준의 능력으로 임했을 것입니다. 바울은 자신이 사형선고 수준의 고난을 당한 이유에 대한 놀라운 고백을 기록하고 있습니다. "이는 우리로 자기를 의지하지 말고 오직 죽은 자를 다시 살리시는 하나님만 의지하게 하심이라"(9절). 인간은 본질상 자신을 의지하는 자입니다. 하나님의 뜻이 아니라 자신의 뜻을 따라 스스로 행하였던 선악과 범법 이후로 인간은 자신의 밝아진 눈으로 보고 생각하고 판단하며 마치 스스로 자존적인 것 같은 길을 갔습니다. 참으로 어리석고 미련한 길인데도 스스로 돌이킬 수 없는 길입니다.

자신이 아니라 하나님을 의지하게 된다는 것은 타락 이전의 상태로 돌아가는 회복을 뜻합니다. 하나님의 신적인 뜻과 신적인 생각과 신적인 분별과 신적인 판단을 나의 것으로 삼는 것이 바로 하나님을 의지하는 것입니다. 그래서 하나님을 의지하는 것은 복입니다. 이것은 너무나도 큰 복입니다. 이러한 복을 주시려고 하나님은 우리에게 연약함과 환난을 주십니다. 하나님은 우리가 연약하여 스스로는 도무지 극복할 수 없는 환난들을 통해 우리로 하여금 하나님을 의지할 수밖에 없도록 만드시는 것입니다. 그래서 바울은 환난과 핍박과 궁핍과 가난도 기뻐했던 것입니다. 같은 맥락에서 야고보도 우리에게 "내 형제들아 너희가 여러 가지 시험을 당하거든 온전히 기쁘게 여기라"(약 1:2)고 말합니다.

하나님을 신뢰하는 계기로 고난과 환난을 사용하라

시험과 환난을 극복한 사람들 중에 영화배우 이광기씨가 있습니다. 그는 7살짜리 아들의 목숨을 신종플루 때문에 하룻밤 사이에 잃습니다. 자신의 생명보다 소중한 아들의 죽음으로 인해 이광기씨는 절망에 빠집니다. 그러다가 지진으로 국민적인 절망에 빠진 아이티에 가서 자원봉사 활동을 합니다. 특별히 지진으로 미래가 무너진 아이들을 사랑으로 돕다가 아들을 위해 샀던 옷들을 가져와 그들에게 입혔습니다. 이러한 사랑을 통해 아들의 죽음으로 상실감에 빠져 있던 이광기씨는 치유를 받습니다. 오히려 아들의 죽음이 더 많은 아이들을 사랑해 주라는 하나님의 섭리로 해석하는 믿음까지 보입니다. 이러한 치유를 경험한 이광기씨는 나아가 세상의 치유를 꿈꾸며 지금도 세계의 절망적인 지역을 다니면서 사랑의 치유를 실천하고 있습니다.

시험과 역경과 환난을 어떤 사람들은 절망으로 해석하며 주저앉고 어떤 사람들은 보다 큰 꿈과 희망으로 진입하는 관문으로 삼습니다. 나의 인간적인 눈을 지나치게 신뢰하면 절망만 보입니다. 그러나 하나님의 섭리적인 눈으로 삶의 역경과 환난을 바라보면 새로운 희망이 보입니다. 영혼의 사형선고 같은 고난을 당할 때에 우리는 바울처럼 이 세상의 어떤 사람도 의지하지 않고 오직 하나님만 신뢰하는 계기로 삼는다면 이 땅에서 주어지지 않는 하늘의 꿈을 가슴에 품고 살아가게 될 것입니다.

우리 개개인이 경험한 환난들 중에는 어떠한 것들이 있습니까? 돌이켜 생각해 보십시오. 지금도 여전히 나에게 아픔과 근심과 분노와 원망과 증오의 기억으로 저장된 환난들이 있습니까? 이제는 바울처럼 그것들을 기쁨과 감사의 항목으로 분류해서 기억의 창고에 저장하면 좋을 것 같습니다. 그래야 먼 훗날 기억을 떠올려도 아프지 않고 후회가 없습니다. 사실 하나님께서는 우리가 화려한 복을 받았을 때보다 초라한 환난을 당했을 때에 더욱 많은 일들을 하십니다. 더 강한 능력으로 동행해 주십니다. 이것은 형통의 날들보다 환난의 날에 보다 현저한 영적 성장이 우리에게 있었다는 사실을 돌아보면 쉽게 확인하실 수 있을 것입니다. 어떤 분들은 받은 복과 은혜와 형통을 생각하며, 환난으로 아프고 괴로웠던 마음에 위로를 받을 수도 있을 것입니다. 그러나 그러지 마십시오. 우리는 위로를 형통과 환난의 비교에서 찾지 않습니다.

고난과 환난 속에 숨겨진 하나님의 선한 뜻

우리는 환난보다 형통이 많으면 비로소 기뻐하며 위로를 받는 자들이 아닙니다. 사도들의 가르침에 따라 우리는 환난도 온전히 기쁘게 여기는 자입니다. 왜냐하면 환난은 우리가 하나님을 전적으로 신뢰하고, 하나님의 능력과 위로를 경험하는 가운데 동일한 환난을 당하는 이웃에게 최고의 위로를 준비하는 과정이기 때문입니다. 앞으로도 많은 환난이 우리를 기다리고 있을 것입니다. 그러나 거기에는 주님의 선하신 뜻이 반드시 있습니다. 그래서 그 환난은 우리를 위한 것이며, 우리에게 허락된 것입니다. 그러므로 우리는 기뻐할 수 있습니다. 형통만이 아니라 환난 속에서도 기뻐하는 저와 여러분이 되시기를 바랍니다.

하나님의 역설

환난은 진리를 담아내고 전달하는 일에 형통보다 더 탁월한 그릇이다. 이것은 일반인의 상식에 어긋나는 역설이다. 실제로 우리는 형통보다 환난 속에서 인간의 연약함과 한계에 직면하고 하나님께 바짝 엎드리게 된다. 나를 알고 하나님을 깨닫는다. 환난은 우리에게 자신에 대한 신뢰의 중단을 요구하고, 하나님에 대한 전폭적인 신뢰를 요청한다. 이처럼 환난 때문에 우리는 의인이 믿음으로 말미암아 살아가는 삶의 정상적인 궤도에 올라서게 된다. 하나님의 존재와 섭리를 보다 선명하게 경험하는 계기는 형통이 아니라 환난이다. 비록 사람들은 형통을 선호하나, 환난의 역설을 아는 하나님의 사람들은 닥친 환난을 온전히 기쁘게 여기는 역설의 수혜자가 된다.

2
참된 예배자

그러므로 형제들아 내가 하나님의 모든 자비하심으로 너희를 권하노니 너희 몸을 하나님이 기뻐하시는 거룩한 산 제물로 드리라 이는 너희가 드릴 영적 예배니라

로마서 12:1

앞서간 믿음의 선진들은 기독교 신앙을 이야기할 때 '믿음'과 '선행'으로 구분해 왔습니다. 실제로 기독교 진리는 '믿어야 할 것들'(credenda)과 '행해야 할 것들'(facienda)로 구성되어 있습니다. 이러한 구성을 가장 선명하게 보여주는 성경은 로마서일 것입니다. 16장으로 된 로마서는 1장에서 11장까지는 우리가 믿어야 할 복음의 진리를 소개하고 있고, 12장에서 16장까지는 그 진리를 살아내는 실천이 언급되어 있습니다. 로마서는 이처럼 기독교의 이중적인 구조 즉 복음의 앎과 삶으로 이루어져 있습니다.

본문은 복음을 어떻게 살아낼 것인가? 즉 선행과 관계된 부분이 시작되는 문장입니다. 그런데 복음의 실천적인 삶을 소개하는 이 부분의 첫머리에 하나님께 드려져야 할 합당한 예배 이야기가 등장하고 있습니다. 바울은 하나님의 사람들이 행하여야 할 선행과 삶과 하나님께 돌려야 할 마땅한 예배를 동일한 것으로 간주하고 있습니다. 이러한 선행과 예배의 동일시에 기초하여 믿음의 선진들은 믿음의 사람들이 마땅히 행하여야 하는 선행 즉 삶이 바로 예배여야 한다고 했습니다.

삶으로 이어지지 않는 복음은 온전한 복음이 아니다

"그러므로" 이 접속사는 복음의 앎과 복음의 삶이 서로 무관하지 않음을 입증합니다. 복음은 결코 앎으로 만족되지 않습니다. 누구든지 복음을 올바르게 알면 복음으로 살아갈 수밖에 없습니다. 그런데 복음을 알기만 하고 삶으로는 이어지지 않는 분들도 계십니다. 이러한 분들은 대체로 복음을 그저 정보전달 정도의 관념적인 것으로만 여기고 생명과 인격과 삶 전체의 전인격적 반응을 요청하고 있다는 사실은 간과하고 있습니다. 삶까지 이어지지 않은 복음은 온전한 복음이 아닙니다. 이는 마치 행함이 없는 관념적인 믿음이며 영혼이 없는 죽은 몸과도 같습니다. 나아가 삶이 없는 복음의 정보적인 앎도 문제지만 앎이 없는 복음의 맹목적인 삶도 동일한 수준으로 심각한 문제입니다. 복음이신 그리스도 예수를 가리켜 기록된 하나님의 말씀을 올바르게 알지 못하고 어떤 초월자를 막연히 추종하는 삶은 내용 없는 열정 덩어리일 뿐입니다. 그릇된 지식에 근거한 신앙의 열정적인 삶만큼, 위험하고 맹목적인 것이 없습니다. 우리가 경험하는 다양한 종교 사기꾼과 단체들이 바로 그러한 삶을 추구하고 그러한 삶에 빠지도록 미혹하고 있습니다. 그들의 문제는 열정의 부재가 아니라 진리의 부재에 있습니다. 열정에 있어서는 하나님의 자녀들이 오히려 그들보다 못한 경우가 많습니다. 하지만 주님을 경외하는 삶을 살고 주님을 기념하는 예배를 드리는데 정작 복음이신 그리스도 예수에 대한 지식이 없다면 열정적인 우상숭배 행위와 크게 다르지가 않습니다.

값없이 우리를 구원하신 하나님의 자비하심 때문에

바울은 여기에서 하나님의 사람들을 향해 복음의 삶을 권면하는 이유를 밝히고 있습니다. 즉 그의 권면은 하나님의 자비에 근거하고 있습니다.

바울은 독생자의 생명으로 우리를 구원하신 하나님의 자비로 말미암아 하나님께 합당한 예배를 드려야 한다고 우리에게 권면합니다. 바울은 형제들을 권면할 때에 강압적인 태도가 아니라 하나님의 모든 자비를 따라 권합니다. 이것은 우리가 지체들의 신앙을 격려하고 권고할 때에 항상 주의하고 본받아야 할 자세인 것 같습니다. 너무나도 소중한 진리를 전하는 데 있어서 교만과 독선과 강제의 거친 방식을 고집하는 분들이 많습니다. 좋은 것을 주는 데도 좋은 방식으로 주지 않으면 오히려 부작용과 역기능이 따르는 법입니다. 좋은 것일수록 그것에 비례하여 좋은 그릇에 담아야 제대로 전해줄 수 있습니다.

예배는 하나님의 자비하심에 근거함

우리가 하나님께 드리는 예배는 하나님의 자비에 근거해야 한다고 바울은 권합니다. 예배가 하나님의 자비에 근거하지 않고 그냥 종교적인 행습으로 그치거나, 복을 추구하는 수단과 조건으로 동원되는 경우가 있습니다. 또 문화인의 교양 차원에서 예배자가 되는 경우도 있습니다. 그러나 합당한 예배는 하나님의 자비로 말미암아 취해지는 우리의 반응이며, 감사와 기쁨으로 드려야 하는 것입니다. 시인은 이렇게 말합니다.

"감사로 제사를 드리는 자가 나를 영화롭게 하나니"(시 50:23).

나아가 우리가 예배를 드린다는 것은 하나님께 영광을 돌리는 것이지만, 예배 자체가 우리에게 주어지는 하나님의 자비라는 의미도 내포하고 있습니다. 그렇기 때문에 예배는 억지로 드리는 것이 아니라 자원하여 드리는 것입니다. 강압적인 것이 아니라 자발적인 것입니다. 사실 우리는 하나님께 영광을 돌릴 자격이 없습니다. 우리가 하나님께 영광을 돌리는 것은 오직 그리스도 예수를 통하여서만 가능합니다.

> "하나님의 약속은 얼마든지 그리스도 안에서 예가 되니 그런즉 그로 말미암아 우리가 아멘 하여 하나님께 영광을 돌리게 되느니라"(고후 1:20).
>
> "지혜의 하나님께 예수 그리스도로 말미암아 영광이 세세토록 있을지어다"(롬 16:27).

예수님의 희생을 통하여 우리에게 주어진 하나님의 자비는 예배의 권면 방식이며, 예배의 이유이며, 예배는 그 자체가 하나님의 자비입니다.

예배는 삶의 전 영역에서 하나님의 뜻을 구현하기 위함이다

바울은 우리 자신을 하나님께 드리는 것이 합당한 예배라고 말합니다. 본문에서 "몸"은 우리의 물리적인 신체까지 포함된 전인격과 삶 전체를 가리키는 말입니다. 예배에서 하나님께 드리는 제물은 우리의 몸이 배제된 언어나 생각이나 노래나 헌금이나 예식이 아닙니다. 예배의 제물은 바로 우리의 몸입니다. 말하자면 우리의 몸이 머무는 모든 곳은 예배의 장소이며, 우리의 몸이 행하는 모든 것이 예배의 제물인 셈입니다.

그런데 이러한 이해를 근거로 하여 주일과 수요일과 새벽마다 모여서 드리는 예배를 부정하는 사람들이 있습니다. 그런 부정은 올바르지 않습니다. 구별된 시간과 장소에서 하나님께 예배하는 것은 성경에서 결코 폐하여진 적이 없습니다. 특정한 시간과 장소에서 드려지는 예배를 믿음의 선배들은 고백적인 혹은 직접적인 예배라고 규정합니다. 하지만 구별된 시간과 장소에서 드려지는 직접적인 예배만이 예배의 전부라고 여기는 것도 올바르지 않습니다.

하나님께 드리는 예배에는 삶의 모든 현장에서 우리의 몸이 산 제물로 드려지는 실천적인 혹은 간접적인 예배도 있습니다. 이 예배는 삶의 전 영역에서 하나님의 뜻을 구현하는 것입니다. 직접적인 예배는 하나님께 구별된 예배의 삶을 살겠다는 고백이며, 그 고백이 구현되는 현장은 바로 삶입니다. 고백이 빠진 삶의 예배도 올바르지 않고, 삶으로 이어지지 않은 예배의 고백도 올바르지 않습니다. 두 종류의 예배는 본질상 하나입니다. 고백적인 예배는 실천적인 예배에 방향을 제시하고, 실천적인 예배는 고백적인 예배를 온전하게 만듭니다. 이러한 관계성이 깨진 예배는 결코 온전할 수 없습니다.

우리의 모든 삶은 하나님께 드리는 산 제물이 된다

산 제물인 우리의 몸은 하나님을 기쁘시게 해야 하고, 거룩해야 한다고 바울은 말합니다. 우리의 몸은 믿음으로 말미암은 삶이 아니면 하나님을 기쁘시게 할 수 없습니다. 성령의 씻기심이 없다면, 우리의 삶은 결코 하나님 앞에서 거룩할 수 없습니다. 우리의 몸은 믿음과 성령에 의해서만 하나님께 드리는 산 제물이 될 수 있습니다. 믿음으로 말미암지 않은 모든 행위는 죄입니다. 성령의 세례가 없다면 누구도 스스로를 깨끗하게 할 사람이 없습니다. 오직 의인은 믿음으로 살고, 성령으로 살고 성령으로 행하는 자입니다. 이러한 의인의 삶만이 바로 하나님께 드리는 향기로운 제물이 될 수 있습니다.

"산 제물로 드리라"는 말씀은 제의적인 표현으로 우리의 몸이 예배의 제물로서 하나님께 드려지고 있음을 의식해야 한다는 말입니다. 구약에서 제사를 드릴 때에 제사장은 짐승을 죽여서 바칩니다. 즉 제물은 반드시 죽습니다. 죽지 않으면 제물이 아닙니다. 살아있는 몸을 하나님께 제물로 드린다는 것은 육신의 물리적인 죽음을 의미하는 것이 아니라 자신의 죄악된 본성을 부인해야 한다는 뜻입니다. 여기에서 "산"이라는 말은 물리적인 생존을 의미하지 않고 "하나님 앞에서 그리스도 예수로 말미암아 거듭난 삶"을 뜻합니다. 내 뜻대로 살지 않고 그리스도 예수께서 내 안에서 사시는 중생의 삶을 의미하는 것입니다. 삶의 모든 현장에서 자신의 고집스런 주장과 기호와 지식과 경험과 목적과 방식을 내려놓지 않으면 결코 삶의 예배가 드려질 수 없습니다. 자아가 죽는 연습을 많이 하십시오. 포기하는 연습을 많이 하십시오. 참된 예배자는 그러한 경건의 연습을 통하여 길러지는 법입니다.

> 너희는 너희가 하나님의 성전인 것과 하나님의 성령이 너희 안에 계시는 것을 알지 못하느냐 누구든지 하나님의 성전을 더럽히면 하나님이 그 사람을 멸하시리라 하나님의 성전은 거룩하니 너희도 그러하니라(고전 3:16-17).

하나님의 영광을 추구하는 삶으로 거듭나라

본문에서 "영적 예배"는 '이성적인 피조물에 의해서 하나님께 드리는 예배'를 뜻합니다. 이 예배는 단순히 몸의 출석만이 아니라 우리의 마음과 생각과 뜻과 기호가 동원된 내적인 예배이며, 이성이 없는 짐승의 예배가 아니라 하나님의 형상대로 지음을 받은 이성적인 피조물인 인간에게 합당한 예배입니다. 이 예배는 짐승을 잡아서 드렸던 구약의 제사와는 달리 우리의 몸을 산 제물로 드리는 것입니다. 우리의 몸을 산 제물로 드리는 영적인 예배는 몸의 신체적인 연약함을 의미하지 않고 무명의 가난한 삶을 의미하는 것도 아닙니다. 우리의 마음과 생각의 변화를 통하여 하나님의 영광을 추구하는 삶으로 거듭나는 것을 뜻합니다.

마음의 변화

"너희는 이 세대를 본받지 말고 오직 마음을 새롭게 함으로 변화를 받아 하나님의 선하시고 기뻐하시고 온전하신 뜻이 무엇인지 분별하도록 하라"(롬 12:2).

생각의 변화

"내게 주신 은혜로 말미암아 너희 각 사람에게 말하노니 마땅히 생각할 그 이상의 생각을 품지 말고 오직 하나님께서 각 사람에게 나누어 주신 믿음의 분량대로 지혜롭게 생각하라"(롬 12:3).

"참된 예배자"는 고백적인 예배와 실천적인 예배, 직접적인 예배와 간접적인 예배를 동시에 드리는 자입니다. 우리는 "예배자"를 예배의 기획자 혹은 찬양 인도자 혹은 설교자 혹은 특정한 시간과 공간에서 드려지는 형식이 갖추어진 예배 참여자로 이해하는 경향이 있습니다. 물론 잘못된 이해는 아닙니다. 그러나 우리의 삶 전체도 예배라는 사실이 배제된 다소 편협한 이해일 수 있습니다. 바울은 우리의 삶 전체가 하나님께 드려지는 합당한 예배와 결부되어 있음을 우리에게 가르치고 있습니다. 삶이 예배라는 가르침은 사실 태초부터 시작된 것입니다. 삶의 어떠한 영역도 하나님의 말씀과 결부되지 않은 곳이 하나도 없습니다. 선악과를 보십시오. 하나의 과실과 하나님의 명령이 맞물려 있습니다. 과실을 따먹는 행위가 하나님께 저지르는 범죄일 수 있습니다. 삶의 모든 부분이 이런 식으로 하나님의 말씀과 얽혀 있습니다. 이런 맥락에서 지혜자는 우리에게 하나님을 범사에 인정해야 한다고 말합니다. 이는 모든 일이 하나님을 인정하는 예배여야 한다는 것입니다. 어떠한 사건이나 사물이나 사태도 하나님의 섭리와 무관한 것은 없습니다. 그러하기 때문에 하나님을 인정하지 아니할 수 없습니다.

주일과 예배당은 결코 예배의 경계선이 될 수 없다

바울의 참된 예배자 개념은 이미 구약에서 이사야의 글에 등장했던 것입니다.

"여호와께서 말씀하시되 너희의 무수한 제물이 내게 무엇이 유익하뇨 나는 숫양의 번제와 살진 짐승의 기름에 배불렀고 나는 수송아지나 어린 양이나 숫염소의 피를 기뻐하지 아니하노라 너희가 내 앞에 보이러 오니 이것을 누가 너희에게 요구하였느냐 내 마당만 밟을 뿐이니라 헛된 제물을 다시 가져오지 말라 분향은 내가 가증히 여기는 바요 월삭과 안식일과 대회로 모이는 것도 그러하니 성회와 아울러 악을 행하는 것을 내가 견디지 못하겠노라 내 마음이 너희의 월삭과 정한 절기를 싫어하나니 그것이 내게 무거운 짐이라 내가 지기에 곤비하였느니라 너희가 손을 펼 때에 내가 내 눈을 너희에게서 가리고 너희가 많이 기도할지라도 내가 듣지 아니하리니 이는 너희의 손에 피가 가득함이라 너희는 스스로 씻으며 스스로 깨끗하게 하여 내 목전에서 너희 악한 행실을 버리며 행악을 그치고 선행을 배우며 정의를 구하며 학대 받는 자를 도와 주며 고아를 위하여 신원하며 과부를 위하여 변호하라 하셨느니라 "(사 1:11-17).

우리는 주일 예배 시간에 교회 예배당에 있습니다. 그리고 월요일부터 6일 동안 각자의 개별적인 삶을 살아갈 것입니다. 주일과 예배당은 결코 예배의 경계선이 아닙니다. 예배는 반드시 주일에 드려져야 하고 반드시 예배당 안에서 드려져야 하는 게 아닙니다. 예배의 경계선은 우리의 몸입니다. 우리의 몸이 머무는 곳에 예배가 있습니다. 우리의 몸이 참여하는 행위는 곧 예배의 산 제물입니다. 우리가 거하는 가정과 직장과 학교와 기관은 삶으로 드려지는 실천적인 예배의 장소이며, 우리가 행하는 모든 학업과 교육과 청소와 설거지와 육아와 요리와 만남과 봉사와 상담과 행정은 모두 하나님을 기쁘시게 하는 산 제물로 드려지고 있음을 잊지 마십시오. 교회에서 참된 예배자로 여겨지는 분들이 각자의 일터에선 거짓된 예배자로 발견되고, 일터에서 참된 예배자가 교회에선 거짓된 예배자로 발견되는 경우가 종종 있습니다. 우리는 이것도 버리지 말고 저것도 버리지 말아야 할 것입니다. 다시 말하지만, 이렇게 하나님께 드려지는 합당한 예배는 결코 강압적인 숙제가 아닙니다. 주께서 우리에게 베푸신 무궁한 자비로 말미암아 우리의 몸과 인격과 삶 전체를 산 제물로 삼고 감격과 기쁨과 감사의 자발적인 마음으로 드리는 축제임을 잊지 마십시오. 교회 안에서 찬양과 경배를 받으시기 합당하신 하나님께 예배를 올려 드립니다. 동시에 우리 각자의 일터 속에서도 동일한 예배를 받으시기 합당하신 하나님께 경배와 찬양을 올려 드립니다. 교회와 가정과 일터 모두에서 하나님의 참된 예배자로 발견되는 저와 여러분이 되시기를 바랍니다.

하나님의 역설

"산 제물"은 어울리지 않는 단어의 조합이다. "산다"는 것은 "제물"이 되는 순간 소멸된다. "제물"은 죽음을 전제하기 때문이다. 즉 살아있는 것은 제물일 수 없고 제물은 살아있을 수 없기 때문이다. 그런데 성경은 우리에게 자신의 몸을 "산 제물"로 드리라고 한다. 역설이다. 여기에서 "산 제물"은 우리 자신은 죽어야 할 제물이고 우리 안에 계시는 그리스도 예수는 사셔야 한다는 의미의 조합이다. 하나님께 합당한 예배의 삶을 살려면 우리는 철저하게 부정해야 하고 주님은 철저하게 인정해야 한다. 하나님은 이처럼 삶과 죽음, 부정과 인정이 교차하는 역설의 제물과 예배를 원하신다.

3
사랑의 예수

우리가 아직 죄인 되었을 때에 그리스도께서 우리를 위하여 죽으심으로 하나
님께서 우리에 대한 자기의 사랑을 확증하셨느니라

로마서 5:8

예수님의 사랑은 우리에게 사랑이 바로 삶의 목적과 내용과 방식과 이유라고 말합니다. 사랑은 예수님의 삶이요, 삶의 내용이요, 삶의 이유요, 삶의 목적이요, 삶의 방식이기 때문에 우리도 예수님을 닮고자 한다면 사랑을 삶의 본질과 내용과 이유와 목적과 방식으로 삼아야 할 것입니다. 성경에서 가르치는 사랑은 하나님 사랑과 이웃 사랑을 구성되어 있습니다. 이 두 종류의 사랑이 예수님의 사랑에서 기막힌 조화를 이루고 있습니다. 로마서 5장 8절은 가장 압축적인 문장에 핵심적인 요소를 전혀 빠뜨리지 않고 예수님의 위대한

사랑을 가장 절묘하게 담아낸 구절입니다.

사랑의 대상과 시점

이 구절에는 사랑의 대상과 시점이 동시에 표현되어 있습니다. 먼저 주님께서 사랑하신 대상은 의인도 아니고 선인도 아니고 호인도 아닙니다. 놀랍게도 죄인을 사랑의 대상으로 삼고 있습니다. 죄인은 하나님을 사랑하는 자도, 존경하는 자도, 기뻐하는 자도, 예배하는 자도, 갈망하는 자도, 동행하는 자도, 동거하는 자도 아닙니다. 죄인은 하나님을 대적하는 자입니다. 하나님을 멸시하는 자입니다. 하나님을 조롱하는 자입니다. 하나님을 싫어하는 자입니다. 하나님의 존재를 무시하는 자입니다. 하나님을 버린 자입니다. 하나님을 떠난 자입니다. 하나님과 무관한 자입니다. 하나님과 비기려는 자입니다. 그러므로 죄인은 하나님의 사랑을 받을 자격이나 조건이 전혀 없는 자입니다. 오히려 하나님의 진노가 합당한 자입니다. 하나님의 심판과 징계가 마땅한 자입니다. 그런데도 예수님은 죄인인 우리를 사랑의 대상으로 간주하고 계십니다. 무자격한 자에게 무조건적 사랑을 베푸시는 분입니다. 일시적인 사랑이 아니라 영원한 사랑을 베푸시는 분입니다. 변동적인 사랑이 아니라 불변적인 사랑을 베푸시는 분입니다.

실천적인 삶으로 가르치시는 예수님

이러한 사랑을 가르치기 위해 예수님은 '죄인 및 세리들과 함께 잡수셨고'(막 2:16), "내가 의인을 부르러 온 것이 아니요 죄인을 불러 회개시키러 왔노라"(눅 5:32)고 하셨으며, "죄인 한 사람이 회개하면 하늘에서는 회개할 것 없는 의인 아흔아홉으로 말미암아 기뻐하는 것보다 더하리라"(눅 15:7)고 하셨습니다. 이러한 예수님의 열린 사랑 때문에 "모든 세리와 죄인들이 말씀을 들으러 가까이 나오는"(눅 15:1) 그들의 걸음에 어떠한 장애물도 없었으며, 이러한 스승을 따라 예수님의 제자들도 '세리와 죄인들이 와서 예수와 그의 제자들과 함께 앉아도'(마 9:10) 문제삼지 않았습니다. 이러한 파격적인 행보로 인하여 예수님은 "세리와 죄인의 친구"(눅 7:34)라는 악평까지 받았지만 개의치 않으셨습니다. "너희 원수를 사랑하며 너희를 박해하는 자를 위하여 기도하라"(마 5:44)는 교훈은 원수에 대한 자신의 실천적인 사랑을 언어화한 것일 뿐입니다. 이것은 그저 이론적인 규범을 제시하기 위해서나 선동적인 구호 차원에서 말씀하신 것이 아닙니다. 이미 자신의 실천적인 삶으로 가르치신 것을 언어의 방식으로 번역한 것입니다.

원수 사랑은 예수님의 마음을 우리 안에 담아내는 것

원수를 사랑하는 것은 불쾌하고 부당하고 유해하고 잘못된 처신이 결코 아닙니다. 오히려 예수님은 "너희가 너희를 사랑하는 자를 사랑하면 무슨 상이 있으리요 세리도 이같이 아니하느냐"(마 5:46)며 원수를 사랑하는 것은 놀라운 상급이 있을 것이라는 우회적인 말씀을 하십니다. 원수를 사랑하면 우리에게 주어지는 최고의 상급은 하나님의 형상의 본체이신 예수님의 마음을 우리 안에 담아낼 수 있다는 것입니다. 원수 사랑으로 우리는 예수님의 겉모습이 아니라 예수님의 마음을 닮아가는 자가 되는 것입니다. 원수를 향한 우리의 사랑은 그 사랑의 결과로서 그들이 우리에게 무슨 보상이나 유익을 가져다 줄 가능성 때문에 비로소 실천하는 계산된 사랑이 아닙니다. 원수를 사랑하다 오히려 예상하지 않았던 큰 낭패를 볼 수도 있습니다. 우리가 원수를 사랑하는 이유는 오직 예수님의 사랑 때문이며 그 이외에는 다른 어떠한 이유도 없습니다. 우리는 하나님의 말씀에 순종하는 것을 경제적인 보상이나 사회적인 명성과 결부시켜 생각하는 경향이 있습니다. 그래서 나의 지갑을 두둑하게 하고 사회적인 체면을 세워주고 무언가 나를 윤택하게 할 일말의 가능성을 가진 사람을 사랑의 대상으로 찾습니다. 각자 자신을 진지하게 되돌아 보십시오. 우리의 시간과 재물과 건강과 관심과 재능의 대부분은 누구를 위해 무엇을 위해 소비되고 있습니까? 사랑의 결과로서 어떤 유익이 돌아올 가능성이 농후한 위인들만 사랑의 대상으로 분류하고 계시지는 않습니까? 아니면 우리의 전부가 어떠한 대가도 바라지 않은 원수 사랑에 기꺼이 동원되고 있습니까?

물론 원수를 사랑하는 경우에도 물질적인 보상이 따르는 경우가 없지는 않습니다. 그러나 그런 보상이 반복되고 급기야 거기에 집착하기 시작하면 사랑의 순수한 본질이 더럽혀질 수도 있습니다. 그러면 최고의 보상인 예수님의 마음도 상실하게 될 것입니다. 예수님은 아버지의 명령을 따라 원수를 사랑하실 때에 그에게서 어떤 대가를 기대하신 적이 없습니다. 심지어 자신의 생명을 다 바쳐서 가르친 제자마저 예수님을 모른다고 수 차례 외면하고 입에서 냉혹한 저주까지 쏟아내는 어처구니 없는 배신을 당하셔야 했습니다. 예수님은 원래 섬김을 받으려고 오시지도 않으셨고 받을 보상은 더더욱 기대하지 않으신 분입니다. 그저 죄인을 섬기려고 오신 분입니다. 이런 예수님의 마음을 우리가 담아내기 위해서는 예수님과 동일하게 우리도 섬김 자체에만 집중할 필요가 있습니다. 보상이 사랑의 동기로서 예수님이 우리에게 베푸신 사랑을 대체하는 순간, 혹여 풍성한 보상을 받는다고 할지라도 예수님의 마음은 상실할 것이기 때문에 변질되고 실패한 사랑일 뿐입니다.

사랑은 사랑하는 것이 불가능할 때 더욱 빛난다

주께서 죄인을 사랑하신 시점은 그 죄인이 여전히 죄인으로 있었을 때입니다. 죄인이 죄인임을 인지했을 때가 아닙니다. 죄인됨을 후회했을 때도 아닙니다. 죄인의 자리에서 돌이켜 하나님을 향했을 때도 아닙니다. 선을 행하고자 했을 때도 아닙니다. 여전히 죄인의 마음을 가지고 죄인의 의지를 가지고 죄인의 생각에 사로잡혀 죄악을 저지르고 있을 때입니다. 반성하고 돌이킬 어떠한 기미도 보이지 않을 때입니다. 오히려 자신을 순수하게 사랑하고 계신 예수께 침을 뱉고 채찍을 휘두르고 조롱의 언사를 토해내고 뺨을 가격하고 무례한 조소를 날리고 창으로 찔러 희생의 피를 흘리게 한 때입니다. 죄인들이 그러했을 때에 주님은 그들을 사랑하신 것입니다. 사랑은 사랑하는 것이 불가능한 상황에서 더욱 빛나는 법입니다. 만물과 만인의 창조자와 주인이신 예수님은 자신을 주인으로 알아보지 못하고 빛보다 어두움을 더 사랑하고 빛을 미워하던 상황에서, 자신의 신적인 신분과 권위가 최저의 밑바닥에 떨어진 상황에서 죄인을 사랑하신 분입니다. 이러한 사랑은 땅끝까지 세상 끝날까지 그 찬란한 빛이 소멸되지 않을 것입니다. 이제 자신의 사랑을 예수님의 이러한 사랑에 비추어 성찰해 보십시오. 우리의 사랑은 환경과 상황에 춤추고 있지는 않습니까? 우리에겐 어떠한 때가 사랑이 발휘되는 때입니까? 원수가 적대감을 접고 우리에게 호의를 보이는 그때가 아닙니까? 원수가 우리에게 돌이킨 이후에 사랑하는 것은 강도들도 얼마든지 할 수 있습니다. 그러나 그런 사랑에는 하늘의 상급이 없습니다. 땅에서 유익을 얻으려고 하늘의 상급을 놓치는 우매함을 범하지는 마십시오. 사랑의 적기를 놓치지 마십시오. 손해를 보았을 때, 억울함을 겪을 때, 상처를 입었을 때, 조롱과 무시를 당하였을 때, 부당한 대우를 받았을 때, 그때가 바로 예수님이 사랑하신 것처럼 원수를 사랑할 절호의 기회임을 잊지 마십시오. 그때가 바로 예수님의 온전한 사랑을 제대로 전파할 때입니다.

예수님의 순종은 능동적인 동시에 자발적이다

여기에서 먼저 우리가 주목할 것은 우리를 위하여 죽으신 분이 바로 그리스도 예수라는 것입니다. 문장구조 차원에서 보자면 예수님은 문장의 주어이며 동사인 '죽다'는 수동태가 아니라 능동태로 되어 있습니다. 즉 예수님은 우리를 위하여 죽으시되 자발적인 의지를 따라 죽으신 것입니다. 교회의 역사 속에서 지속되어 온 논쟁들 중의 하나는 예수님의 죽으심이 과연 능동적인 것이냐 수동적인 것이냐, 적극적인 것이냐 소극적인 것이냐, 자발적인 것이냐 강제적인 것이냐에 대한 것입니다. 그럴 듯한데 동의할 수 없는 견해들 중에는 다음과 같은 것들이 있습니다.

첫 번째, 예수님의 고난과 죽으심을 아버지의 명령에 따른 수동적인 순종이라 한다면, 성부 하나님은 자식을 죽음의 막다른 골목으로 몰아넣은 아동 학대자로 간주될 수 있다며 수동적인 순종을 부정하는 것입니다. 독생자도 아끼지 않으시고 우리에게 내어주신 하나님의 사랑은 너무도 감사한 일이지만 자기 자식을 죽음에 내던지는 아비를 어떻게 경배할 수 있을까요? 오늘날의 윤리 개념으로 본다면, 하나님은 자식의 인권을 마구 유린하는 잔인한 아버지의 모습으로 비칠 수밖에 없을 것입니다.

두 번째, 예수님의 고난과 죽으심이 자발적인 것이라면, 그런 죽음은 자살과 다르지 않다는 점에서 능동적인 순종을 거부하는 것입니다. 예수님은 자살한 것일까요? 여러분은 자살을 어떻게 생각하고 계십니까? 비록 가까운 원인으로 유대인의 모함과 로마 군인들의 손을 수단으로 삼아 죽기는 하셨지만, 예수님이 스스로 죽으신 것이라면 우리는 그의 죽음을 자살로 규정해야 되는 거 아닌가요? 이것은 대단히 어려운 주제라고 할 수 있습니다. 자살하면 구원받을 수 있을까요? 자발성이 어디까지 개입하면 자살이고 자살이 아닌가요? 그 경계선에 대한 논쟁도 대단히 애매하게 남아 있습니다. 그러나 분명한 것은 예수님의 죽음이 우리가 대체로 생각하는 자살 개념과는 다르다는 것입니다. 첫째, 예수님이 스스로 죽으신 것은 아버지 하나님께 순종하신 것입니다. 예수님 이외에 누군가가 스스로 죽으면 그것은 결코 순종이 아닙니다. 하나님은 우리에게 스스로 목숨을 끊으라고 명령하신 적이 없습니다. 둘째, 예수님은 생명의 주인이고 생명 자체시기 때문에 유일하게 생명을 임의로 처분하실 수 있는 권한을 가지고 계십니다. 그래서 예수님의 자발적인 죽으심은 자살이 아닌 것입니다.

교회가 취하는 가장 보편적인 입장은 예수님의 순종이 수동적인 것인 동시에 자발적인 것이라는 것입니다. 그러나 그런 입장을 가진 사람들 안에서도 두 가지의 다른 견해로 또 갈라지고 있습니다. 첫 번째 입장은, 예수님이 하나님의 율법을 다 지켜 행하신 것은 자발적인 순종으로 이해하고, 율법을 지키지 못한 인간의 죄가 초래한 고난과 죽음을 대신 당하신 것은 수동적인 순종으로 이해하는 것입니다. 두 번째 입장은, 예수님이 이 땅에서 행하신 모든 순종은 자발적인 측면과 수동적인 측면을 동시에 가지고 있다는 것입니다. 저는 이 입장에 동의하고 있습니다. 예수님이 이 땅에 인간으로 오셔서 고난을 받으시고 죽기까지 순종하신 것은 아버지 하나님의 명령을 따른다는 수동적인 측면과, 성부 하나님을 사랑하고 우리를 사랑하기 때문에 행하신 자발적인 순종의 측면이 동시에 있다는 것입니다. 그러나 자발적인 측면이 있기 때문에 성부 하나님을 아동 학대자로 보아서는 안되고, 수동적인 측면이 있기 때문에 그것을 자살로 보아서도 안된다는 것입니다. 두 가지의 잘못된 견해를 다 배제하는 것입니다.

본문에서 바울은 예수님의 능동적인 순종을 강조하고 있습니다. 이것은 바울의 개인적인 생각이 아니라 예수님의 말씀에 기초한 것입니다.

> "나는 선한 목자라…나는 양을 위하여 목숨을 버리노라…이를 내게서 빼앗는 자가 있는 것이 아니라 내가 스스로 버리노라 나는 버릴 권세도 있고 다시 얻을 권세도 있으니 이 계명은 내 아버지에게서 받았노라 하시니라"(요 10:14-18).

여기서 예수님은 자기에게 목숨을 버릴 권세도 있고 다시 얻을 권세도 있다고 말합니다. 생명의 주가 되신다는 말입니다. 이 권세는 예수님 외에 다른 어떤 이에게도 없습니다. 예수님은 자기의 생명이 자기에게 속하신 분입니다. 시편 36편 9절은 '생명의 원천이 주께 있다'고 말합니다. "내가 곧 길이요 진리요 생명이라"(요 14:6). 예수님이 스스로 자신의 목숨을 버리셔도 자살이 되지 않는 첫번째 이유가 여기에 있습니다. 예수님은 생명의 주인이고 생명 자체시기 때문에 유일하게 생명을 임의로 처분하실 수 있는 권한을 가지고 계십니다. 그러나 우리의 생명은 우리의 것이 아닙니다. 임의로 처분할 수 없습니다. 피로 값 주고 사신 바 되었기 때문에 예수님은 우리에게 "너는 내 것이라"고 말씀하신 것입니다. 예수님은 생명 자체시며 모든 생명의 주인이 되십니다. 생명을 취하고 버리는 권세가 그에게만 있습니다.

때가 이르러 로마 군인들이 예수님을 채포하러 왔을 때의 일입니다. 베드로가 검을 빼서 대제사장의 종 말고의 귀를 쳤습니다. 그때 예수님은 "너는 내가 내 아버지께 구하여 지금 열두 군단 더 되는 천사를 보내시게 할 수 없는 줄로 아느냐"(마 26:53)며 책망하셨습니다. 이 말씀이 암시하는 것은, 예수님이 원하시면 언제든지 죽음을 면할 수 있었고 죽음의 검을 뽑은 모든 자들을 단숨에 소멸하실 수도 있었다는 것입니다. 그러나 예수님은 그렇게 하지 않으시고 자기 생명을 스스로 로마 군인들의 손에 넘기셨습니다. 넘기셨고 이로써 생명마저 버릴 권세를 행사하신 것입니다.

스스로 목숨을 버리셔도 자살이 되지 않는 두 번째 이유는 어떤 것일까요? 아버지 하나님께 순종하신 것이기 때문에 예수님의 자발적인 죽으심은 자살이 아닌 것입니다. 예수님이 스스로 죽으신 것은 하나님의 명령을 거스른 것이 아니라 순종하신 것입니다. 예수님이 이 땅에 오신 이유는 섬김을 받으려 하심이 아니라 섬기려는 것이었고 자신의 생명을 많은 사람들의 대속물로 주시기 위해서 죽으시러 오신 것입니다. 그러나 예수님 이외에 누군가가 스스로 죽으면 그것은 결코 순종이 아닙니다. 하나님은 우리에게 스스로 목숨을 끊으라고 명령하신 적이 없습니다. 오직 예수님만 스스로 죽으셔도 자살이 아니신 분입니다.

예수님의 죽음이 자발적인 순종이 아니고 피동적인 것이라고 생각해 보십시오. 바울은 예수님의 죽으심을 하나님 아버지의 우리에 대한 자기의 사랑을 확증하신 사건이라 말하고 있습니다. 그렇다면 억지로 죽었거나 강제로 죽임을 당했다고 한다면 과연 그런 죽음으로 확증된 하나님의 사랑을 진정한 사랑이라 말할 수 있을까요? 하나님 아버지가 명하셨기 때문에 순종하지 않을 수 없어서 억지로 순종하신 것이라면, 죽을 운명을 타고났기 때문에 죽으신 것이라면, 그 죽음이 외부의 어떤 원인에 의해서 강요된 결과라고 한다면, 과연 그것을 사랑으로 볼 수 있을까요? 그건 사랑이 아닐 것입니다. 강제적인 사랑은 사랑이 아닙니다. 억지로 하는 사랑도 사랑이라 할 수 없습니다. 사랑은 외부에서 강요될 수도 없고 외부에 원인을 두고 있지도 않습니다. 사랑은 철저히 자발적인 것입니다. 그 원인이 중심에서 비롯된 자발적인 것일 때에 비로소 사랑이라 부를 수 있습니다. 예수님의 순종을 단지 피동적인 것으로만 해석하는 것은 하나님의 사랑을 이처럼 아무런 의미와 가치도 없는 것으로 만들 뿐입니다.

삼위일체 하나님의 사랑은 사랑의 완벽한 모델이 되십니다. 완전한 사랑 속에서 아버지는 아들을 보내셨고 아들은 아버지의 뜻을 받들어 이 땅에 오시되 자발적인 순종과 완전한 사랑으로 순종하셨습니다. 그래서 예수님의 성육신과 죽으심은 아버지의 뜻으로 이루어진 수동적인 순종이며, 사랑으로 행하셨기 때문에 자발적인 순종인 것입니다.

예수님은 우리를 위해 스스로 목숨을 버리신 분입니다. 이런 죽음의 잔을 마시는 명령을 포함하여 모든 하나님의 명령에 순종하여 아버지의 뜻을 이루시는 것은 예수님의 자발적인 순종에 의한 것입니다. 그는 제자들 앞에서 자신의 '양식'은 바로 '아버지의 말씀에 순종하여 그의 뜻 이루는 것'(요 4:34)이라고 말씀하셨습니다. 양식은 인상을 구기며 억지로 삼키는 약이 아닙니다. 아이들 중에는 밥 먹는 것을 입에 쓴 약을 먹는 것처럼 거부하는 아이들도 있지만, 양식이란 말에는 대체로 기쁨과 즐거움과 희락과 누림과 축제라는 의미가 담겨 있습니다. 예수님은 하나님의 명령 준행하는 것, 그의 뜻을 온전히 이루는 것, 그것을 양식으로 여겼던 분입니다. 이는 예수님의 죽으심이 적극적인 자발성이 극도로 발휘된 순종임을 보여주고 있습니다.

예수님의 사랑을 저울에 달아 본다면 얼마나 나갈까요? 사랑의 크기는 그 사랑을 수행하기 위해 지불된 대가에 좌우되는 법입니다. 예수님은 우리를 사랑하여 자신의 생명을 내어주신 분입니다. 그러므로 우리를 위해 죽었다는 것은 우리를 향한 사랑의 크기가 예수님의 생명만큼 크다는 뜻입니다. 자신의 생명을 내어주는 것보다 더 큰 사랑은 없습니다. 예수님은 우리에게 최고의 사랑을 주신 것입니다. 우리도 타인을 사랑할 때에 어설픈 사랑의 모양새만 갖출 것이 아니라 생명을 동원한 최고의 사랑으로 사랑해야 할 당위성이 바로 여기에 있습니다. 예수님이 우리를 사랑하되 죽으신 것처럼 우리도 이웃을 사랑하되 자신의 생명도 아끼지 않아야 할 것입니다. 바울은 복음을 증거하여 이웃에게 영원한 생명을 선물하는 최고의 사랑을 실천하는 일을 끝마치려 함에는 자신의 생명을 조금도 귀한 것으로 여기지 않겠다고 했습니다(행 20:24). 이렇게 하여 바울은 예수께 받은 사랑의 크기를 정확하게 이해하고 마치 예수께서 사랑하신 것처럼 사랑한 것입니다.

자신을 아버지 하나님 사랑에 대한 도구로만 제한하신 예수님

예수님이 죽으신 이유와 목적은 자신의 유익을 구하는 것이 아닙니다. 우리를 향한 자신의 위대한 사랑을 입증하기 위함이 아닙니다. 예수님이 우리를 위하여 죽으신 것은 아버지 하나님의 명령에 의한 것이며 우리를 향한 아버지의 사랑을 확증하기 위한 것입니다. 자신의 생명을 수단으로 삼은 최고의 사랑을 우리에게 주셨지만 그런 사랑으로 말미암는 영광의 최종 수혜자는 자신이 아니라 바로 아버지 하나님이 되시도록 자신을 사랑의 도구로만 제한하셨습니다. 이러한 사건은 오직 예수님의 십자가 사랑 안에서만 발견할 수 있습니다. 모든 역사와 온 세상에 이보다 더 아름답고 완벽한 사랑은 없습니다.

사랑에는 다양한 차원들이 있습니다. 바울은 사랑에 높이와 넓이와 길이와 깊이가 있다고 말합니다(엡 3:19). 중세에는 사랑의 차원을 네 가지로 구분한 신학자 버나드(Bernard of Clairvaux)가 있습니다.

첫 번째 단계의 사랑

중세의 탁월한 교부라고 불리는 버나드에 의하면, 가장 낮은 차원의 사랑은 나 때문에 나를 위하여 나를 사랑하는 것입니다(Love self for self). 이 사랑은 내가 사랑의 동기이고 내가 사랑의 목적이고 내가 사랑의 대상으로 되어 있습니다. 이러한 사랑을 하는 사람은 자기밖에 모릅니다. 전적으로 자아 중심적인 삶을 살아가는 자입니다. 아마도 아이가 이러한 사랑의 주체로 분류될 수 있을 것입니다. 학습과 배움과 훈련이 없는 죄성을 가진 인간의 있는 그대로를 가장 잘 보여 줍니다. 아이들은 자기밖에 모릅니다. 타인에 대한 관심과 존중과 배려가 전혀 없습니다. 배가 고프면 배가 채워질 때까지 울음으로 부모를 괴롭히고 배가 채워지면 그때서야 멈춥니다. 부패한 본성의 민낯을 보여주는 아기는 이처럼 자기를 중심으로 사는 자입니다.

두 번째 단계의 사랑

그 다음 단계의 사랑은 나 때문에, 나를 위하여 하나님을 사랑하는 것입니다(Love God for self). 하나님을 사랑의 대상으로 삼았다는 사실 외에는 달라진 것이 없습니다. 사실 교회 안에서도 하나님을 사랑하되 자신 때문에, 자신을 위하여 사랑하는 사람들이 적지 않습니다. 그분들은 비록 하나님을 사랑하는 외모를 취하지만 보이지 않는 동기와 목적은 자신에게 있습니다. 이들은 모든 인간이 가지고 있는 보편적인 종교성이 발동하여 하나님을 찾기는 하지만 속으로는 하나님을 자신에게 유익을 제공해 줄 막강한 주먹과 에너지로, 심지어는 무적의 하인으로 여깁니다. 미국에서 유학생활하면서 세미나를 통해 알게 된 신학이 있습니다. 고양이 신학(Cat Theology)과 멍멍이 신학(Dog Theology)입니다. 멍멍이는 집에서 주리지 않도록 먹여주고 춥지 않도록 입혀주고 병들지 않도록 산책시켜 주고 더럽지 않도록 씻어주기 때문에 주인에 대하여 이런 생각을 한답니다. "저분은 나의 모든 필요를 채워주는 것을 보니 진짜 나의 주인인가 보다." 그러나 고양이는 먹여주고 입혀주고 씻어주고 산책시켜 주는 분에 대하여 이런 생각을 한답니다. "저분은 나의 모든 필요를 채워주는 것을 보니 진짜 나의 하인인가 보다." 이는 우리도 우리의 모든 필요를 채우시는 하나님에 대해 그분을 주인으로 여긴다면 멍멍이 신학자가 되고 하인으로 여긴다면 고양이 신학자가 된다는 것입니다.

세 번째 단계의 사랑

하나님 때문에 하나님을 위하여 하나님을 사랑하는 것입니다

(Love God for God). 이 단계에는 하나님 사랑의 동기가 하나님께 있습니다. 위대하고 거룩하고 영원하고 자비롭고 공의롭고 선하시고 변함이 없으신 하나님을 사랑하지 않을 수 없어서 사랑하는 것입니다. 게다가 자신의 이익을 추구하는 도구적인 사랑도 아닙니다. 이 사랑은 언제나 하나님을 향합니다. 하나님 자신이 바로 이 사랑의 처음과 나중이 되십니다. 사랑의 동기와 목적과 대상이 모두 하나님인 이 사랑은 어쩌면 삼위일체 하나님 안에 성부와 성자와 성령 사이의 사랑일 것입니다. 교회 안에서도 이러한 사랑을 추구하는 분들이 계십니다. 하나님이 너무도 좋아서 찬양하고 기도하며 지존자의 은밀한 곳에 들어가 주님과의 깊은 교제를 경험하는 분들이 분명히 계십니다. 그런데 놀라운 것은 버나드가 이토록 아름답고 순전한 사랑을 가장 높은 차원의 사랑으로 규정하지 않는다는 것입니다.

네 번째 단계의 사랑

가장 고귀한 최고의 사랑은 하나님 때문에 하나님을 위하여 이웃을 사랑하는 것입니다(Love others for God). 이 사랑은 하나님 사랑과 이웃 사랑의 성경적인 관계성을 가장 잘 설명하고 있습니다. 여기에서 이웃은 인간 일반을 가리키는 말이기에 나 자신도 포함되어 있습니다. 이 사랑은 자신과 타인을 대상으로 삼되 사랑의 동기와 목적을 하나님께 두고 있습니다. 사랑의 동기와 목적이 만약 자신에게 있다면 그 사랑의 가치와 의미와 성격은 자신에게 의존할 것입니다. 그러나 만약 사랑의 동기와 목적이 하나님께 있다면 그 사랑의 가치와 의미는 하나님에 의해 좌우될 것입니다. 사람들은 사랑의 동기를 주로 땅에서 찾습니다. 아름다운 외모나 건장한 체력이나 풍부한 재물이나 수다한 업적이나 가족적인 혈통이나 사회적인 동료거나 결혼의 관계거나 출중한 재능에서 사랑의 동기나 이유를 찾습니다. 그러나 만약 이러한 것들을 사랑의 동기로 삼는다면 그것들이 변할 때에는 사랑도 변경될 수밖에 없을 것입니다. 진실로 인간은 외모도 변하고 건강도 변하고 재물도 변동하고 업적도 무효하게 되고 혈통과 동료와 결혼의 관계도 종료될 수 있고 재능도 무능해질 수 있습니다. 땅의 동기에 뿌리를 둔 사랑은 결코 영원할 수 없습니다. 그러나 우리가 사랑의 이유를 하나님께 둔다면 하나님은 변함이 없으시기 때문에 우리의 사랑도 변경되지 않을 것입니다. 오직 하나님께 닻을 내린 사랑만이 영원할 수 있습니다.

목적에 있어서도 자신이나 타인을 위해서 사랑하지 마십시오. 실망할 수 있습니다. 그러나 하나님을 사랑의 목적으로 삼는다면 실망할 일도 없고 실패할 일도 없습니다. 하나님 때문에 이웃을 사랑하는 것은 하나님의 뜻입니다. 우리의 주님께서 자신의 생명을 내던져서 이루신 이 하나님의 뜻을 우리도 주님처럼 계속해서 이룬다면 최고의 성공적인 사랑이 열매 맺는 것입니다. 이 사랑은 사람들의 반응과 무관하게 하나님의 뜻이 이루어진 것이기에 슬퍼할 일도 실망할 일도 실패할 일도 없습니다. 이 사랑이 세 번째 단계의 사랑과 다른 점은 하나님과 천상적인 사랑을 나누는 것에 안주하지 않고 하나님이 삼위일체 안에서 자신의 사랑에 머물지 않고 세상을 이처럼 사랑하사 독생자를 내어주신 것처럼 하나님을 사랑하는 우리도 이 세상을 주님 때문에 주님을 위하여 사랑하게 된다는 것에 있습니다.

예수님이 산에서 영화로운 형체로 변화하신 때에 있었던 일입니다. 예수님은 당시 요한과 야고보와 베드로와 함께 계셨는데, 그들 중에 베드로는 모세와 엘리야가 예수님과 영화로운 형체를 입고 대화하는 모습을 보고 너무도 좋아서 세 분을 위해 세 개의 초막을 만들어서 그냥 산 정상에 머물자는 제안을 했습니다. 그러나 예수님은 베드로의 제안을 외면하고 그 제자들을 데리고 산에서 내려왔습니다. 이는 우리가 보기에 하나님과 깊은 사랑의 경지에 들어가 있는 것이 최고의 사랑으로 보이지만 예수님은 아버지 하나님 때문에 우리를 향한 아버지의 사랑을 확증하기 위하여 우리를 사랑하신 그 사랑이 최고의 사랑임을 우리에게 본보이신 것입니다. 버나드가 말한 마지막 단계의 사랑은 바로 이런 것입니다. 하나님 때문에 하나님을 위하여 하나님을 사랑하는 분들 중에 사람들은 존경하지 않고 무시하며 사람들을 사랑하지 않는 분들이 종종 보입니다. 혹시 우리는 하나님을 위한다고 말하면서 가정을 돌아보지 않고 직장 동료들을 무시하고 학우들의 필요를 외면하는 사람들은 아닙니까?

예수님은 자신의 생명까지 희생하며 우리를 사랑하되 아버지의 사랑을 확증하기 위해 사랑하신 분입니다. 아버지 하나님을 영원히 사랑하고 계시지만 그 사랑에 안주하지 않으시고 우리를 향한 아버지의 사랑 때문에 그 사랑을 위하여 우리까지 사랑의 대상으로 삼으신 분입니다. 이런 사랑의 예수님을 본받아 우리도 하나님 때문에 하나님을 위하여 하나님의 백성들을 사랑해야 합니다. 사랑의 목적은 우리의 사랑을 위대한 사랑인 것처럼 증명하는 것이 아니라 이웃을 향한 아버지 하나님의 사랑을 확증하기 위한 것입니다. 사랑의 이유와 동기도 이웃에게 사랑의 조건이 구비되어 있어서가 아니라 하나님이 그 이웃을 사랑하고 계시기 때문에 이웃을 사랑할 수 있어야 합니다. 기독교의 사랑은 바로 사랑의 예수님이 보이신 사랑이며 그 사랑은 세상을 향한 교회의 사랑일 것을 요청하고 있습니다. 이 사랑은 세상에서 발견되지 않습니다. 세상에서 산출될 수도 없습니다. 예수님의 사랑보다 더 위대한 사랑은 이 세상에 없습니다. 상상할 수도 없습니다. 그런 최고의 사랑을 우리의 인격과 삶 속에서 담아내야 할 것입니다.

하나님의 역설

예수의 사랑은 그 자체가 역설이다. 죽음과 생명이 교차하기 때문에 역설이다. 이 사랑에서 예수님의 죽음은 우리에게 생명을 주는 사랑의 준비이며 사랑의 방식이며 사랑의 과정이며 사랑의 본질이다. 그리고 사랑을 받을 자격이 없고 오히려 무한한 진노가 합당한 죄인과 반역자와 배신자를 사랑의 대상으로 삼았기에 역설이다. 사랑의 이유와 목적을 자신의 기호나 행복이 아니라 하나님 아버지께 두기 때문에 역설이다. 자신의 생명을 희생하는 사랑으로 우리에게 행복과 기쁨을 주면서도 희생하는 자신이 사랑을 받은 우리보다 더 큰 행복과 기쁨을 가지셔서 역설이다. 주님은 그런 역설적인 사랑의 실천자가 되라고 우리를 부르신다.

4
예수님은 누구신가?

¹³예수께서 빌립보 가이사랴 지방에 이르러 제자들에게 물어 이르시되 사람들이 인자를 누구라 하느냐 ¹⁴이르되 더러는 세례 요한, 더러는 엘리야, 어떤 이는 예레미야나 선지자 중의 하나라 하나이다 ¹⁵이르시되 너희는 나를 누구라 하느냐 ¹⁶시몬 베드로가 대답하여 이르되 주는 그리스도시요 살아 계신 하나님의 아들이시니이다 ¹⁷예수께서 대답하여 이르시되 바요나 시몬아 네가 복이 있도다 이를 네게 알게 한 이는 혈육이 아니요 하늘에 계신 내 아버지시니라 ¹⁸또 내가 네게 이르노니 너는 베드로라 내가 이 반석 위에 내 교회를 세우리니 음부의 권세가 이기지 못하리라.

마태복음 16:13-18

다수의 좋은 답변보다 하나의 좋은 질문이 탁월한 철학자를 만드는 법입니다. 묻고 답하는 문답법의 탁월성과 유용성은 고대에서 충분히 인정되어 당시의 책들은 대화와 문답으로 구성되어 있습니다. 세계인구 0.2%의 유대인이 22%의 노벨상(194명)을 석권하고, 세계의 정치와 언론과 경제와 문화를 장악하고 있는 이유도 질문에서 시작하고 질문으로 끝나는 토론과 논쟁의 문답법인 하브루타 교육법과 무관하지 않습니다.

한 사람의 인생은 하나의 결정적인 물음에 의해 이끌림을 받습니다. 그래서 좋은 물음 하나가 인생의 방향과 의미를 바꾸는 것입니다. 최초의 사람 아담과 그에게 다가가신 하나님의 접근법을 보십시오. 타락하여 좌우를 분간하지 못하는 혼돈의 상태인 아담에게 다가가신 하나님은 소통의 문을 질문으로 여십니다.

인류에게 던져진 물음의 답

"아담아 네가 어디에 있느냐?" 이 질문은 아담이 어디에 있는지를 묻고 있습니다. 하나님은 생명의 주인인 자신을 떠나 나무 아래 숨어있는 비참한 상태의 아담에게 묻고 있는 것입니다. 이 질문은 자신에게 속하지 않고, 세상에 속한 우리를 돌아보게 만듭니다. 하늘의 사람이 아니라 땅의 사람이 된 것의 심각성을 묻습니다. 하나님은 아담에게 건강의 상태나 학벌의 높낮이, 재능, 월급의 액수, 지위의 고하, 출생의 장소, 혈통의 갈래를 묻지 않고 영적인 소속을 묻습니다. 인간의 본질적인 실존을 의식하고 성찰하고 이해하는 데에 아담에게 던지신 하나님의 질문보다 더 중요한 물음은 없습니다. 그 물음에 온 인류는 줄기차게 답해 왔습니다. 온 인류의 한결같은 답변은 "내가 나무 아래에 있다"는 것입니다. 저주와 절망과 죄와 사망의 권세 아래에 있다는 것입니다.

"아담아 네가 어디에 있느냐?" 이 물음에 대해 세상의 답변과는 달리 하나님을 믿는 우리의 답변은 '그리스도 안에 있다'는 것입니다. 타락한 인류에게 던져진 이 물음의 답은 두 가지밖에 없습니다. 그리스도 안에 있느냐, 그리스도 밖에 있느냐는 것입니다.

우리는 그리스도 예수에 속한 그의 몸입니다. 우리가 일평생 답해야 할 가장 중요한 물음은 바로 제자에게 던지신 예수님의 질문인 "너희는 나를 누구라 하느냐?"일 것입니다. 예수님의 몸으로서 그에게 소속된 우리의 정체성은 당연히 '예수님이 누구냐'에 의해 좌우될 수밖에 없습니다. 이 물음에 사람들은 저마다 다양한 답변들을 가지고 있습니다. 어떤 사람들은 예수님을 '의원'으로 여깁니다. 이들은 자신을 환자로 여기면서 예수님께 치유를 기대할 것입니다. 예수님을 '선생'으로 여기는 이들은 자신을 학생으로 여기면서 예수님께 지식과 교육을 기대할 것입니다. 예수님을 '선지자'로 여기는 사람들은 예수님께 미래의 예언과 번뜩이는 통찰력을 기대할 것입니다. 어떤 사람들은 예수님을 '임금'으로 여깁니다. 이들은 자신을 신하로 여기면서 예수님께 정치적인 문제의 해결과 자신들의 출세를 기대할 것입니다. 예수님을 '성인'으로 믿는 사람들은 예수님께 도덕적인 교훈을 기대할 것입니다.

여러분은 예수님을 누구로 알고 계십니까? 이 물음에 대한 답은 우리의 정체성을 좌우하고, 신분을 좌우하고, 삶을 좌우하고, 삶의 방향과 목표를 좌우할 것입니다. 이 물음은 실로 그리스도 예수에게 속한 모든 사람들이 일평생 진지하게 묻고 해답을 찾아가야 할 역사상 최고의 질문입니다.

신약과 구약은 하나님의 거룩한 사람들이 하나님의 감동으로 '예수님은 누구인가?'에 대해 작성한 답입니다. 구약은 오실 예수님을 기록하고, 신약은 오신 예수님과 다시 오실 예수님을 기록하고 있습니다. 이러한 신구약 전체의 답변을 한 구절로 요약하면 베드로가 답하였던 것처럼 예수님은 "그리스도시요 살아계신 하나님의 아들"이라는 것입니다. 이것은 결코 사람의 머리에서 나온 대답이 아닙니다. 사람의 필요에 의해서 고안된 대답도 아닙니다. 예수님의 평가처럼, "혈육이 아니요 하늘에 계신 아버지"께서 알려주신 답입니다. "너희는 나를 누구라 하느냐"는 물음에 대해 하늘에서 계시하고 땅에서 고백하고 예수께서 승인하신 최초의 고백이며 최고의 답입니다. 베드로의 답변은 두 가지의 내용으로 구성되어 있습니다. 하나는 "그리스도"라는 예수님의 직분이고, 다른 하나는 "살아계신 하나님의 아들"이라는 예수님의 신분입니다. 직분을 먼저 언급하고, 신분이 나중에 언급된 이유는 행위를 통해 존재를 이해하는 인식의 보편적인 순서에 기인한 것입니다.

예수님의 세 가지 직분

먼저 예수님은 "그리스도"이십니다. "그리스도"(Χριστός, 기름 부으심을 받은 자)라는 헬라어는 히브리어 "메시야"(מָשִׁיחַ)에 대응되는 단어로서 '기름 부으심을 받았다'는 의미를 가진 '크리오'(χριω)라는 헬라어 동사에서 유래한 말입니다. 구약에 익숙한 유대인이 이 단어를 들을 때에 떠오르는 직분들은 제사장과 선지자와 왕입니다. 이러한 직분들은 모두가 하나님의 '기름 부으심을 받은 자'입니다. 이 직분들을 모두 가졌던 사람은 인류의 역사 속에서 한 명도 없습니다. 그러나 예수님은 선지자와 왕과 제사장의 직분을 모두 동시에 가지셨던 유일한 분입니다.

오늘날 교회는 선지자와 왕과 제사장의 직분은 가르치는 권세를 가진 목사와 다스리는 권세를 가진 장로와 자비의 권세를 가진 집사의 직분으로 계승되고 있습니다. 대부분의 성도는 이러한 직분들 중에 단 하나라도 얻을 수 있으며 좋겠다는 바람을 가지고 있습니다. 하나님의 나라를 구하고 하나님의 백성을 섬기고자 이러한 직분들을 흠모하는 분들도 많이 있습니다. 안타까운 것은 이 직분들을 신앙이나 경건의 우월성을 입증하는 종교적인 장신구로 여기는 사람들이 적지 않다는 것입니다. 오늘날 교회에서 집사가 되고, 장로가 되고, 목사가 되는 것은 결코 계급의 승진이 아닙니다.

이 직분들은 교회에서 대접이나 섬김을 받는 종교적 고위직이 아닙니다. 구약에서 선지자와 왕과 제사장은 모두 하나님의 집에서 함께 협력하여 섬기는 하나님의 동등한 종입니다. 직분들 사이에는 신분의 아래위도 없고, 계급의 차이도 없고, 권위의 높낮이도 없습니다. 신약에서 사도와 복음 전도자와 목사와 장로와 집사와 교사는 계급의 서열이 결코 아닙니다. 모두 하나님의 집에서 섬기는 동등한 하나님의 종입니다.

예수님을 보십시오. 예수님은 이 땅에 왕과 제사장과 선지자로 오셨지만, 섬김을 받으려고 함이 아니라 섬기기 위해서 오셨다고 하십니다(마 20:28). 실제로 왕과 선지자와 제사장의 직분을 이 땅에서 수행하실 때에 예수님은 사람들에게 융숭한 대접이나 깍듯한 섬김을 한 번도 기대하신 적이 없고, 요구하신 적은 더더욱 없습니다. 심지어 자신은 비록 하나님의 아들이고 아버지 하나님의 보내심을 받았지만 어떤 이에게도 사람의 증언을 취하려고 하신 적이 없고(요 5:34), 사람의 영광을 구걸하신 적도 없습니다(요 5:41). 사람의 증언은 고작해야 땅에서의 합의이고, 사람의 영광도 잠시 있다가 사라지는 일시적인 것이어서 영원하신 하나님께 합당하고 그의 존귀에 비례하는 영광에 이르지를 못합니다. 예수님은 사람에게 영광과 대접과 증언을 얻으려고 오지 않으시고 우리를 섬기기 위해서 비록 자신은 "하나님의 본체시나 하나님과 동등됨을 취할 것으로 여기지 않으시고, 오히려 자기를 비워 종의 형체를 가지사 사람들과 같이 되셨고 사람의 모양으로 나타나사 자기를 낮추시고 죽기까지 복종"하신 분입니다(빌 2:6-8). 가장 영광스러운 왕과 제사장과 선지자의 직분을 가지고 계셨지만 구체적인 삶의 현장에 있어서 예수님은 이사야가 예언한 것처럼 "여호와의 종"이요 "고난의 종"이었습니다.

선지자

첫 번째, 예수님은 선지자의 직분으로 우리를 섬기신 분입니다. 선지자는 하나님의 말씀을 선포하고 가르치는 자입니다. "옛적에 선지자를 통하여 여러 부분과 여러 모양으로 우리 조상에게 말씀하신 하나님이 이 모든 날 마지막에 이르러서 아들을 통하여 우리에게 말씀하셨으니…"(히 1:1). 말씀 자체이신 성자께서 친히 하나님의 말씀을 전하셨기 때문에 예수님은 선지자의 직분을 완성하셨습니다. 그런데 그 직분을 완수하는 예수님의 방법을 보십시오. 하나님의 말씀을 전하시되 그 말씀이 자신의 삶 전체에 응하셨습니다. 사도행전 저자는 예수님의 삶을 설명할 때에 "성경에 저를 가리켜 기록한 말씀을 다 응하게 한 것이라"(행 13:29)고 말합니다. 예수님은 하나님의 말씀을 언어적인 형태로만 증거하신 분이 아닙니다. 선지자와 사도들도 복음을 증거할 때에 입술의 언어적인 활동만이 아니라 삶 전체를 동원해야 했습니다. 이사야는 하나님의 말씀을 전하기 위해 3년 동안 벌거벗은 채 맨발로 지내야만 했습니다. 예레미야 경우에는 하나님의 말씀을 전하면서 피박을 당하였고, 감금을 당하였고, 매를 맞았으며, 모함과 음해를 받았으며, 구덩이에 던져지고 시위대의 뜰에 갇히기도 했습니다. 호세아는 선지자의 신분으로 부정한 창녀와 결혼까지 해야 했습니다. 같은 맥락에서 사도들도 생명은 타인에게 역사하고 사망은 자신에게 역사하는 삶으로 복음을 전파했던 것입니다.

예수님은 전인격과 삶 전체의 입체적인 입술을 열어 하나님의 말씀을 보여주며 선포하고 가르치셨습니다. 예수님이 전하신 하나님의 말씀 중에서 자신의 인격과 삶을 관통하지 않고, 언어적인 정보로만 전달된 말씀은 하나도 없습니다. 하나님의 모든 말씀을 완전하게 순종하는 삶을 통하여 온 세상에 온전한 말씀을 증거하신 분입니다. 예수님은 하나님의 모든 약속의 성취와 명령의 완성과 율법의 마침이 되셨습니다. 이렇게 함으로써 선지자의 직분을 완벽하게 완수하셨습니다. 지금도 예수님은 성령 안에서 교회의 입술을 통하여 우리에게 하나님의 진리를 가르치고 선포하고 있습니다.

오늘날 교회에서 예수님의 가르치고 선포하는 선지자의 직분은 목사가 담당하고 있습니다. '말씀의 수종자'(the minister of the Word)로 명명되는 목회자도 예수님처럼 하나님의 말씀을 자신의 전인격과 삶 전체에 담아서 믿음이 없는 자들에게 보여주며 선포해야 하고, 믿음이 있는 자들에게 보여주며 가르쳐야 할 것입니다. 예수님을 닮은 인격도 없고, 말씀에 순종하는 삶의 실천도 없이 입술로만 하나님의 말씀을 출고하는 목사들이 적지 않습니다. 모든 세대의 교회가 신음했던 문제의 배후에는 예수님처럼 인격과 삶으로 하나님의 말씀을 선포하고 가르치는 선지자의 직분을 감당하는 목회자의 부재가 있습니다. 목회자가 선지자적 직분을 예수님의 본을 따라 수행하게 된다면, 교회의 회복과 시대의 회복을 가져올 것입니다.

왕

두 번째, 예수님은 왕의 직분으로 우리를 섬기신 분입니다. 혈통을 봐도 유대인의 왕이지만, 성결의 영을 따라 예수님은 "만왕의 왕이요 만주의 주"이십니다(계 19:16). 모든 왕들의 마음을 임의로 주관하고 계신 만왕의 왕입니다. 하늘과 땅과 그 사이에 있는 모든 것들의 주인이신 예수님은 이 땅에서 무언가를 소유하고 있는 모든 주인들의 유일한 주권자입니다(딤전 6:15). 또한 예수님은 만물을 창조하신 주인이며, 하늘과 땅의 모든 권세를 가지신 통치자요, 스스로 기준이 되셔서 만물과 인류와 역사를 심판하실 심판자이십니다.

예수님은 우리의 왕으로서 하늘과 땅의 모든 권세를 가지고 우리를 이끄시고 지키시고 보호해 주십니다. 지금도 예수님은 우리에게 그런 왕입니다. 그래서 이 세상의 어떠한 권세도, 심지어 음부의 권세도 우리를 이기지 못합니다. 비록 주님의 이름으로 말미암아 모든 사람에게 미움을 받을 것이지만 '너희 머리털 하나도 상하지 아니할 것'(눅 21:18)이라고 약속하셨습니다. 같은 맥락에서 "낮의 해가 너를 상하게 하지 아니하며 밤의 달도 너를 해치지 아니하리로다 여호와께서 너를 지켜 모든 환난을 면하게 하시며 또 네 영혼을 지키시리로다"(시 121:6-7)라고 시인은 말합니다. 요한도 왕이신 주님께서 "그를 지키시매 악한 자가 그를 만지지도 못하느니라"(요일 5:18)고 말합니다.

예수님의 이러한 왕직은 세상의 왕직과는 다릅니다. 왕으로서 우리를 섬기시는 예수님의 방법은 이 세상의 왕처럼 군림하고, 지배하고, 독재하는 방식이 아닙니다. 스스로 자신을 낮추사 모든 사람들의 종이 되셔서 자신의 생명까지 희생하며 섬기신 왕입니다. 섬김만 받던 이 땅의 왕들과는 달리 예수님은 "인자가 온 것은 섬김을 받으려 함이 아니라 도리어 섬기려 하고 자기 목숨을 많은 사람의 대속물로 주려"(마 20:28) 하셨습니다. 같은 맥락에서 바울도 하나님은 '무엇이 부족한 것처럼 사람의 손으로 섬김을 받으시는 것이 아니니 이는 만민에게 생명과 호흡과 만물을 친히 주시는 분'(행 17:25)이라고 말합니다. 사실 왕은 섬김을 받고 누리고 군림하는 직분이 아닙니다. 시장과 도지사와 대통령은 모두 섬기는 직분이며, 섬김을 통하여 높임을 받는 기쁨과 만족을 누리는 직분입니다. 남편은 아내를 섬기고, 가장은 가족을 섬기고, 시장은 시민을 섬기고, 대통령은 국민을 섬기는 자입니다.

이처럼 다스림의 기독교적 의미는 섬김에 있습니다. 목숨까지 아끼지 아니하고 모든 사람들을 섬긴 결과로서 모든 이름 위에 뛰어난 이름을 갖는 영광을 누리는 것이 바로 왕입니다. 예수님은 바로 그러한 왕직을 수행하며 섬김의 본을 보이신 것입니다.

교회 안에서 왕직을 수행하는 직분은 장로라고 할 수 있습니다. 장로는 다스리는 권세를 가지고 교회를 섬기는 자입니다. 장로는 성도들 위에 지배하고 누리고 군림하는 직분이 결코 아닙니다. 오히려 성도들의 형편을 부지런히 살피며, 눈물을 닦아주고 문제를 해결하고 격려하고 위로하고 세우는 직무를 종의 자리에서 수행하는 자입니다. 왕이 "입을 열어 공의로 재판하여 곤고한 자와 궁핍한 자를 신원"(잠 31:9)하고 '말 못하는 자와 모든 고독한 자의 송사를 위하여 입을 열며' "가난한 자를 성실히 신원하면 그의 왕위가 영원히 견고할 것이라"(잠 29:14)는 지혜자의 말씀도 오늘날의 교회 안에서는 장로의 직분과 관련된 것입니다.

장로는 교회에서 연약하고, 가난하고, 무지하고, 비천하고, 무기력한 분들을 사랑으로 섬기고 돌아보는 자입니다. 하지만 성도들도 장로를 종으로 여겨서는 안됩니다. 오히려 잘 다스리는 장로는 배나 존경할 사람으로 존중해야 한다고 바울은 말합니다(딤전 5:17). 이처럼 장로는 사랑의 섬김과 돌봄에 반응하는 성도들의 존경과 순응이란 형태로 높임을 받습니다. 장로는 자신이 섬기는 성도들이 많을수록 더 큰 영광을 받습니다. 왕직과 관련하여 지혜자는 이렇게 말합니다. "백성이 많은 것은 왕의 영광이요"(잠 14:28). 같은 맥락에서 바울은 성도들을 향해 '우리의 소망이나 기쁨이나 자랑의 면류관'은 바로 '너희'라고 말합니다(살전 2:19). 반대로 이 말은 장로가 섬기는 사람들이 없으면 부끄러운 직분이 된다는 뜻입니다.

제사장

세 번째, 예수님은 제사장의 직분으로 우리를 섬기셨습니다. 제사장은 백성들의 죄 사함을 위하여 짐승을 잡아서 제사를 드리는 직분입니다. 구약 시대에는 제사장이 따로 있고, 제물이 따로 있었지만 신약 시대에 예수님이 우리에게 보이신 제사장의 직분은 제사장과 제물이 다르지가 않습니다. 예수님은 제사장도 되시고, 제물도 되십니다. 예수님은 제사장이 되셔서 휘장을 찢고 지성소에 들어가 우리의 죄 사함을 위하여 자신의 생명을 제물로 삼아 영원한 제사를 단번에 드리신 분입니다. 이러한 제사장의 직분으로 말미암아 우리는 죄 사함을 받은 것입니다.

죄는 인간 편에서 눈을 감아주고 덮어주고 무마하고 망각하면 소멸되는 것이 아닙니다. 죄는 인간이 지었지만 죄의 해결은 오로지 죄의 규정자와 재판관이신 하나님의 몫입니다. 예수님을 이 세상에 보내시고 많은 사람들의 대속물로 죽음에 내어주사 우리의 죄가 제거된 것은 우리의 아버지 하나님이 친히 이루신 일입니다. 이 예수님은 지금도 하나님의 보좌 우편에서 우리를 위해 친히 간구하고 계십니다. 주기도문 안에 있는 내용처럼, 우리가 우리의 죄를 자백하면, 주는 미쁘시고 의로우사 우리의 빚을 갚으시며, 우리의 죄를 깨끗하게 하시고, 모든 불의에서 우리를 지켜 주십니다.

구약의 제사장 직분은 오늘날 교회에서 집사의 직분으로 계승되고 있습니다. 우리의 죄를 용서하고 제거하는 제사장의 직분은 예수님이 자신의 생명을 제물로 드려서 완수했기 때문에 오늘날 교회의 제사장 직무는 그 용서와 죄 사함의 사랑을 타인과 나누는 일입니다. 실제로 죄를 사하는 제사장은 더 이상 필요하지 않습니다. 예수님은 제사장의 마침이 되셨습니다. 우리의 제사장 직무는 바울이 가르친 것처럼 우리의 몸을 하나님께 기쁨과 거룩의 산 제물로 드리는 것입니다(롬 12:1). 같은 의미에서 베드로는 이렇게 말합니다.

"예수 그리스도로 말미암아 하나님이 기쁘게 받으실 신령한 제사를 드릴 거룩한 제사장이 될지니라"(벧전 2:5).

우리의 몸을 제물로, 우리의 삶을 제사로 드리는 제사장이 되십시오. 우리가 죄 사함과 용서를 받은 것처럼 우리도 몸이 참여하는 삶의 전 영역에서 다른 사람들을 용서해 주고 빚을 탕감해 주는 것이 우리의 제사장 직무입니다. 특별히 교회에서 집사의 구별된 직무는 죄를 용서하고 제거하신 예수님의 사랑으로 말미암아 가난하고 소외된 사람들을 돕되 긍휼과 자비의 마음으로 빚을 탕감해 주고 생계의 필요를 채워주고 구제하는 것입니다.

교회의 머리이신 예수님

교회는 그리스도 예수의 몸입니다. 머리이신 예수님의 뜻을 이루고, 그의 계획을 실행하고, 그의 마음을 전달하는 몸입니다. 예수님이 이 땅에서 행하신 일들, 지금도 이 땅에서 행하기를 원하시는 일들을 수행하는 곳입니다. 선지자와 왕과 제사장의 삼중적인 직분을 가지신 예수님이 이 땅에서 행하신 일들을 한번 보십시오.

> "예수께서 모든 도시와 마을에 두루 다니사 그들의 회당에서 가르치시며 천국 복음을 전파하시며 모든 병과 모든 약한 것을 고치시니라 무리를 보시고 불쌍히 여기시니 이는 그들이 목자 없는 양과 같이 고생하며 기진함이라"(마 9:35-36).

이 구절에는 네 가지의 동사가 예수님의 사역들을 언급합니다. 즉 예수께서 수행하신 일들은 교육, 전파, 치유, 긍휼의 일입니다. 예수님의 몸인 교회는 머리되신 예수께서 이 땅에서 행하신 것처럼 하나님의 진리를 가르치고, 예수의 복음을 전파하고, 질병을 치료하고, 영혼들을 불쌍히 여기며 구제하는 곳입니다.

여러분은 예수님을 누구라 하십니까? 예수님은 우리에게 전인격과 삶 전체로 하나님의 진리를 가르치고 복음을 전파하신 선지자요, 모든 영광스런 것들을 비우시고 종의 자리에서 우리를 섬기시고 결국 모든 이름 위에 뛰어난 이름을 얻으신 왕이시며, 자신의 생명을 아버지께 거룩한 제물로 바쳐 우리의 모든 죄를 용서하고 제거하신 제사장이 되십니다. 이러한 예수님은 우리에게 이렇게 당부 하십니다.

"내가 너희에게 행한 것 같이 너희도 행하게 하려 하여 본을 보였노라"(요 13:15).

이는 우리 각자와 교회 공동체가 예수님의 본을 따라서 선지자와 왕과 제사장의 직분을 계승하고 수행해야 한다는 것입니다. 교회 공동체 안에서 목사는 가르치고, 선포하는 권세를 가지고, 장로는 다스리는 권세를 가지고, 집사는 긍휼과 자비의 권세를 가지고 하나님의 백성을 섬기는 자입니다. 그러나 우리 개개인은 선지자와 왕과 제사장의 직분을 동시에 가지고 있으며, 삶의 현장과 일터에서 예수님의 삼중적인 직분을 동시에 수행하며 세상을 섬기는 자입니다. 온 천하에 다니며 만민에게 복음을 전파하고, 열방을 제자로 삼아 가르치며, 질병으로 아파하는 사람들의 치유를 위해 기도하고, 주리고 목마른 사람들의 기본적인 생계를 위해 구제해야 하는 자입니다.

'해야 할 일이 너무도 많다'고 생각하며 부담감을 느낄 수도 있습니다. 그런데 예수님은 베드로의 답변에 대하여 다음과 같은 말씀을 하십니다. "바요나 시몬아 네가 복이 있도다"(마 16:17). "너희는 나를 누구라 하느냐"의 정확한 해답을 알고 살아가는 것은 영광스런 복입니다. 이 땅에서 우리가 다양한 종류의 삶을 살겠지만 예수님이 마치 내 안에서 사시는 것처럼 예수님의 뜻과 마음과 계획과 삶을 자신의 전인격과 삶 전체에 담아내는 것보다 더 복된 인생은 정녕 존재하지 않을 것입니다. 여러분은 어떠한 인생을 사시고 싶습니까? 예수님이 우리에게 행하신 모든 일들은 다 우리가 따라야 할 본입니다. 예수님은 우리에게 악하고 불행하고 불의한 것을 따르라고 요구하지 않습니다. 언제나 최고의 것을 제시해 주십니다. 우리에게 복이기 때문에 제시하신 것입니다.

예수님은 언제나 인생이 걸어가야 할 최고의 길이시며, 그 길의 빛이시며, 우리가 내딛는 모든 발걸음의 전조등이 되십니다. 우리에게 행하신 선지자와 왕과 제사장의 모든 직분은 우리가 예수님을 섬기는 방식이고, 그를 따르는 제자도의 모습이고, 하나님이 우리에게 맡기신 영광의 일입니다. 예수님은 반석이신 그리스도 자신 위에 교회를 세우시되 자신의 삼중적인 사역을 계속해서 이루시기 위해 세우실 것이라고 하십니다. 그렇게 세워진 하나님의 교회는 음부의 권세가 이기지 못할 것입니다. 음부의 권세가 이기지 못하는 성도이고 싶습니까? 그런 교회이고 싶습니까? 예수님을 바르게 아십시오. 그의 삶을 사십시오. 예수님의 몸이 되어 머리이신 그분의 뜻과 소원을 성취하는 삶을 사십시오. 음부의 권세가 결코 흔들지 못할 것입니다. 교회를 통하여 하나님의 이름이 존귀하게 될 것입니다.

하나님의 역설

예수님은 완전한 하나님과 완전한 인간이 되시기에 존재 자체가 역설이다. 만물의 창조자와 소유자요, 천지의 통치자요, 역사의 심판자가 되시면서 자신은 피조물이 되셨으며 인간에게 주어진 바 되셨으며, 인간의 권세에 의해 통치를 받으셨고, 인간의 법정에서 판단을 받으셔서 역설이다. 예수님은 왕으로서 모든 사람들의 종처럼 섬기셨고, 선지자로서 자신의 삶에 말씀이 성취되는 방식으로 진리를 전하셨고, 제사장으로서 자신의 몸을 제물로 삼아 하나님께 제사를 드리셨기 때문에 역설이다. 교회는 역설의 예수님을 머리로 모시고 있기 때문에 주님처럼 이중적인 신분(하나님의 자녀/땅의 자녀)을 가지고 삼중적인 사역(왕, 선지자, 제사장)을 수행하는 역설의 공동체다.

5
긍휼의 복

긍휼히 여기는 자는 복이 있나니 그들이 긍휼히 여김을 받을 것임이요.
마태복음 5:7

영어에서 긍휼(Compassion=com+passion)의 사전적인 의미는 '함께 고통을 느낀다'는 것입니다. 즉 단순한 지각의 차원에서 공감하는 것을 넘어 그 공감에 걸맞은 행동을 취한다는 실천적인 차원까지 포함하고 있습니다. 북 이스라엘 백성을 향하여 "그를 위하여 내 창자가 들끓으니 내가 반드시 그를 불쌍히 여기리라"(렘 31:20)고 하신 예레미야 선지자가 기록한 하나님의 심경은 우리를 향한 긍휼의 성경적인 의미를 잘 보여주고 있습니다. 여기서 "창자"를 뜻하는 히브리어 "라함"(רחם)은 "긍휼" 혹은 "자비"를 뜻합니다. "긍휼"이란 상대방에 대하여 창자가 뒤틀리고 끊어지는 듯한 공감의 마음을 가진다는 것입니다. 그리스도 예수의 십자가는 우리의 가장 심각한 고통인 죄로 말미암는 죽음을 동일하게 느끼시고, 대신 당하신 긍휼의 결정체라 할 수 있습니다. 여기에서 주목해야 할 부분은 "긍휼히 여기는 자는 복이 있다"입니다. 예수님은 언어만 화려한 긍휼의 지식만을 우리에게 전달하신 것이 아니라 실제로 긍휼의 실천까지 보여 주셨다는 점입니다. '긍휼히 여기는 자가 복되다'는 말씀은 단순한 교훈이 아니라 예수님의 실천적인 삶에 윤리적인 언어의 옷을 입혔을 뿐입니다. 예수님은 우리의 귀에 달콤하고, 지적인 수준을 높여주는 고급 '정보'가 아니라 우리의 전인격과 삶 전체의 실천적인 '순종'을 요청하고 있습니다.

긍휼히 여기는 자가 복이 있다는 역설의 의미

예수님이 긍휼의 복을 말씀하실 당시의 사회적인 분위기는 지성인들 대부분이 로마의 힘과 무력과 용맹을 숭앙했고, 긍휼이나 자비는 피해야 할 영혼의 질병이요, 경멸의 대상으로 여겼습니다. 더 강인하고 무자비한 자만이 생존할 수 있고, 출세가 전부인 시대적인 상황에서 주님은 긍휼히 여기는 자가 복이 있다는 역설적인 삶의 방식을 제시하신 것입니다.

이는 또한 산에 모인 무리들을 향해 그들의 의식 속에 젖어 있었던 시대적인 풍조에 저항의 깃발을 흔드신 것입니다. 나라를 빼앗겨 척박한 삶 속에서도 그런 삶의 원인을 제공한 원수에게 응당한 보복을 가하는 것이 아니라 오히려 긍휼의 마음을 지키라는 역설적인 권고의 말입니다. 정치적·군사적 역량을 길러 찬탈 당한 조국의 주권을 회복하고, 자유를 수호하는 방향으로 민족적인 기운을 쏟아야 할 중차대한 시국에 그의 권고는 어쩌면 유대인 무리에게 씨알도 먹히지 않을, 사상적인 물정도 모르는 풋내기 영웅의 감상적인 선동으로 들렸을 것 같습니다. 그러나 주님은 그런 인간적인 문맥이 고려된 이스라엘 민족의 상황에 근거하여 복음을 증거하신 분이 아닙니다.

하나님의 나라가 임박했고, 하나님은 누구시고, 그 나라의 시민권을 가진 주의 백성들이 가져야 할 정체성과 삶의 구체적인 모습이 어떤 것인지를 제시하셨습니다. 긍휼의 복은 단순히 따뜻한 마음을 품으라는 인간적인 성정의 연마를 주문하는 것이 아닙니다. 그리고 하나님의 때가 이르러 주의 백성들이 가져야 할 면모에 대해 교훈하신 것도 아닙니다. 긍휼은 하나님은 어떤 분이신지, 하나님의 백성은 어떤 자여야 하는지, 그런 자가 살아가는 삶의 원리는 무엇인지, 그런 원리를 따라 살아가는 삶의 구체적인 모습은 어떤 것인지를 교훈하고 있습니다.

긍휼의 근원이신 하나님

바울은 로마서 9장에서 인간을 표현할 때에 '그릇'으로 표현했습니다. 특별히 하나님의 택하신 백성을 가리킬 때에는 "긍휼의 그릇"(롬 9:23)이라는 표현을 사용하고 있습니다. 여기서 우리는 두 가지를 확인할 수 있습니다. 첫 번째, 하나님의 택함을 받은 백성의 속성은 바로 긍휼입니다. 두 번째, 긍휼히 여기는 마음의 소유자는 만세 전부터 하나님의 기뻐하신 뜻을 따라 이루어진 자비로운 선택과 결부되어 있습니다. 하나님은 자신이 긍휼히 여길 자를 긍휼히 여긴다고 하십니다. 우리가 타인을, 특별히 원수까지 긍휼히 여긴다는 것은 바로 하나님의 자녀로 부름을 받은 것이 오직 하나님의 자유롭고 주권적인 의지의 선택으로 말미암아 이루어진 일이라는 사실에 근거합니다. 타인을 향한 우리의 긍휼은 나의 실력과 판단이 아니고 상대방의 상태에 근거한 것도 아닌 오직 하나님의 자비로운 긍휼에만 근거합니다. 하나님의 무조건적 긍휼을 입은 자가 타인을 대하는 마음의 태도는 긍휼일 수밖에 없습니다. 하나님이 거룩하신 것처럼 우리도 거룩해야 하듯이, 하나님이 긍휼하신 것처럼 우리도 긍휼을 베풀어야 합니다.

긍휼은 단순히 인간을 대하는 태도만이 아닙니다. 긍휼은 또한 인간을 자신의 형상대로 지으신 하나님과 관계되어 있습니다. 시편 103편 13절에는 "아버지가 자식을 긍휼히 여김 같이 여호와께서는 자기를 경외하는 자를 긍휼히 여기시나니"라고 기록되어 있습니다. 마리아도 "주의 긍휼은 그를 경외하는 자에게 대대로 이르는도다"(눅 1:50)라고 말합니다. 예수님은 "긍휼히 여기는 자는 긍휼히 여김을 받는다"고 가르쳐 주십니다. 여기서 여호와 경외와 긍휼의 연관성을 확인할 수 있습니다. 타인을 긍휼히 여기는 것은 그를 지으신 하나님을 경외하는 것과 다르지가 않기에 어쩌면 마땅한 것인지도 모릅니다. 잠언의 지혜를 주목해 보십시오.

"도움이 필요한 자를 조롱하는 자는 그의 창조자를 멸시하는 자이니라"(잠 17:3).

우리가 타인을 대하는 자세는 단순히 그 당사자만 문제가 아니라 보다 궁극적인 면에서 그를 창조하신 하나님과 연관되어 있습니다. 긍휼은 우리가 타인에게 어떤 유익을 제공하는 복이기도 하지만, 그 이전에 우리 자신에게 그 자체로 복입니다. 즉 우리가 긍휼히 여기는 것은 하나님을 드러내는 것이요, 결국 하나님께 영광이 되고, 우리는 그런 인생의 최종적인 목적을 달성하는 일이기에 복인 것입니다.

긍휼은 그 자체가 복이라는 사실을 지혜자도 이렇게 언급하고 있습니다.

"인자한 자는 자기의 영혼을 이롭게 하고 잔인한 자는 자기의 몸을 해롭게 하느니라"(잠 11:17).

타인에게 사랑과 긍휼을 행하는 것은 무엇보다 자신의 영혼에게 유익이 된다는 말입니다. 반대로 인자하지 않는 것은 인자의 유익을 상실할 뿐 아니라 자신의 몸까지도 해롭게 한다는 것입니다. 긍휼의 부재는 결코 중립이 아닙니다. 긍휼이란, 타인을 긍휼히 여기면 유익이고, 긍휼히 여기지 않으면 해가 된다는 양면성을 가지고 있습니다. 타인을 사랑하는 자는 자신을 사랑하는 자입니다. 자신을 성경대로 사랑하기 위해서는 타인을 사랑해야 한다는 것입니다. 성경적인 자기애는 이렇게 역설적인 개념을 가지고 있습니다. 이런 차원에서 미국의 벤자민 프랭클린 대통령은 다음과 같은 말을 했습니다. "당신이 타인에게 선할 때에 당신 자신에게는 최고로 선한 것입니다"(When you are good to others, you are best to yourself).

앞에서도 언급을 했지만, 긍휼은 타인의 상태에 의존하지 않습니다. 즉 긍휼이 여김을 받을 자격이 있느냐 없느냐에 좌우되지 않는다는 것입니다. 나의 기분이나 판단에 의존하는 것도 아닙니다. 사실 타인에 대한 우리의 긍휼은 무조건적 당위성을 가지고 있습니다. 주님께서는 비유를 통해 "내가 너희를 불쌍히 여김과 같이 너도 네 동료를 불쌍히 여김이 마땅하지 아니하냐"(마 18:33)라고 말씀하셨습니다. 하나님이 우리를 용서했기 때문에 타인에 대한 우리의 용서는 마땅한 것입니다. 긍휼의 유무에 따르는 해로움과 유익이란, 결과와 무관하게 하나님의 무궁한 긍휼을 입은 우리가 타인을 긍휼히 여기는 것은 재론의 여지도 없이 당연하고 필연적인 것입니다.

긍휼과 공감

링컨은 노예제도 폐지로 유명합니다. 그가 그렇게 놀라운 일을 성취하게 된 동기는 그의 노예시장 경험에서 비롯된 것입니다. 그는 흑인들이 상품처럼 판매자와 구매자의 비인격적 흥정으로 매매되는 것을 보았고 아버지와 어머니와 딸들과 아들들이 각각 다른 집으로 팔려가 가정이 찢어지는 비참한 광경을 목격하고 눈물을 흘렸습니다. 그러면서 "내가 저 자리에 있었다면 어떤 대접을 받고 싶었을까?" 라는 생각을 하다가 결국 흑인들도 자신처럼 자유로

워야 한다고 결론을 내립니다. 타인의 아픈 자리에 나 자신을 세워 느꼈던 공감이 노예해방 운동의 동기가 되었다는 것입니다. 링컨은 단순히 공감을 느낌으로 만족하지 않고, 구체적인 행동으로 옮겼으며 급기야 노예제도 폐지라는 인류애의 혁명적인 열매를 맺습니다. 이러한 생각들은 사랑에 대한 율법의 황금률에 일치하는 분량, 딱 그만큼의 호소력을 가지고 있습니다. "무엇이든 남에게 대접을 받고자 하는 그대로 남을 대접하라"(마 7:12). 이는 모든 사람이 존경과 칭찬과 배려와 이해를 받고 싶어하듯 타인에게 그렇게 해 주라는 것입니다.

긍휼 자체를 즐기자

긍휼을 실천함에 있어서 주의해야 할 바울의 독특한 방식이 있습니다. "긍휼을 베푸는 자는 즐거운 마음으로 할 것이니라"(롬 12:8). 이는 긍휼을 베풀되 긍휼의 대상에게 부담이나 눈치를 주거나 억지로 떠밀려서 하거나 동정하듯 긍휼을 실천하지 말라는 것입니다. 긍휼의 실천은 "즐거운 마음으로" 하는 것입니다. 즐거움은 상대방과 어떠한 계약적인, 의무적인, 인과적인 관계성에 기초하지 않은 자발성을 뜻합니다. 즉 긍휼은 마음의 중심에 어떠한 반대나 거리낌도 없이 넘치는 적극적인 자발성의 발로여야 한다는 것입니다.

'긍휼의 즐거운 실천'은 긍휼 자체를 즐긴다는 말입니다. 대가를 바라는 투자가 아닙니다. 긍휼은 자신의 괜찮은 성품을 과시하는 생색용 수단도 아니며, 자신의 부실한 경건을 치장하는 장신구도 아닙니다. 긍휼은 한 사람의 됨됨이와 결부되어 있습니다.

긍휼의 상실은 복수와 증오로 대체된다

유대인의 교훈집인 『탈무드』에 긍휼과 관련된 이야기가 나옵니다. 어떤 사람이 아들에게 옆집에 가서 칼을 빌려 오라고 했습니다. 그러나 심부름을 간 아들은 빈 손으로 되돌아 왔습니다. 옆집에서 거절당한 것입니다. 며칠 후 이번에는 그 옆집에서 칼을 빌리러 왔습니다. 그런데 아버지는 아들에게 칼을 내어 주라고 했습니다. 이 때 아들은 "며칠 전에 나는 빈손으로 왔다"는 이유로 강하게 반대를 했습니다. 이 때 아버지가 말합니다. "저 집에서 우리에게 빌려주지 않았다고 우리도 빌려줄 수 없다고 말한다면 이것은 복수란다. 저 집에서 우리에게 빌려주지 않았지만 그래도 우리는 빌려준다 말하면서 빌려주면 이건 증오란다. 거절 당했다는 것을 깨끗이 잊고 빈 마음으로 칼을 빌려주면 이것이 곧 긍휼이다." 긍휼은 보복과 증오의 수단이 아닙니다. 그러나 긍휼을 상실하면 그 빈 자리는 이처럼 복수와 증오가 차지할 것입니다.

긍휼의 부재를 모세는 이렇게 설명하고 있습니다. "네 눈이 긍휼히 여기지 말라 생명에는 생명으로, 눈에는 눈으로, 이에는 이로, 손에는 손으로, 발에는 발로이니라"(신 19:21). 모세는 지금 긍휼히 여기지 말라는 차원에서 이 말씀을 기록하고 있습니다. 언뜻 보기에는 공평해 보이지만 이런 차가운 "보복성 정의"는 긍휼과 무관하고 긍휼과 대립되는 것입니다. 긍휼이 없다는 것은 단순히 긍휼의 없음이 아니라 당한 대로 갚아주는 무서운 보복과 결부되어 있습니다.

긍휼의 부재가 가져오는 결과에 대해 사도 야고보는 이렇게 적시하고 있습니다. "긍휼을 행하지 아니하는 자에게는 긍휼 없는 심판이 있으리라"(약 2:13). 사람들을 긍휼히 여기는 자는 하나님의 긍휼히 여기심을 받습니다. 그러나 긍휼을 행하지 아니하는 자에게는 하나님의 긍휼히 여기심이 없습니다. 긍휼 없는 심판이 있을 것입니다. 타인을 긍휼히 여기는 것도 중요합니다. 하지만 만세 전부터 작정하신 하나님의 긍휼이 더욱 중요합니다. 하나님이 우리를 향해 자유롭고 주권적인 의지의 선택을 나타내사 우리를 당신의 자녀로 삼으셨고, 긍휼히 여길 자를 긍휼히 여기시는 하나님을 드러내셨습니다. 하나님께서 긍휼히 여김으로 우리는 하나님의 긍휼하신 속성에 연합하게 되어, 하나님의 긍휼이 우리에게 주어지게 되며, 결국 그 긍휼은 우리 자신에게 유익이 된다는 것입니다.

긍휼의 복은 특별한 자나 특별한 상황에 주어지는 것이 아닙니다. 우리 주변에는 긍휼이 발휘될 계기들로 가득 차 있습니다. 가까이는 아내나 남편을 비롯하여 자녀, 부모, 친구, 친지, 동료, 이웃들이 모두 긍휼의 대상입니다.

그중에 긍휼의 향기가 가장 짙게 진동하게 될 대상은 바로 우리의 원수일 것입니다. 그래서 주변에 원수가 있다는 것은 상대방의 상태나 조건이나 관계성을 떠나서 우리가 모든 인간을 대하는 기본적인 태도인 긍휼이 제대로 발휘되는 절호의 기회인 것입니다.

인간의 실존을 보더라도 긍휼은 우리가 모든 사람들에 대하여 가져야 할 태도임을 확인할 수 있습니다. 모든 사람은 언젠가는 죽습니다. 아무리 잘나가고 근사하고 멋있어도 죽음의 사슬에서 자유로운 사람은 없습니다. 그런데 우리는 시야가 좁아 한 사람의 종말이 아득한 미래처럼 잘 감지되지 않아 어떠한 인간이든 필히 맞이하게 될 종말을 잘 고려하지 않고 상대방과 관계를 맺으며 살아가는 경향이 있습니다. 분노와 즐거움과 흥분과 부러움이 늘 멀리 내다보지 못하는 시야의 단편성 혹은 편협성 때문에 촉발되고 있습니다. 인간은 죽습니다. 그리고 하나님 앞에서 심판을 받습니다. 이러한 인간의 종말을 안다면 사람들을 대하되 비록 원수라고 할지라도 긍휼히 여길 수밖에 없습니다.

우리가 살아가는 모든 삶의 각박한 현장에서 요구되는 것은 긍휼입니다. 아내와 남편 사이에서 벌어지는 갈등을 좁히지 못해 부부가 일평생 감정의 대립각을 세웁니다. 부모와 자녀와의 살얼음판 같은 신경전이 매일 지속되는 가정도 매우 많습니다. 사주와 직원, 지도자와 국민, 교수와 학생, 목회자와 성도들 사이에도 저마다 답답한 사연들로 휴전선을 방불케하는 반목과 대립의 차가운 기운이 쉽게 제거되지 않습니다. 누구나 경험하고 공감하는 인간사의 현실이 이렇습니다. 이는 서로를 불쌍히 여기지 않아서 빚어지는 것입니다. 이 모든 문제들은 긍휼로 말미암아 풀립니다. 긍휼로 해결되지 않는 관계성 문제는 없습니다. 잊지 마십시오. 우리는 모두 언젠가는 죽음이 갈라놓을 관계를 가지고 있습니다. 늦어지기 전에 최대한의 긍휼로 서로를 보듬어 주십시오. 긍휼의 빛이 발휘될 계기를 놓치지 마십시오.

긍휼의 한계를 극복하는 방법

긍휼히 여기는 삶을 실천하는 분들 중에는 금세 지쳐 긍휼을 지속하지 못하는 이들도 있습니다. 인간적인 긍휼은 한계가 있습니다. 긍휼이 고갈될 때마다 "여호와의 인자와 긍휼이 무궁하시므로 우리가 진멸되지 아니함이니이다"(애 3:22)는 사실을 되새겨 보십시오. 그리고 무궁한 긍휼의 주인이신 우리 예수님의 삶도 더듬어 보십시오. 예수님은 이 땅에서 말 그대로 죽음으로 한 발짝씩 다가가는 가시밭길 인생을 사셨습니다. 그런 주님께서 자신의 성품이 어떠함을 설명하고, 제자들로 그런 성품에 참여할 것을 원하셨습니다. 그러한 신적인 성품에의 참여가 그들에게 최고의 복이라는 확신 속에서 교훈하신 말씀이 바로 산에서 설파하신 여덟가지 복입니다. 당연히 긍휼도 다른 복들처럼 죽음으로 한 발짝씩 접근하는 행보이고, 동시에 우리에게 그리스도 예수의 형상으로 다가가는 순례이며, 땅에서는 주어지지 않는 천상적인 복입니다. 예수님이 보여주신 하나님의 무한한 긍휼을 힘입어 주변에 있는 모든 분들에게 긍휼을 계속해서 나누어 주십시오.

하나님의 무한한 긍휼을 알고 싶습니까? 시편 18편에 보면 이런 말씀이 나옵니다.

"자비로운 자에게는 주의 자비로우심을 나타내시며 완전한 자에게는 주의 완전하심을 보이시며 깨끗한 자에게는 주의 깨끗하심을 보이시며 사악한 자에게는 주의 거스르심을 보이시리니"(시 18:25-26).

긍휼히 여기는 자가 되지 않고서는 하나님의 긍휼을 알 수 없습니다. 원수마저 긍휼히 여긴다는 것은 원수를 사랑하신 하나님의 자비와 긍휼을 배우고 그 긍휼에 참여하는 최고의 길입니다.

포괄적인 차원에서 보면, 하나님을 아는 지식에서 자라고 하나님의 전인격적 형상을 온전히 이루는 방법은 최고의 길이신 그리스도 예수를 닮아가는 것입니다. 이처럼 긍휼은 순환적인 성격을 가지고 있습니다. 즉 우리가 긍휼해야 하나님의 긍휼을 알고 하나님의 긍휼을 힘입어 우리는 온전한 긍휼을 베풀 수 있다는 것입니다.

긍휼은 타인에게 유익을 주지만 보다 큰 유익의 최종적인 수혜자는 긍휼히 여기는 자기 자신입니다. 긍휼히 여기면, 하나님의 긍휼을 배우고 경험하며 긍휼의 사람이 되고 자신의 영혼을 윤택하게 하고 하나님의 긍휼을 알리고 전달하는 사람이 되는 것입니다.

성경은 우리에게 하나님이 사랑하신 모든 자들에겐 모든 것이 합력하여 선을 이룬다고 말합니다. 그 선은 하나님이 우리에게 선물로 주시는 것입니다. 그런데 바울은 그 선물을 눈으로 보고, 귀로 듣고, 마음에 새겨도 깨닫지 못한다고 말합니다. 이는 보이는 것을 취하고 들리는 것을 취하고 인간의 머리로 이해된 유익을 취한다고 해서 하나님의 선물을 취하는 것은 아니라는 것입니다. 자신의 지각을 너무 신뢰하지 마십시오. 우리는 성령에 의해서 믿음으로 말미암아 하나님의 선물을 깨닫고 받습니다. 그 선물은 결국 하나님 자신입니다. 하나님의 긍휼과 자비와 의로움과 거룩함이 우리에게 주어지는 것은 바로 하나님이 우리에게 선물이 되신다는 것입니다. 우리가 일상에서 타인을 긍휼히 여긴다는 것은 하나님의 긍휼을 우리 자신과 삶 속에 담아내는 것이며 그렇게 함으로써 하나님을 선물로 얻는 것입니다.

나아가 긍휼은 땅에서의 변동되는 모든 것을 잃더라도 그리스도 예수의 향기로운 내음에 온 인격과 생이 휩싸여서 원수들도 그것에 취하게 만들고 그들의 뾰족한 창을 꺾고, 살벌한 검을 녹이며, 난폭한 전운의 불씨마저 꺼뜨리는 강력한 하늘의 힘입니다. 긍휼은 기독인의 가슴에서 한번도 그 박동을 멈추지 말아야 할 주님의 심장과도 같습니다. 결국 죽을 수밖에 없는 유한한 존재라는 인간의 실존에 기반한 긍휼, 그런 인간을 향해 긍휼의 길을 목숨까지 희생하며 완주하신 주님의 마음을 닮아가는 첩경인 긍휼은 우리에게 취하라고 주님께서 권하시고 베푸시는 탁월한 복입니다.

긍휼이 주는 복

긍휼의 복은 주변에 산적해 있습니다. 관심의 손만 뻗으면 취할 수 있도록 가장 가까운 배우자를 비롯하여 부모님과 자녀들, 친구들, 이웃들, 원수들에 이르도록 긍휼의 복이 사방에 있습니다. 타인을 긍휼히 여김으로 주님의 향기가 발산될 빼곡한 계기들이 가까운 일상에서 우리를 기다리고 있습니다.

특별히 우리의 원수들은 가장 강력한 긍휼의 복이 주어지는 통로입니다. 긍휼은 틀어진 관계성 속에서 각별한 위력을 발휘하는 법입니다. 그런 관계에서 우리는 긍휼의 출처가 지금도 우리로 진멸되지 않게 하신 하나님의 무궁한 긍휼임을 확인할 수 있습니다. 상대방의 존재를 제거하고 싶은 마음을 다스리는 유일한 방법은 하나님을 대적하는 원수였던 우리가 하나님의 긍휼로 인하여 진멸되지 않고 있다는 사실을 끊임없이 기억하는 것입니다.

지혜자는 "네 원수가 넘어질 때에 즐거워하지 말며 그가 엎드러질 때에 마음에 기뻐하지 말라"(잠 24:17)고 권합니다. 이유는 긍휼의 하나님이 그런 처신을 기뻐하지 않으시기 때문입니다. 나아가 성경은 원수들의 흥망성쇠 따위에 준동하는 것 자체를 금하고 있습니다. 그들이 망하면 즐겁고, 그들이 흥하면 부러움에 빠지거나 배알이 꼬이는 것 자체가 하나님의 마음을 품기에는 적합하지 않습니다. 그리고 시간의 한 시점에서 비록 일시적 원수로 간주되는 사람들도 언젠가는 돌이킬 하나님의 잠재적 백성이 될 수도 있습니다. 그러한 가능성 때문에 우리는 비록 원수와 도적과 강도와 살

인자라 할지라도 긍휼의 마음으로 대하여야 할 것입니다.

긍휼은 상대방의 아픔을 나도 아파하는 것입니다. 그 대상이 원수라고 할지라도 하나님이 우리에게 베푸신 무한대의 자비와 긍휼 때문에 불쌍히 여기는 것입니다. 우리가 인간문맥 안에서 긍휼을 베풀면 우리는 하나님의 긍휼을 배우고 더 깊이 경험하고, 우리의 인격과 삶에 그 긍휼을 담아내어 긍휼의 하나님을 증거하게 되는 유익을 얻습니다. 긍휼의 수혜자가 상대방이 아니라 바로 나 자신인 셈입니다. 그래서 예수님은 우리에게 긍휼이 복이라고 가르치고 있습니다. 신의 성품에 참여하는 복입니다. 신의 형상을 온전히 닮아가는 복입니다. 나 자신과 타인을 윤택하게 만드는 복입니다. 이 복을 통하여 나 자신과 타인과 사회와 온 세상에 긍휼의 하나님을 선포하는 증인의 복을 누리시기 바랍니다.

하나님의 역설

긍휼은 사람들의 눈에 나약한 영혼의 질병인데 하나님의 눈에는 복의 내용이기 때문에 역설이다. 하나님의 사람들은 긍휼의 하나님을 나타내는 역설의 그릇이다. 긍휼은 타인에게 유익을 주는 것이지만 그것보다 먼저 자신의 영혼이 긍휼의 일순위 수혜자가 되기에 역설이다. 당연히 긍휼이 없으면 영혼의 질병이 제거되어 이롭게 되는 것이 아니라 자기의 영혼을 해롭게 하는 것이기에 역설이다. 긍휼은 그 근거가 인간에게 있지 않고 우리에게 주어진 하나님의 긍휼에 기초한다. 주님께서 긍휼을 베푸시는 분이시기 때문에 우리도 모든 사람들에 대하여 긍휼의 마음을 유지한다. 긍휼을 일평생 고집해도 하나님의 무한한 긍휼은 결코 다 드러내지 못한다.

6

베드로의 선택
:하나님의 아들

²⁷예수께서 즉시 이르시되 안심하라 나니 두려워하지 말라 ²⁸베드로가 대답하여 이르되 주여 만일 주님이시거든 나를 명하사 물 위로 오라 하소서 하니 ²⁹오라 하시니 베드로가 배에서 내려 물 위로 걸어서 예수께로 가되 ³⁰바람을 보고 무서워 빠져 가는지라 소리 질러 이르되 주여 나를 구원하소서 하니 ³¹예수께서 즉시 손을 내밀어 그를 붙잡으시며 이르시되 믿음이 작은 자여 왜 의심하였느냐 하시고 ³²배에 함께 오르매 바람이 그치는지라 ³³배에 있는 사람들이 예수께 절하며 이르되 진실로 하나님의 아들이로소이다 하더라.

마태복음 14:27-33

인생은 선택의 충만과 연속인 것 같습니다. 어떤 것을 말하거나 예배를 드리고, 직장을 그만두는 것 그리고 불평과 감사, 기쁨과 슬픔도 모두 우리가 선택하는 것입니다. 그렇기 때문에 우리는 선택을 떠나서는 삶을 살아갈 수 없습니다. 이처럼 삶과 선택은 긴밀하게 결부되어 있습니다. 그렇다면 올바른 선택의 달인이 될 필요성은 아무리 강조해도 지나치지 않습니다. 우리는 어떻게 범사에 그리스도 예수를 선택하며 예수를 동행하며 예수를 누릴 수 있을까요?

오병이어 기적을 베푸신 이유

본문은 오병이어 사건 이후에 발생한 일입니다. 마태복음 14장 22절을 보면 즉시 제자들을 재촉하는 예수님의 다급한 모습이 나옵니다. 평소의 모습과는 달리 왜 그렇게 서두르신 것일까요? 그것은 오병이어 기적 이후에 보인 무리들의 반응 때문인 것 같습니다. 요한의 기록에는 그들이 예수님을 "억지로 잡아 임금 삼으려고" 했다고 나옵니다(요6:15). 세상에서 가장 긴급한 필요인 끼니를 경이로운 방법으로 해결해 주신 예수님을 경험한 무리들이 로마의 압제에 짓눌려 정치적 경제적 해방을 고대하던 그 오랜 갈망이 예수님에 의해 해소될 수 있겠다는 기대감을 갖는 것은 어쩌면 당연해 보입니다. 그러나 그것은 예수님이 오병이어 기적으로 의도했던 목적을 완전히 빗나간 것입니다. 광야에서 주린 자들을 먹이신 것은 바람과 모래만 가득한 광야에서 만나로 조상들을 먹이신 하나님의 능력과 은혜를 깨닫게 하고 만나의 실체가 바로 자신의 피와 살이라는 사실을 알리고자 한 것인데, 그런 목적이 무산될 상황이 벌어진 것입니다. 이스라엘 백성의 우매한 갈망과 기대를 접한 예수님의 마음은 너무도 슬프셨을 것 같습니다. 그래서 하나님 아버지께 기도할 한적한 곳을 찾으셨고, 그 이후에 벳새다로 결정하신 것입니다.

벳새다로 제자들을 재촉하여 먼저 보내신 이유는 제자들을 위한 것입니다. 제자들이 무리들의 정치적 메시아 추구에 경도되어, 하나님의 나라와 의를 먼저 구해야 할 사명을 져버릴 수 있음을 아시고 취한 조치인 듯합니다. 세베대의 아들 요한과 야고보는 그들의 모친과 더불어 주의 나라에서 하나는 주의 우편에 하나는 주의 좌편에 발탁해 달라는 정치적 야심을 내비쳤고, 이에 다른 제자들은 불편한 심기를 드러낸 적이 있습니다. 이는 제자들도 정치적 메시아에 대한 갈망에서 자유롭지 않다는 증거일 수 있습니다. 이런 유아적인 상태에 있는 제자들을 보호하실 의도로 제자들을 서둘러 뱃길에 오르도록 독촉하신 듯합니다.

오병이어 기적은 예수님이 하나님의 아들이며, 영적인 메시아란 사실을 보이고자 한 사건입니다. 같은 맥락에서 베드로가 물 위로 걸은 기적 이후에는 예수님의 신분을 의심하는 종교 지도자들 이야기가 나옵니다. 마태복음 14장 말씀은 그리스도 예수가 누구인가에 대한 믿음과 의심 사이에 베드로의 선택과 고민에 대해 말씀합니다. 당연히 본문도 그리스도 예수의 정체성 계시와 관계된 것일 수밖에 없습니다.

본문은 예수님의 제자들이 오병이어 사건 이후에 배를 타고 건너편에 건너가는 중에 일어난 놀라운 기적을 기록하고 있습니다.

누가복음의 기록처럼 오병이어 사건의 장소가 벳세다로 가는 도상에 있는 한 들판이라 한다면 제자들은 그 근방에서 벳세다로 가고자 했기 때문에 갈릴리 바다 서쪽에서 동쪽으로 항해했을 것입니다. 그런데 24절을 보면, 그들의 가는 뱃길이 순적하지 않았고 역풍으로 말미암아 고난을 당하고 있었다고 기록되어 있습니다. 의도했던 벳세다로 가지 못하고 예기치 않게 게네사렛 지역에 도달하게 됩니다. 사실 육로와 해로의 길이가 비슷하기 때문에 제자들이 얼마든지 걸어서도 갈 수 있었는데 뱃길을 택한 것을 보면 폭풍은 예상치 못한 일이었을 것입니다. 그런데 25절을 보십시오. "밤 사경에 예수께서 바다 위로 걸어서 제자들에게 오시니" 예수님이 그들을 찾아오신 것입니다. 그들이 예수님을 찾지 않고 예수님이 그들을 찾았다는 사실을 기억해 두십시오.

제자들이 뱃길에 오른 시점은 저녁 직후이기 때문에 늦어도 8시에는 육지를 떠났을 것입니다. 예수님이 찾아오신 밤 사경이 새벽 3시부터 6시에 해당되는 시간이라 한다면 배를 탄 시간은 최소한 7시간 이상이고 역풍과 사투를 벌인 시간도 적지 않았을 것입니다. 세례 요한이 참수형을 당했다는 소식을 접하고 심기가 심히 불편하고 슬프고 두려운 상황에서 인간적인 재앙만이 아니라 자연적인 재앙까지 맞이하고 여러 시간 사투까지 벌여야 했던 제자들의 심경은 한마디로 참담했을 것입니다. 두려움과 공포와 슬픔 그리고 하나님에 대한 원망까지 있었을지도 모를 복잡한 심경을 가지고 있을 때에 예수님이 오신 것입니다. 이 사건에 대한 제자들의 반응은 두 가지입니다. 베드로는 배에서 물로 뛰어들어 주님께로 갔고 다른 제자들은 배에 머물러 있었습니다. 그러나 베드로는 물 위를 걷다가 세찬 바람을 보고 물에 빠져들기 시작했고 이에 주님은 베드로를 건져주며 "믿음이 적은 자여 왜 의심을 하였느냐?"는 말씀을 하십니다. 그리고 성경은 예수님과 베드로가 함께 배에 오르매 바람이 그쳤다고 말합니다.

폭풍과 인생

제자들이 폭풍을 만난 것은 우리가 처한 삶의 현실과 상당히 유사합니다. 갈릴리 바다에서 발생한 폭풍은 평소에는 잠잠하다 급작스런 변화가 일어나는 지중해성 기후의 전형적인 현상을 잘 보여주고 있습니다. 인생이 그렇지 않습니까? 생각지도 않았고, 특별한 원인이 제공되지 않았는데 커다란 위협과 공포가 인기척도 없이 배를 급습하는 것, 마치 인생이 처한 현실을 고스란히 보여주는 듯합니다.

도전과 망설임

본문에서 제자들이 경험한 폭풍은 선택의 대상이 아닙니다. 선택의 자유와 무관하게 들이닥친 일입니다. 그러나 이것에 대한 반응은 우리의 선택에 달려 있습니다. 제자들은 모두 고통을 당했다고 마태는 기록하고 있습니다. 그리고 예수님이 가까이 오셨을 때에는 두려워 했다고 말합니다. 예수님이 가까이 오셨어도 알아보지 못했기 때문에 두려움에 떨며 아우성을 질렀다고 말합니다. 그 때 베드로가 입술을 열어 '만일 주시라면 물 위로 걸어가게 명령해 달라'고 청합니다. 이에 주님께서 "오라" 하셨고 베드로는 물 위를 걸어 예수님께 향합니다. 하지만 베드로는 물 위를 걷다가 전혀 달라지지 않은 위협적인 환경을 보게 됩니다. 믿음은 의심으로 바뀌고, 물 위를 걷던 발은 물 속으로 빨려들어 갔습니다. 결국 실패한 것입니다.

진정한 성공과 실패

그러나 베드로의 실패는 어떤 것일까요? 그의 실패는 자신의 연약한 믿음과 의심 때문에 발생한 일이지만 결국 주님의 은혜와 도우심을 받아 함께 물위를 걸어서 배로 돌아 왔습니다. 실패 속에서도 예수님과 동행한 것입니다. 이렇게 베드로는 자신의 연약함과 주님의 강함을 경험했고, 자신의 의심에도 주님의 은혜로 진정한 성공의 근원이 어떤 것인지 경험할 수 있었습니다. 그러나 배에 머물러 있었던 제자들은 비록 베드로의 실패는 모면할 수 있었지만 주님의 성공은 경험하지 못했습니다. 이렇게 보면 그들은 하나님을 아는 지식과 인간의 한계가 어떤 것인지를 전혀 경험하지 못한 실패자가 된 것입니다.

무모한 도전?

어떤 사람들은 베드로가 물에 뛰어든 행동이 무모하고 돌발적인 행동을 취했다고 여깁니다. 그러나 베드로는 배의 행선지라 할 벳세다 출신 어부였고, 그것도 신출내기 어부가 아니라 수십년의 경험을 가진 베테랑 어부였기 때문에 폭풍에 출렁이는 바다의 위험을 누구보다 더 잘 알았을 것입니다. 그러나 베드로는 위험을 알면서도 뛰어든 것입니다. 이 행동은 오히려 "오라"는 예수님의 명령과 베드로 자신의 믿음에 의해 촉발된 행동으로 보는 것이 더 적합할 것입니다.

두려움과 본질

상황을 다시 보십시오. 모든 제자들이 두려움에 빠져 있습니다.

두려움이 닥치면 사사로운 일들은 뒷전으로 밀리고, 사느냐 죽느냐의 가장 긴급하고 본질적인 문제만이 전면에 부각될 수밖에 없습니다. 물 위를 걷는 베드로의 유일한 관심사는 사느냐 죽느냐에 대한 것입니다. 다른 것에 시간과 관심과 에너지를 빼앗길 수 없습니다. 그러나 상황에 대한 인식의 차이가 본질에 대한 집중력의 차이를 낳습니다. 비록 동일한 폭풍 가운데에 있지만 베드로가 물 위에 선 것과는 달리 다른 제자들은 배에 머물러 있습니다. 아마도 그 제자들은 배 안에서의 상황이 물 위보다는 더 나았을 것이라고 생각했을 것입니다. 그들에게 배는 물보다 더 안전한 곳입니다. 당연히 배의 안전은 그들의 안전과 직결되어 있기에 그들의 생각과 마음과 시간과 도모와 에너지도 본질이 아닌 수단에 불과한 배에 쏠릴 수밖에 없었을 것입니다.

베드로의 선택은 동행

교회도 이러한 두 가지의 반응을 보입니다. 어떤 교회는 사느냐 죽느냐의 본질적인 문제에 집중하는 반면, 어떤 교회는 안전의 유무가 교회의 재정과 건물과 조직과 행정에 있다고 생각하여 거기에 엄청난 재원을 쏟습니다. 교회에서 사용되는 막대한 재원이 사사로운 일들과 비본질적 사안들을 해결하는 일에 상당히 많이 사용되고 있습니다. 그리고 그것들을 둘러싼 분쟁과 대립과 분열이 얼마나 심각한지 모릅니다.

이러한 일들에 일일이 개입해야 한다면 몸이 열이라도, 인생을 수십 번 살더라도 부족할 것입니다. 그러나 베드로의 선택을 자세히 보십시오. 그는 폭풍에 격동하는 바다의 위험을 알면서도 예수님과 함께 하려고 했습니다. 겉으로는 더 안전해 보이는 배 안에 머물고자 하지 않고, 오히려 위험해 보이는 물에 뛰어들어 주님께로 간 것입니다. 교회의 진정한 위기는 폭풍처럼 격동하는 세상이 교회를 사방으로 둘러싸고 있다는 사실에 있지 않습니다. 위기의 본질은 오히려 자신의 안목을 따라 안전이라 판단되는 길을 스스로 걸어가되 정작 주님과는 동행하지 않는다는 사실에 있습니다.

궁극적인 실패

실패는 가시적인 행동이 아니라 무의식적 상태일 수 있습니다. 우리가 이 사건에서 실패를 생각하면 베드로가 물 속으로 빠져든 가시적인 모습이 눈앞을 가릴 수 있습니다. 그러나 예수님이 두려움의 현장에 찾아 오셨어도, 예수님께 나아가지 않고 배에 머물고자 했던 다른 제자들의 상태가 저의 눈에는 실패로 보입니다. 이런 실패는 예수님을 올바르게 알지 못했던 그들의 무지에서 비롯된 것입니다. 예수님은 어떤 분입니까? 만왕의 왕이시며 만주의 주십니다. 예수님은 누구도 위협할 수 없는 절대적인 피난처요, 안식처가 되십니다. 낮의 해와 밤의 달이 상치 못하는 분입니다. 어떠한 것도 감히 겁박할 수 없는 그 모든 것들의 주인이신 분입니다. 모든 위험에서 벗어날 수 있는 유일한 방식은 예수님과 함께 거하는 것입니다.

주님과의 '불편한' 동행

그러나 우리는 예수님과 동거하고 동행하는 것의 실상을 오해하는 경우가 많습니다. 에녹의 경우에도 그가 하나님과 동행하다 죽음을 맛보지 않고, 하늘로 들리운 것을 마치 에덴동산 같이 아름답고 평화로운 곳에서 일평생 주님과 걷다가 죽음도 생략하고 천국으로 간 것처럼 생각하는 경향이 있습니다. 물론 저는 그렇게 생각하지 않습니다. 주님과 동행하는 길은 고속도로 같이 평탄하고 순적한 길이 아닙니다. 예수님이 하신 말씀을 보십시오. 자기를 부인하고, 십자가를 짊어지고 가야 하는 협착한 길입니다. 문도 좁아서 출입하는 사람도 거의 없는 길입니다. 제자들만 보아도 12명 중에서 베드로만 주님께로 갔습니다. 주님과 동행하는 것은 마치 삶과 죽음이 등을 맞대고 있는 물 위를 걷는 것과 같습니다. 예수님과 같이 있다고 해서 폭풍이 자동으로 잠잠해 지는 게 아닙니다.

베드로가 주님께로 가서 주님과 동행을 했지만 폭풍의 기세가 꺾 어진 것은 아닙니다. 배에 돌아왔을 때에 비로소 바람이 그쳤다고 말합니다. 주님과의 동행을 편안하고 나른한 땅에서의 안식으로 여겨서는 안됩니다. 좁고, 협착하고, 불편하고, 위태로운 길처럼 보이는 인생의 길입니다.

하나님의 아들

베드로를 비롯하여 이 상황을 지켜본 모든 제자들은 엎드려 절하며 경의를 표할 정도로 심히 놀랐던 것 같습니다. 그러나 기적 자체에 눈이 휘둥그레 진 것이 아닙니다. 그들은 물에서의 걷기가 어떻게 가능하며 어떤 것인지의 문제로 쑥덕대지 않고 "진실로 하나님의 아들"이란 고백으로 반응을 했습니다. 요한의 표현을 빌리자면, 그들은 은혜와 진리가 충만한 독생자의 영광을 본 것입니다. 그들은 어쩌면 거친 자연이 예수님께 순한 양처럼 순응하는 기이한 일을 면밀히 분석하고, 꼼꼼하게 모방하고 싶었을 수도 있었을 것입니다. 그러나 놀라운 것은 그들이 그런 수단에 관심을 빼앗기지 않고, 이 모든 일들을 가능하게 하신 주체로서 그리스도 예수 자신을 의미의 종착지로 삼았다는 것입니다. 이는 예수님이 제자들과 무리에게 전달하기 원하였던 교훈의 핵심이라 할 수 있습니다.

그리스도 예수를 알아가라

성경은 그리스도 예수를 가리키고 있습니다. 그 안에 기록된 모든 사건들은 예수께서 그리스도이시며 살아계신 하나님의 아들임을 증거하고 있습니다. "너희는 나를 누구라 하느냐"는 예수님의 질문에 베드로와 모든 제자들의 고백의 씨앗은 이때부터 심겨졌습니다. 베드로는 물 위를 걷는 것을 선택한 것이 아니라 하나님의 아들을 선택했던 것입니다. 이로써 다른 제자들도 삶의 선택이 하나님의 아들이신 그리스도 예수 뿐이라는 교훈을 공유할 수 있었습니다. 모든 경험은 하나님과 그의 보내신 자 그리스도 예수를 아는 지식으로 수렴되지 않으면 안됩니다. 어떤 기적적인 경험 자체에 과도한 의미를 부여하여 예수님이 보이지 않는다면, 베드로의 가시적인 실패와 다른 제자들의 무의식적 상태의 실패보다 훨씬 심각하고 은밀한 실패에 봉착하게 될 것입니다. 기적에 배부른 까닭에 주님을 따라서는 안됩니다. 그런 실패를 답습하는 셈이 되는 것입니다. 이는 은혜를 맛보고 주님께 나아가지 않는 이들의 전형적인 실패라고 할 수 있습니다. 오늘 본문의 교훈을 통해 우리는 어떻게 살아가야 할까요?

무엇보다 우리가 하나님을 아는 지식에서 자라가야 한다는 것입니다. 거룩하신 하나님은 만물과 역사의 창조자요, 주인이요, 통치자요 심판자가 되신다는 지식 말입니다. 그런 하나님은 독생자를 아끼지 않으시고 우리에게 주실 정도로 우리를 사랑하십니다. 당연히 우리가 폭풍의 한 가운데에 처했을 때에 하나님은 가장 안전한 안식처가 되어주실 것입니다.

사나운 폭풍이 우리의 인생을 강타할 때에 두려워 하지 마십시오. 두려운 상황은 오히려 사사로운 것들을 상대적인 것으로 돌리게 만들며, 본질에 집중할 수 있는 기회일 수 있습니다. 그리고 그런 상황 속에서 오히려 하나님의 영광을 더욱 선명하게 경험할 수도 있습니다. 시인의 노래처럼 환난 속에서 주님께 간구하면 그가 우리를 건지시고 우리가 그를 영화롭게 할 수 있습니다. 하나님께 영광을 돌리고, 하나님의 영광에 동참하는 놀라운 축복의 징후가 폭풍일 수 있음을 잊지 마십시오.

그리스도 예수와 동행하라

선택의 기로에서 주님과 함께 동행하십시오. 물 위를 걷고 싶다면 만족과 안주의 배에서 나오지 않으면 안됩니다. 우리를 배 안에서 벗어나지 못하게 하는 땅의 안전과 만족과 안식을 과감히 떨쳐버리시기 바랍니다. 안전하다 생각하는 때가 안전의 근원이신 하나님을 망각하는 가장 위태로운 때일 수 있습니다. 편안하고 안전한 삶을 추구하지 마십시오. 겉으로는 조금 더 불편하고, 조금 더 불안하고, 조금 더 분주할지라도 죽음과 삶이 교차하는 현장으로 뛰어드는 것이 본질적인 안전을 추구하는 길입니다.

기적은 본질의 수단일 뿐이다

주님과 동행할 때에 경이로운 일들을 경험할 수도 있습니다. 하지만 그때에 자랑하지 마십시오. 특이한 경험은 하나님을 아는 지식의 수단일 뿐입니다. 이적과 기사 자체에 지나친 의미를 부여하지 마십시오. 우리 주변에는 '자연'처럼 보이는 경이로운 기적들이 얼마나 많은지 모릅니다. 그 수효를 능히 헤아릴 수도 없습니다. 모든 자연은 당연한 것이 아닙니다. 자연을 대하는 우리의 무감각은 누구의 개입도 없는 자연 자체이기 때문이 아니라 항구적인 기적에 적응되고 익숙해진 것일 뿐입니다. 무수한 기적들 중에 몇 가지를 경험한 것에 신앙과 인생을 걸지 마십시오. 하나님의 무한한 기적 중 몇 조각을 경험했을 뿐입니다. 본질은 하나님을 아는 지식에 있습니다. 기적은 그러한 본질의 수단일 뿐입니다.

실패를 두려워 마십시오. 믿음이 작고 의심이 있다는 지적도 두려워 마십시오. 실패하면 실패를 경험하고 그 실패를 아는 것만큼 성공한 것입니다. 나의 한계를 알면 아는 만큼 성공한 것입니다.

이런 의미에서 베드로의 선택을 실패가 아니라 성공이라 할 수 있습니다.

세상의 기준으로 성공과 실패를 이해하지 마십시오. 세상의 기준을 취하는 순간 삶의 모든 내용들은 그 기준의 횡포에 노출되고 말 것입니다. 그러면 환난이 닥칠 때마다 세상의 기준을 홍보하는 처신을 할 수밖에 없습니다. 그러나 하나님과 동거하고 동행하는 것을 성공의 기준으로 삼는다면 환난이든 형통이든 모든 상황 속에서 하나님의 이름만 영화롭게 되고 증거될 것입니다.

우리는 하나님의 아들 그리스도 예수께서 위대한 분이심을 보는 구경꾼이 아니라 그분을 담아내는 부르심을 받은 자입니다. 배 안에서 하나님의 위대함을 관찰하고 위대한 분이라고 찬양하는 것은 쉽습니다. 예수님을 따르는 신앙의 위인들을 존경하는 것은 쉽습니다. 그러나 우리의 소명이 거기에 있지 않습니다. 우리는 주님을 따르는 자여야 하고 그분의 위대하고 영화로운 생명의 복음을 체득하고 전달하는 자로 부르심을 받은 자입니다. 막상 주님께서 "너희는 나를 누구라고 하느냐"고 물으실 때 입을 열어서 고백할 수 있었던 사람은 베드로 외에는 없었습니다.

편하고 익숙한 삶에 젖으면 믿음으로 사는 삶의 원리를 상실할 수 있습니다. 다른 모든 것들을 얻었어도 믿음을 빼앗기면 모든 것들을 잃는 것입니다.

주님과 동행하는 것과 무관한 모든 것들은 개인이든 교회이든 과감하게 제거하는 것이 좋습니다. 물론 번거롭고, 불편하고, 때로는 고통도 수반될 것입니다. 그러나 자신과 교회의 개혁을 위해서는 때때로 그런 고통의 결단이 감수해야 합니다. 편하고 익숙한 것에 안주하는 것보다, 불편하고 낯설어도 예수님과 동거하고 동행하는 것이 훨씬 낫습니다.

하나님의 역설

베드로의 선택은 살려고 죽음의 바다에 자신의 몸을 던졌기 때문에 역설이다. "오라"는 예수님의 한 마디의 말씀에 목숨을 거는 역설적인 판단이 바로 베드로의 선택이다. 이는 베드로가 안전하게 생각되는 배보다도 사나운 풍랑의 중심에 서 계신 예수님과 함께 거하는 것이 더 안전한 것이라고 판단했기 때문이다. 사람들은 폭풍이 몰아치는 바다에서 배 안이 배 바깥보다 더 안전한 곳이라고 생각한다. 하지만 진정한 안식처는 배의 안팎과 무관하게 그리스도 예수 자신이다. 우리의 진정한 안식은 사람의 손으로 만들어진 어떠한 인공물도 아닌 그리스도 예수에게 있다. 삶의 파도가 높고 풍파가 강하여도 변하지 않으시는 예수님 때문에 우리의 안식은 결코 흔들림이 없다.

7
성경이 말하는 복

²⁵하늘에서는 주 외에 누가 내게 있으리요 땅에서는 주 밖에 내가 사모할 이 없나이다 ²⁶내 육체와 마음은 쇠약하나 하나님은 내 마음의 반석이시요 영원한 분깃이시라 ²⁷무릇 주를 멀리하는 자는 망하리니 음녀 같이 주를 떠난 자를 주께서 다 멸하셨나이다 ²⁸하나님께 가까이 함이 내게 복이라 내가 주 여호와를 나의 피난처로 삼아 주의 모든 행적을 전파하리이다.

시편 73:25-28

세상에 저주나 멸망을 좋아하는 사람은 아무도 없습니다. 그런데 세상에서 아무도 싫어하지 않는 것이 있습니다. 복입니다. 세상에는 많은 복을 다양하게 규정하고 있습니다. 중국의 5대 경전 중 하나인 '서경'(書經) 1편에서는 다양한 복의 개념을 설명하고 있습니다. '홍범'(洪範)에 나오는 오복(五福)을 보면 ㉠ 수(壽): 천수(天壽)를 다 누리다가 가는 장수(長壽)의 복(福)과, ㉡ 부(富): 살아가는 데 불편하지 않을 만큼의 풍요로운 부(富)의 복(福), ㉢ 강령(康寧): 몸과 마음이 건강하고 깨끗한 상태에서 편안하게 사는 복(福), ㉣ 유호덕

(攸好德): 남에게 많은 것을 베풀고 돕는 선행과 덕을 쌓는 복(福), ㅁ 고종명(考終命): 일생을 건강하게 살다가 고통 없이 평안하게 생을 마칠 수 있는 죽음의 복(福)이 있습니다. 이러한 복은 원하지 않는 사람이 아무도 없을 것입니다.

복이란 하나님을 가까이 하는 것

그런데 시편 73편은 사람들이 복이라고 간주하지 않는 것을 복으로 규정하고 있습니다. 즉 하나님을 가까이 하는 것입니다. 이러한 복 개념을 가진 시인은 하늘과 땅 전체에서 하나님 외에는 사모할 것이 없다고 말합니다. 특별히 73편 25절에서 시인은 하늘과 땅에 주님 이외에 사모하고 소원하고 즐거워할(הָפֵץ) 어떠한 대상도 없다고 말합니다. 이와 관련하여 칼빈은 주님만이 우리가 사모하고 소원하고 즐거워할 대상이 될 때가 바로 하나님께 합당한 영광을 온전히 돌리는 때라고 말합니다. 칼빈은 자신의 주석에서 우리의 애착이나 열정의 지극히 미소한 부분(*minimam partem*)이 피조계에 돌려진다 할지라도 그것은 하나님께 마땅히 돌려져야 할 영광의 전부를 횡령하는 것과 같다고 말합니다. 하나님의 영광은 분리되지 않습니다. 마치 율법의 지극히 작은 것 하나만 어겨도 율법 전체를 범한다는 말과 어법이 같습니다.

하나님만 사모하는 사람이 과연 세상에 있을까요? 참으로 어려운 일입니다. 하늘과 땅에는 몰골이 흉하고 악취가 지독한 것들이 아니라 참으로 탐스럽고, 먹음직도 하고, 보암직도 한 것들이 얼마나 많은지 모릅니다. 우리의 관심과 애착을 노리는 유혹의 촉수들이 사방에서 우리를 무섭게 공격하고 있습니다. 세상에는 미혹의 종류와 양태가 무수하고 날로 진화하며 확장되고 있습니다. 하나님 이외에도 쏟을 우리의 관심과 애정을 적당하게 분배하고 싶은 충동을 유발하는 매혹적인 대상들이 홍수처럼 쏟아지고 있습니다. 정신을 바짝 차리고 깨어 있어야 할 때입니다.

악인의 형통

본문을 기록한 시인 자신도 이러한 홍수에 휩쓸려서 미끄러질 뻔 했다고 말합니다. 실족하게 하는 원인들이 사람마다 다양할 것인데, 시인이 열거하는 미혹의 원흉들은 특별히 우리를 현혹하는 것들이 아니라 우리로 하여금 분노와 불평과 원망을 쏟아내게 만드는 모순과 부조리에 대한 것입니다. 73편 2절을 보십시오. 시인은 오만한 악인들의 형통함을 보고 있습니다. 형통의 구체적인 내용으로 4절에, 오만하고 악한 자들은 죽을 때에도 고통이 없고 오히려 건강한 모습을 보인다는 것입니다. 악하고 오만한 자들이 살

때에는 괜찮게 살더라도 생의 마지막 순간 만큼은 비참하고 억울하고 불쌍할 정도로 망가져야 보통 사람들의 가슴에 쌓인 억울함이 풀어지는 법인데 그러지를 않는다는 것입니다. 오히려 마지막 호흡을 들이키는 순간까지 아무런 고통도 느끼지 않고 평안한 죽음을 맞이하는 경우를 시인은 목도하고 있습니다.

그리고 73편 5절에서 타인이 당하는 고난과 재앙을 악인들은 당하지 않는다는 것입니다. 살다 보면 자신이 직접적인 원인을 제공하지 않았는데 억울하게 닥치는 재앙과 고난이 있습니다. 그런데 악하고 오만한 자에게는 그런 것도 없다는 것입니다. 73편 7절을 보십시오. 그들은 살찜으로 눈이 솟아나며 저희 소득은 마음의 소원보다 크다고 말합니다. 눈이 솟아날 정도로 살이 찐다는 것이 현대에는 눈살을 찌푸리게 만드는 일이지만, 고대에는 풍요와 평안의 증거라고 할 수 있습니다. 그리고 악한 자들은 사업을 해도 아주 악질의 사기꾼을 만나 패가망신 당해야 마땅할 것 같은데, 오히려 그들이 계획하고 예상했던 것보다 더 큰 이윤을 취한다고 말합니다.

게다가 이사야는 '악인에겐 평강이 없다'(사 48:22)고 했는데, 아삽은 악인들이 항상 평안하고 재물은 나날이 증대되는 것을 경험합니다. 실족의 이유는 여기에서 멈추지 않습니다.

지금까지 열거한 부조리는 신경을 끊으면 얼마든지 견딜 수 있습니다. 그런데 시인이 도저히 견딜 수 없었던 부조리는 하나님을 사랑하여 성전에서 하나님을 섬기는 일만 일평생 해온 아삽 자신은 '종일 재난을 당하며 아침마다 징벌을 받았다'(시 73:14)는 것입니다. 아삽의 관찰에 의하면, 그의 시대는 마치 공법이 인진으로 전락하고 불법과 부조리가 처처에 횡행하던 때입니다. 이런 시대상을 현실로 부딪히며 진리로 저항해야 하는 상황에 처한다면 누구나 아삽이 경험했던 실족의 벼랑으로 내몰릴 수밖에 없을 것입니다.

복의 기준이 바뀌다

우리는 불법과 거짓의 악취를 호흡하며 이 시대를 살아가고 있습니다. 지금처럼, 진리가 실종된 시대에서 아삽이 문제들을 극복한 비결은 무엇일까요? 복의 기준이 바뀐 것에 있습니다. 아름답고 향기롭고 눈부시고 탐스러운 것들을 취하는 것이 진정한 복이 아님을 안 것입니다. 그리고 진정한 복은 '하나님을 가까이 하는 것이 복'이라는 사실을 아는 것입니다. 아삽은 세상이 돌아가는 병적인 사정을 잘 알고 있었습니다. 게다가 잠시 있다가 썩어 없어지는 땅의 복이 기준이 될 때에는 신앙의 근간마저 뒤흔들 수 있다는 사실을 깨달은 것 같습니다. 그는 전혀 다른 기준을 찾았고 그 기준으로 그간 실족을 부추겼던 모든 원인들을 극복하고 있습니다. 해법은 바로 '하나님께 가까이 함이 복'이라는 것입니다.

성경이 말하는 복은 하나님이 우리 인간에게 주고자 하시는 가장 좋은 것을 뜻합니다. 인간의 입장에서 본다면 우리가 마땅히 구해야 할 바로 그것을 복이라는 말로 규정하고 있다는 뜻입니다. 복에 대한 올바른 개념이 바르게 세워지지 않으면 우리는 하나님께 엉뚱한 것을 기대하게 되고 마땅히 구해야 할 것은 구하지 않는 신앙의 불균형을 초래하고 말 것입니다. 하나님께서 우리에게 주고자 하시는 것을 받는 것이 복입니다. 그것을 우리는 마땅히 구해야 할 것입니다. 그 복은 바로 여호와를 가까이 하는 것입니다.

그러나 아무리 '하나님을 가까이 함이 복이라'고 해도 해석의 차원에서 얼마든지 왜곡될 수 있습니다. 하나님께 가까이 함이 복입니다. 그러나 여기서 집고 넘어가야 할 것은 '하나님께 가까이 하면 (조건형) 복'이라는 말이 아니라는 것입니다. '하나님께 가까이 함 그 자체(규정형)가 복'이라는 것입니다. 하나님께 가까이 한 것을 마치 자신이 원하는 복을 초래하는 조건이기 때문에 복이라고 여긴다면 하나님께 가까이 하는 것은 어떤 목적을 달성하기 위한 수단으로 전락할 수밖에 없습니다. 예를 들어, 성경을 읽고, 기도를 하고, 헌금을 하고, 주일을 거룩히 지키고, 구제하고, 경배와 찬양을 드리는 것이 잘 살고 건강하고 형통하기 때문이라면, 그런 하나님께 가까이 나아가는 열심들은 모두 어떤 이득을 취득하기 위한 방편으로 동원된 셈이 되는 것입니다. 그러나 그런 열심들은 그 자체가 이미 복입니다.

정직을 생각해 보십시오. 세상 사람들도 정직을 선호하고 있습니다. 정직하면 친구가 생기고, 신용이 쌓이고, 엄청난 고객을 유치할 수 있고 높은 수익을 올릴 수 있습니다. 그렇게 되는 것은 건강한 사회의 단면이라 할 수 있습니다. 거짓과 술수가 난무하는 요즘 세상에 이런 정직만 갖추어도 사회는 눈이 부시도록 밝고 투명해질 것입니다. 그러나 하나님의 사람들이 정직을 좋아하는 이유는 정직의 결과가 달콤하기 때문이 아닙니다. 정직은 하나님의 성품이고, 정직하면 하나님의 거룩한 속성이 발휘되기 때문에 우리는 정직의 결과보다 정직 자체를 좋아하는 것입니다. 정직이 조롱을 부르고 불이익을 낳는다고 할지라도 우리는 정직을 고집하지 거짓으로 삶의 전향을 꾀하지는 않습니다. 결과의 유무에 관계 없이 정직을 고집하는 자들은 하나님의 사람밖에 없습니다.

구제하는 것도 그 자체가 하나님의 베푸시고 긍휼히 여기시는 성품이 큰 향기를 뿜어내기 때문에 적극적인 태도를 취하는 것입니다. 보상을 기대하고 구제하는 것은, 구제가 아니라 투자하는 것입니다. 진정한 구제자는 어떤 결과로 돌아오는 것에 탐욕의 군침을 흘리지 않습니다. 구제 자체가 하나님께 드려지는 산 제사의 가치를 가지고 있는 것입니다. 예배를 드리고, 헌금을 드리고, 기도를 드리고, 찬양을 드리고, 친구와 이웃과 원수까지 사랑하는 것도 다 그 자체가 하나님의 말씀이 빛을 발하기 때문인 것입니다. 우리를 구원하신 하나님의 의로움이 드러나기 때문에 그의 의를 구하는 차원에서 원수를 용서하고 인내하고, 기다리며, 죽더라도 사랑은 포기하지 않는 것입니다. 의를 구하면 좋은 결과가 뒤따르기 때문에 의를 구하지 않고, 의 자체가 복이기에 의의 복을 구하는 것입니다.

명령의 방식으로 부여된 진정한 복

진정한 복은 대체로 명령의 형태를 취하고 있습니다. 명령의 방식으로 되어 있지만, 독재자의 억압적인 차원이 아닙니다. 진정한 복은 사람의 기준을 따라 분별하고 선택할 필요도 없이 좋은 것입니다. 이러한 복을 주시는 방법은 청유도 아니고 설득도 아니고 제안도 아닙니다. 그러한 복의 수여는 명령의 방식을 취합니다. 십계명의 내용을 보십시오. 인간에게 주어지는 최고의 복입니다. 우리를 억압하고, 정죄하고, 파멸로 몰고 가는 걸림돌이 아닙니다. 우리의 옳고 그름, 시시비비 따질 필요도 없이 너무도 좋은 것이어서 명령의 옷을 입었을 뿐입니다. 십계명은 얼마나 큰 복인지 모릅니다. 이러한 이유로 하이델베르크 교리문답의 제3부 감사의 항목에 십계명을 포함시킨 것입니다.

복은 우리의 동의나 승인을 생략하고, 우리에게 주어지는 것이 오히려 낫습니다. 우리의 판단이 개입하면, 우리가 구하는 것을 얻을 수는 있겠으나 정작 필요한 것은 얻지 못할 수 있습니다. 우리 자신을 비롯하여 모든 자연은 우리의 개입과 무관하게 주어진 것으로서, 육체의 욕심을 따라 그 필요를 알지도 못했는데 이미 내것으로 주어진 것입니다. 자신이 참여하지 않아서 사람들은 그것이 은혜로 주어진 복이라는 사실조차 모르는 게 문제기는 하지만 자연은 인간의 존재와 생존에 필수적인 것입니다. 그런데 한 발짝 더 나아가 생각해야 할 것은, 자연은 주님께서 진정으로 우리에게 주고자 하시는 궁극적인 복의 서곡일 뿐이라는 것입니다. 정말 주기를 원하시는 것으로서 우리가 그 필요를 알지도 못하였고 구한 적도 없었는데 우리에게 주어진 것이 있습니다. 주어진 자연의 복이 들러리에 불과할 정도로 우리에게 궁극적인 복으로 주어진 것은 하나님 자신입니다.

궁극적인 것과 부수적인 것

복은 조건을 충족시킨 결과가 아니라는 것과 명령의 옷을 입었다는 사실을 염두해 주면서 한 번 "너희는 먼저 하나님의 나라와 의를 구하라 그리하면 이 모든 것들을 너희에게 더하실 것이라"는 말씀을 생각해 보십시오. 이 말씀의 뜻은 하나님의 나라와 의가 우리에게 진실로 하나님이 주고 싶으신 것이고, 그것이 우리가 마땅히 구해야 하는 최고의 복이라는 차원에서 '먼저' 구하라고 명하신 것입니다. 그런데 사람들은 "하나님의 나라와 의를 구하라"는 명령문을 복의 조건으로 오해하고 "이 모든 것을 더하여 주신다"는 평서문 혹은 결과문을 복으로 간주하고 결과를 추구의 대상으로 여기는 경향을 보입니다. 하나님이 원하시고 명하신 복보다 그 복의 결과로 주어지는 의식주의 문제에 병적인 갈증과 집착을 보입니다. 설혹 그런 결과적인 복을 얻는다고 할지라도 그것은 진정한 복이 아니라 오히려 재앙의 은밀한 성격이 담겨 있습니다. 즉 하나님의 진정한 은혜와 복을 부수적인 것과 바꾸는 주객전도 신앙을 아무런 갈등도 없이 당연한 것으로 여긴다는 것입니다. 이는 영원한 하나님의 영광을 썩어질 사람과 금수, 버러지 형상의 우상으로 바꾸는 것과 다를 바가 없습니다. 이런 격한 표현을 사용하지 않기에 사람들이 그냥 안심하고 있을 뿐입니다.

사람들은 무엇이 궁극적인 선물이고, 무엇이 부수적인 것인지를 잘 모릅니다. 마땅히 구해야 할 것과 결과로서 주어지는 것을 혼돈한 대표적인 인물이 '에서'입니다. 그는 하나님이 인간의 뜻도 고려하지 않으시고, 일방적인 형태의 복으로 주신 출생적인 장자권을 멸시하고 배고픔의 필요를 먼저 채우고자 했습니다. 히브리서 기자는 이렇게 행동한 에서를 음행하는 자와 같은 범주로 묶어서 "망령된 자"라고 했습니다(히 12:16). 사람의 눈에는 지나친 혹평으로 들릴 수도 있겠지만, 마음의 동기를 살피시는 하나님의 눈에는 에서가 간음자 만큼이나 망령된 자라는 것입니다. 복은 마땅히 구해야 하는 것이면서 하나님이 주기를 원하시는 것입니다. 이에서 벗어나면 간음하는 것이요, 망령된 자가 되는 것입니다.

또한 사람들이 마땅히 구해야 할 것을 멸시하고 다른 것을 구하면 단순한 우매함을 넘어서 대단히 위험한 것입니다. 욕심을 부리는 것입니다. 욕심은 단순한 욕망이 아닙니다. 하나님이 주기 원하시고 구하라고 명하신 그것 이외에 것들을 추구하는 것입니다. 우리가 잘 아는 것처럼, 욕심이 잉태하면 죄가 되고 그 죄는 사망에 이르도록 자라날 것입니다.

사망의 어두움이 드리워진 세상을 보십시오. 하나님이 구하라고 하신 그것을 구하지 않고 땅의 썩어 없어지는 것들만 잔뜩 구하고 있습니다. 허탄한 것에 목말라 있습니다. 그것을 위해 죽도록 싸웁니다. 이러한 삶의 자멸적인 약육강식 방식이 독버섯과 같이 온 세상에 퍼져 있습니다. 어디를 가도 사망의 악취가 풍깁니다. 교회도 자유롭지 않습니다. 싸움과 분리는 교회의 전유물로 보일 정도로 심각해져 있습니다. '싸움을 하려거든 교회나 가서 싸워, 여기가 교회인 줄 알아!'라는 말이 있을 정도로 말입니다. 게다가 그렇게 싸우는 이유는 대체로 진리에 대한 저항과 아무런 상관이 없습니다. 이는 무엇이 복인지, 하나님이 우리에게 주기를 원하는 것이 어떤 것인지를 모른다면 아무도 피해갈 수 없는 필연적 결과입니다. 죄악이 관영한 시대를 살아가는 하나님의 사람들이 결코 망각하지 말아야 할 진리는, 하나님께 가까이 함이 우리 각자에게 복이라는 것입니다.

그리스도 예수와의 연합

복은 사람에게 근원을 두지 않습니다. 사람이 노력하고 원한다고 해서 주어지는 것이 아닙니다. 그래서 복입니다. 부자가 되고, 명예를 얻고, 우수한 성적을 거두고, 건강하고, 좋은 집을 구입하고, 자식이 잘되는 것은 예수님을 믿지 않아도 얼마든지 세상에서 구경할 수 있는 복입니다. 전도자도 사람이 해 아래서 땀의 소득으로 먹고 마시고 낙을 누리는 것이 하나님의 손에서 나는 선물이라 했습니다. 그러나 그런 선물들은 주신 자를 찾으라는 신호로 주어진 일시적인 방편일 뿐입니다. 영원한 것으로 인도하고 결국 지나가고 없어지는 것입니다. 엄밀한 차원에서 볼 때, 그것은 전정한 복이 아닙니다. 아삽이 고백한 것처럼, 모든 인간에게 진정한 복은 하나님을 가까이 하는 것입니다. 예수님이 승천하기 전에 '볼찌어다 내가 세상 끝날까지 너희와 항상 함께 있으리라' 말씀하신 것은 땅에서의 공생애를 마감하는 마지막 순간까지 우리에게 주고자 하시는 최상의 복을 그렇게 표현한 것입니다. '함께 있을 것이다.' 즉 여호와를 가까이 함 그 자체가 복이라는 것입니다.

"여호와를 가까이 함이 복이라"는 하나님의 말씀에 반대할 사람은 아무도 없습니다. 문제는 하나님께 가까이 함 그 자체가 복이라는 사실을 아는 것과 여호와를 실제로 가까이 하는 것은 별개의 일이라는 점입니다. 하나님께 가까이 하는 것은 무엇을 의미하는 것입니까? 하나님은 영이시기 때문에 물리적인 거리 좁히기를 뜻하는 것은 아닐 것입니다. '멀리' 혹은 '가까이'와 같은 거리 개념의 의미론적 전환이 필요한데, 시편 본문에는 "가까이 함"의 의미가 "내가 주 여호와를 나의 피난처로 삼아"라는 표현으로 암시되어 있습니다. 이는 두려움에 떨고 있었던 믿음의 조상에게 "두려워 말라 나는 너의 방패"라고 하신 하나님의 말씀과 상당부분 겹치는 말입니다.

시인이 말하는 "피난처"는 나 자신의 일부만 보호하고 가려주는 곳이 아닙니다. 나의 전부가 완전히 그 안에 파묻히는 곳입니다. 하나님을 피난처로 삼는다는 것은 하나님 안에 온전히 거하는 것을 뜻합니다. 물론 이것도 물리적인 주거를 의미하지 않습니다. 요한복음 15장에는 거룩과 순종이 그리스도 안에 거하는 수단으로 언급합니다. 거룩과 순종은 분리된 개념이 아니라 맞물려 있습니다. 거룩하지 않으면 하나님의 말씀을 준수할 수 없고, 하나님의 말씀을 준수하지 않고서도 거룩해질 방법은 존재하지 않습니다. 순종은 행위이고 거룩은 상태라는 관계성을 갖습니다. 중심으로 보시는 하나님의 눈 앞에서는 행위와 상태가 구분되지 않습니다.

하나님을 가까이 함이 복이기에 시인은 "주 여호와를 나의 피난처로 삼았다"고 말합니다. 피난처는 하나님 안에 거하는 것을 의미하고 거하는 방식은 물리적인 거처가 아니라 하나님의 말씀을 듣고 준행하여 말씀으로 거룩하게 되는 것이라고 했습니다. 이는 신학적 표현을 빌리자면 "그리스도 예수와의 연합"(union with Christ Jesus)을 의미하는 말입니다. 이는 또한 내가 그리스도 안에 그리스도께서 내 안에 거하시는 것을 뜻합니다.

사실 시인의 글에서는 "여호와를 가까이 하는 복"의 구체적인 개념이 선명하지 않습니다. 보다 명료한 개념은 신약 성경에서 바울이 제공하고 있습니다. 바울의 경우에는 여호와를 가까이 하는 방법으로 그리스도 예수를 얻고 그 안에서 발견되기 위하여 심지어 죽음에서 부활에 이르는 것까지도 언급하고 있습니다. 바울은 이보다 강렬한 그리스도 연합을 추구했던 다른 인물이 떠오르지 않을 정도로 생명과 죽음까지 상대화할 줄 알았던 분입니다.

여호와를 가까이 하는 게 복이지만 그런 삶은 일반 사람들이 생각하는 유쾌하고 설레고 매혹적인 길이 아닙니다. 여호와를 가까이 하는 자의 구체적인 상태와 삶이라고 할 예수님의 복 개념을 주목해 보십시오.

"긍휼히 여기는 자는 복이 있나니 그들이 긍휼히 여김을 받을 것임이요"(마 5:7).

긍휼의 대상이 명시되어 있지 않습니다. 예수님 자신이 온 땅에 있는 당신의 백성 전체를 그렇게 긍휼히 여기신 분이라는 말입니다. 우리도 그러할 때에 바로 그리스도 안에 거하는 것입니다.

성경은 우리에게 여호와를 가까이 하는 가장 합당하고 구체적인 본을 제시하고 있습니다. "나와 아버지는 하나니라"(요 10:30). 이는 가까움의 가장 깊은 경지를 묘사한 말입니다. 아버지 하나님과 아들 하나님 사이의 관계보다 더 긴밀하고 분리할 수 없는 하나됨의 관계는 이 세상에 없습니다. '하나'라는 말은 '사랑'이란 말로 대체할 수 있을 것입니다. 예수님도 아버지와 하나됨을 표현할 때에, '내가 아버지 안에 아버지가 내 안에'라는 문맥에서 내가 아버지의 계명을 지켜 아버지의 사랑 안에 거하는 그런 하나됨을 언급하셨습니다.

아버지의 사랑 안에 거하는 계명 순종은 결코 쉽지 않습니다. 낭만적인 콧노래를 부르며 설레는 발걸음을 옮기는 분위기 좋은 산책길이 아닙니다. 예수님도 할 수만 있다면 피하고 싶었던 고통과 절망의 잔을 기울여야 하는 길입니다. 그는 하나님의 본체지만 하나님과의 동등함을 취하지 않으시고, 우리와 같은 사람의 형체를 입으셨습니다. 억울한 누명을 쓰고, 처참한 고통을 당했으며, 조롱과 멸시의 침을 받으시며, 아무런 저항도 없이 결국 죽기까지 아버지께 순종하신 분입니다. 제자들의 배신과 속았다는 분노와 원망의 시선이 이미 채찍질로 파이고 뜯겨진 등짝을 찌르고 또 찌르는 골고다의 언덕을 걸어가야 했습니다. 그럼에도 이 땅에서는 아무런 보상도 영광도 취하지 않으시고, 오히려 죽는 순간까지 억울함과 통증만 점점 깊어져 갔습니다. 이게 바로 예수님이 걸어가신 십자가의 길입니다. 험하고 협착하여 찾는 이가 없는 좁은 길이라고 했습니다. 예수님은 우리가 하나님께 가까이 나아가는 길입니다.

그의 걸어가신 발자취는 우리가 따라갈 수 있도록 성경에 뚜렷한 기록으로 남겨져 있습니다. 그런데 선뜻 그 길을 가겠다고 나서는 사람이 없습니다.

이들의 삶을 면밀히 살펴보면 복이 복으로 보이지가 않습니다. 그러나 한번 생각해 보십시오. 인생이 무엇인가? 그냥 돌밭의 자갈처럼 던져진 존재라고 부르는 사람도 있습니다. 만물의 영장이란 피조물 중 최고의 가치와 의미를 인간에게 부여하는 낙관적인 사람도 있을 것입니다. 그러나 성경의 판단을 보십시오. 인생은 지렁이와 같습니다. 마른 막대기와 같습니다. 이사야는 온 세상이 공중에 날리는 먼지와 같다고 말합니다. 모세는 인생의 길이를 언급하며 "밤의 한 경점"의 십분의 일보다도 작다는 표현을 썼습니다

"주의 목전에는 천 년이 지나간 어제 같으며 밤의 한 순간 같을 뿐임이니이다"(시 90:4).

점이라는 것은 무게도 없고, 부피도 없고, 냄새와 색깔도 없고, 의미와 가치도 담을 수 없고, 그냥 존재와 위치만 표시하는 수학적인 기호라고 할 수 있습니다. 그런 인생이 선물과 상급을 받는다면, 가치와 의미를 담는다면 어떠한 것을 담아낼 수 있을까요? 정

말 아무것도 아닌 인생에게 지극히 크시고 높으시고 거룩하신 하나님이 어떤 피조물과도 비교할 수도, 교환할 수도 없는 절대적인 가치를 가진 당신 자신을 값없이 주신다는 것보다 더 큰 축복은 없습니다. 이러한 복만을 추구하는 사람이 있다면 그는 자신의 시대와 사회와 세상에 복입니다. 그런 사람이 이 세상에 있다면 그것은 아직도 세상에 희망이 남아 있다는 증거이고, 세상의 빛과 소금이 되는 것입니다. 전혀 새로운 가치관을 가지고 삶 속에 구현하는 하나님의 사람들이 이 세상의 죄악된 질서와 가치관을 어지럽게 할 것입니다.

아삽은 자신의 시대에 편만한 불법과 불의를 하나님께 가까이 함이 복이라는 믿음을 가지고 극복할 수 있음을 증거하고 있습니다. 우리가 처한 상황은 아삽의 시대와 다르지 않습니다. 공법은 인진으로 전락하고, 불의는 합법적인 제도로 둔갑하고, 불법을 휘두르는 무리들이 처처에 횡행하되 제어할 장치가 없는 무질서의 시대를 살아가고 있습니다. 너무도 그 정도가 심해서 '남들도 다 그렇게 사는데 나도 그냥 그런 방식으로 살자'는 생각과 남루한 거래를 하고 싶은 충동에 사로잡힌 적이 한두 번이 아닐 것입니다. 그러나 예수님이 걸어가신 길을 보십시오. 그 길을 따라간 구름떼와 같은 허다한 증인들의 발자취를 더듬어 보십시오. 무엇이 복이고 무엇이 진정한 영광의 길인지 판단해 보시기 바랍니다. 그리스도 예수만 흥하고 나는 철저히 쇠하여서 그리스도 예수의 이름만 기념하는 인생이 다 되시기를 바랍니다. 우리가 우리를 전파하는 것이 아니라 그리스도 예수의 주 되신 것만 증거하고 우리는 마땅히 하여야 할 일을 다 마친 이후에 무익한 종이라는 고백과 함께 완전히 사라지는 그런 인생을 영광과 복으로 여기고 그런 길을 가시길 바랍니다.

하나님의 역설

성경이 말하는 복은 사람들이 생각하는 부, 권세, 명예, 존경, 칭찬이 아니라 하나님 자신이기 때문에 세상이 상상할 수 없는 역설이다. 주로 복은 우리에게 소유권이 이전되는 어떤 것이라고 생각하기 쉽다. 그러나 성경은 하나님 자신을 최고의 복이면서, 복의 근원이며, 복 자체라고 가르친다. 그런 하나님께 가까이 나아가는 자가 복된 사람이다. 아무리 가진 것들이 많더라도 하나님과 멀어지면 복과도 멀어진다. 하나님은 복의 조건이나 수단이 아니라 그냥 복이시다. 하나님께 가까이 나아가는 것도 복의 조건이나 복의 방편이 아니라 복 자체이다. 성경을 읽고, 기도를 드리고, 복음을 전파하고, 열심히 봉사하고, 흩어서 구제하는 것도 복의 원인이나 수단이 아니라 그 자체로 복이기에 성경의 복은 역설이다.

8
여호와는 나의 목자

여호와는 나의 목자시니 내가 부족함이 없으리로다.

시편 23:1

본문의 문법적인 부분들을 살펴볼 필요가 있습니다. 먼저 시제를 보십시오. 히브리어 문법에는 영어나 한국어에 준하는 시제의 구분이 없습니다. 히브리어 동사는 행위가 끝나지 않았음을 표현하는 미완료형과 행위의 종결을 나타내는 완료형이 있습니다. 완료형은 주로 과거나 현재에 이루어진 일들을 가리키기 위해 사용되고, 미완료형 경우에는 미래를 위해서도 사용될 수 있고 현재의 지속적인 혹은 습관적인 행위를 위해서도 사용되는 것입니다. 시편 23편은 완료형이 사용된 5절의 "부으셨다"(שִׁבַּחְתָּ) 및 "살리로

다"(רָשְׁנָתִ) 외에는 모든 동사들이 미완료 형태를 가지고 있습니다.

지금 여호와는 나의 목자

1절 앞부분의 경우는 "여호와, 나의 목자"로 번역할 수 있습니다. 여기에 시제를 삽입해서 의역하면 '여호와는 나의 목자였다,' '여호와는 나의 목자이다,' '여호와는 나의 목자일 것이다'는 과거와 현재와 미래 등 모든 시제로의 번역이 가능합니다. 어떤 시제가 적합할까요? 물론 시제를 강요하지 않아도 해석은 가능할 것입니다. 그러나 의미의 명료성을 위해서는 시제의 결정이 필요합니다. 시제의 결정은 해당되는 본문의 전반적인 문맥을 고려함이 가장 안전합니다. 그러므로 "The Lord is my shepherd" 혹은 "여호와는 나의 목자시니" 같이 히브리어 원문에 현재형을 부여한 해석은 결코 억지가 아닙니다. 시편 23편의 전반적인 분위기가 화려한 과거의 안타까운 회고도 아니고 순전한 미래의 막연한 기다림 및 갈망과도 거리가 멀기 때문이며 오히려 지금 하나님은 어떤 분이시며 무엇을 행하시고 계신지를 묘사하고 있기 때문입니다.

시인은 여호와가 나의 목자라는 사실을 과거의 지나간 사태나 상태로 묘사하지 않습니다. 그리고 시인은 과거를 추억하는 회귀적 신앙의 소유자일 가능성이 낮으며, 여호와가 나의 목자라는 것을 먼 미래에 이루어질 약속이나 소망으로 보지도 않습니다. 시인은 과거형과 순수한 미래형을 모두 거절하고 있습니다. 시인이 선택한 시제는 현재이며, 바로 지금 여호와는 나의 목자라는 해석이 가능한 것입니다. '여호와의 집에 영원히 거할 것이라'는 후반부 구절과 연관지어 본다면, 현재형이 어떤 특정한 시점이 아니라 모든 '현재'에 유효하기 때문에 여호와는 모든 순간마다 나의 목자가 되신다는 사실을 암시하고 있습니다. 즉 여호와가 나의 목자라는 것은 현재와 미래의 조화 혹은 지속적인 현재라고 볼 수 있으며 영원히 변경되지 않을 사실임을 나타내고 있습니다.

두 가지의 독특성

문장의 유형을 보십시오. 두 가지의 독특성이 있습니다. 먼저 본문의 유형은 '여호와는 나의 목자면 좋겠다'는 '희망'이나 '여호와는 나의 목자일 것이다'는 '추측'이나 '여호와는 나의 목자가 아닐지도 모른다'는 '의심'이 아니라 '여호와, 나의 목자'라는 너무도 확고한 '단언'으로 되어 있습니다. 이는 시인이 목자와 하나님을 아는 지식의 정확성과 견고함을 보여주는 것입니다. 이어지는 구절들의 내용을 살펴보면, 단순한 지식의 관념적 확신이 아니라 삶에서 체득한 경험적 신앙임을 확인할 수 있습니다. 두 번째 독특성은 문장에 조건문이 없다는 것입니다. 즉 '여호와가 나의 목자'라는 사실은 무조건적 실재요, 은혜이며, 어떤 조건의 충족으로 인해 주어지는 기계적인 결과가 아니라는 것입니다. 뒤집어서 말한다면, '여호와가 나의 목자'라는 사실은 내가 성취한 공로의 인과적인 결과가 아니기에 나의 무지와 실수와 범법과 연약으로 인해 변경되는 가변적인 것이 아니라는 뜻입니다.

십자가의 희생으로 목자가 되신 하나님

이제 시편의 위치를 보십시오. '여호와가 나의 목자'라는 것이 비록 우리에게 어떤 근거나 기원을 전혀 두지 않았지만, 그렇다고 해서 무색, 무취, 무감, 무정, 맹의, 맹목의 사실인 것은 아닙니다. 이는 하나님 자신에게 뿌리를 둔 사연이 있기 때문입니다. 이를 확인하기 위해서는 시편 23편의 위치를 확인해 보십시오. 시편 23편은 '십자가의 시편'으로 알려진 22편 다음에 위치합니다. 시편 22편을 지나가지 않으면, 푸른 초장도 쉴만한 물가도 나의 목자도 허울일 수밖에 없습니다. "나의 하나님 나의 하나님 어찌하여 나를 버리셨나이까"의 십자가를 통과하지 않으면 '여호와는 나의 목자'라는 고백이 가능하지 않습니다. '십자가의 시편'으로 말미암지 않고서는 누구도 여호와를 '나의 목자'라고 명명하지 못합니다. 십자가의 희생으로 우리의 목자가 되신 하나님은 들판에서 실제 양을 돌보는 인간목자 개념과는 질적으로 다릅니다.

이는 시편 23편 3절과 4절에서 분명히 확인됩니다. 3절에서 하나님은 당신의 이름을 위하여 다윗의 영혼을 소생하게 하셨으며 그를 의의 길로 이끄신 분입니다. 태초에 인류의 조상에게 생기를 주입하신 하나님은 다윗의 영혼도 소생하게 하시되 십자가로 말미암아 그렇게 하셨으며, 의로운 길로의 이끄심도 십자가의 의로운 피로 말미암아 그렇게 하신 것입니다. 4절에서 다윗은 사망의 음침한 골짜기로 다닌다 할지라도 마치 문설주와 인방에 발라진 양의 피로 인하여 죽음의 기운도 지나갔던 유월절의 역사처럼, 그리스도 예수의 보혈이 함께하기 때문에 두려움이 없습니다. 이처럼 시편 22시편이 23편의 앞에 놓였다는 것은 시편 23편 전체를 십자가의 관점에서 재해석할 것을 요청하는 것입니다. 시편 23편은 그리스도 예수의 십자가를 전제하지 않고서는 한 줄도 읽어가질 못하고 올바르게 이해할 수도 없습니다.

오직 하나님만 우리의 목자

그리고 "나의 목자"에서 소유격을 주목할 필요가 있습니다. 목자는 양의 이름을 부릅니다. 양은 근시안을 가졌기 때문에 양과 목자의 실질적인 관계성을 연결하는 기관은 눈이 아니라 귀입니다. 게다가 양의 청력은 주파수에 예민하여 특정한 음파가 저장되면 그것에 민감하게 반응합니다. 이러한 독특성 때문에 팔레스틴 목자들은 실제로 양의 이름을 일일이 호명하며 따라오게 훈련합니다. 목자가 앞서면 양들은 목자의 음성을 인지하고 따릅니다. 양에게는 "나의 목자"가 필요합니다. 여러 목자를 따르지는 못합니다. 개별적인 양의 목자가 모든 양의 목자일 수 있습니다. 그러나 양 우리의 목자가 반드시 나의 목자인 것은 아닙니다. 모든 양에게는 "나의 목자"가 필요합니다. 오직 하나님만 우리의 목자이십니다. 양은 모두 하나님의 양이고 양들의 목자는 오직 하나님 뿐이시기 때문입니다. 교회의 지도자는 목자이신 하나님의 음성만 전달하며 하나님의 양들을 돌보는 사환일 뿐입니다.

양무리가 있으면 "나의 목자"가 없어도 위험하지 않다고 생각하는 사람들이 있습니다. 물론 양들이 앞서가는 양을 뒤따라 움직이는 것은 흔한 일입니다. 그러나 그런 이동은 대단히 위험합니다. 양이 양의 말을 듣고 양을 뒤따르면 모두가 위험에 빠지기도 하고 함께 몰살하는 경우도 있습니다.

양은 목자 없이는 살 수가 없습니다. 양은 쉽게 두려움에 빠지며, 어리석기 때문에 맹수들에 의해 쉽게 죽습니다. 스스로 방어할 수 있는 무기가 없습니다. 최선의 방어는 도망가는 것인데 달리기는 대단히 느립니다. 언제나 맑은 물과 푸른 초장이 있는 쉴만 한 안식처를 필요로 하지만 좋은 풀과 깨끗한 물을 잘 찾지도 못합니다. 자기 방식대로 행하려는 경향이 있고, 깨끗하게 되는 것을 좋아하지 않습니다. 돌봄이 가장 많이 필요한 가축이며, 모든 필요를 전적으로 목자에게 의존하는 동물입니다. 막대기와 지팡이의 지도와 인도가 필요하며, 목자의 목소리만 듣습니다. 목자는 각 양에게 이름을 부여하고 양들은 자기 이름에 금방 익숙하게 되고 그 이름에 반응하며, 목자나 인도자가 없으면 사방으로 흩어집니다. 자기에게 친숙한 사람에 의해 쉽게 이끌리며, 인도자가 앞서가면 양무리는 뒤따르며, 양무리의 한 마리가 급하게 출발하면 양무리 전체에게 영향을 끼칩니다. 이러한 양의 속성들은 목자의 절대적인 필요성을 역설하고 있습니다.

너 자신을 알라

사람들은 주리거나 불만이 가득할 경우에 사소한 일에도 분노하거나 불같이 화를 냅니다. 대수롭지 않은 잘못이나 실수에도 까칠한 판단을 가하고 무심한 비판을 쏟습니다. 그러나 배가 부르거나 만족하게 되면 감각과 신경이 둔해지는 경향을 보입니다. 노하기도

더디하고 왠만큼 불편해도 가뿐하게 견디고, 상대방의 잘못에도 너그러운 마음과 넓은 포용력을 갖습니다. 이처럼 부요하고 평화로운 상태에는 좋은 점들이 한두 가지가 아닙니다. 그러나 문제는 그러한 때에 우리가 하나님을 인정하는 것은 고사하고 하나님의 존재마저 망각의 무덤에 매장하는 우매함도 쉽게 범한다는 것입니다.

시편 23편은 다윗의 어떤 상태에서 작성된 것일까요? 칼빈은 자신의 주석에서 시인 다윗이 당시에 처했던 상황을 이렇게 묘사하고 있습니다. 다윗은 당시 절대적인 권력의 보좌에 올랐으며, 부의 가장 막대한 분량을 소유했고, 왕족의 즐거움이 극에 달한 시점에 있었다는 것입니다. 시편 23편은 부족한 것이 없었던 왕의 신분으로 있으면서 평화롭고 풍요로운 상황에서 작성된 시라는 얘깁니다. 그럼에도 다윗은 여전히 하나님을 의식하고 있고, 하나님이 그에게 베푸신 은택들을 기억의 수면에 떠올리고 있으며, 그것을 사다리로 삼아 하나님께 더욱 가까이 다가가려 하고 있다는 사실에 칼빈은 자신의 주석에서 감탄을 금치 못합니다.

다윗은 무엇 하나 부족함이 없는 때인데도 부를 즐기거나 허세를 부리지 않고 본질을 붙들 줄 알았던 왕입니다. 다윗은 여호와가 자신의 목자라는 사실에 근거하여 자신을 양으로 규정하고 있습니다. 천하를 호령하는 왕의 신분과는 어울리지 않는 규정이 아닐 수 없습니다. 그럼에도 하나님 앞에서는 왕이라는 일말의 뻣뻣한 신분의식 혹은 오만함 없이 자신을 오직 양으로만 생각하는 다윗의 신앙이 궁금하지 않을 수 없습니다.

우리는 "너 자신을 알라"라는 소크라테스의 유명한 물음을 알고 있습니다. 외적인 가치, 즉 재력과 권력과 명성 추구에 혈안이 된 당시의 아테네 사람들을 향한 말입니다. 자신을 바르게 아는 우선적인 지식이 없이는 어떠한 인생도 허무할 수밖에 없고 영혼만 혼탁하게 될 뿐이라고 생각하며 던진 질문이라 할 수 있습니다. 나 자신을 알지 않고서는 이룩한 모든 성취와 쌓은 모든 업적이 모래성과 같을 것입니다. 자기 민족의 이러한 우매함을 깨우치기 위해 소크라테스는 "너 자신을 알라"는 화두를 던짐으로 진정한 자아를 발견하길 원하였고 외면적인 가치가 아니라 본질적인 가치를 추구하는 인생이길 원하였습니다. 실제로 인생은 의식하든 의식하지 않든 "너 자신을 알라"는 물음에 대한 대답의 과정과도 같습니다. 그러나 대부분의 사람들은 죽는 순간까지 자신의 정체성을 알지 못하면서 안타깝게 인생을 마감합니다. 그러므로 내가 누구인지 알고 그런 정체성에 합당한 삶을 사는 것은 큰 복입니다.

하나님이 누구신지 주목하라

다윗은 시편 23편에서 그러한 복을 우리에게 도전하고 있습니다. 먼저 다윗은 어떤 사람인지 생각나는 대로 서술해 보십시오. 다윗은 하나님의 택하신 백성의 왕이었고, 부요했고, 강력했고, 백성에게 칭찬과 존경을 받았던 자입니다. 자신의 정체성을 규정할 여러 유력한 근거들을 가지고 있었던 자입니다. 그러나 다윗은 자신을 왕이라는 신분으로 규정하지 않았으며, 부요한 재물로도 규정하지 않았으며, 원수를 무찌르는 강력한 힘으로도 규정하지 않았으며, 자신을 향한 사람들의 좋은 평판이나 대우로도 규정하지 않았으며, 어쩌면 자신에게 있는 다른 어떤 것으로도 자신이 규정되는 것을 거절했던 것 같습니다.

대신에 다윗은 먼저 하나님이 누구신지 주목하고 있습니다. 그리고는 하나님을 자신의 목자라고 말합니다. 이런 하나님의 어떠함에 근거하여 자신의 정체성을 규정하고 있습니다. 즉 자신을 여호와의 양이라고 말합니다. 다윗은 지금 '너 자신을 알라'는 만인들의 물음에 대해 하나님 의존적인 답변으로 응수하고 있습니다. 세상의 유명한 석학이나 성인이라 할지라도 스스로 성찰한 정체성을 가졌다면 아직 진정한 자아를 만나지 못한 것입니다. 인간은 하나님의 형상대로 지음을 받았기에 그 형상의 본체이신 창조자 하나님을 떠나서는 아무리 화려하고 정교하고 고상한 정체성을 오랜 세월 동안 터득했다 할지라도 '너 자신을 알라'는 말에 한 마디의 올바른 대답도 하지 못합니다.

모든 삶 속에서 하나님을 의지하라

다윗은 하나님이 어떠한 분인가에 의존하여 자신을 발견한 것입니다. 나아가 다윗은 단순히 자신의 정체성만 하나님의 속성에 의존시킨 것이 아닙니다. 그는 모든 삶 속에서 하나님 의존적인 사유를 했습니다. 시편 23편만 보더라도 쉽게 확인할 수 있습니다. 왕이라면 얼마든지 자신의 의지와 주권을 가지고 푸른 초장을 출입할 수 있었을 텐데도 그곳으로 인도하고 안식하게 하신 분이 따로 계시다고 말합니다. 영혼의 소생도 마음과 몸의 컨디션을 잘 조절해서 획득한 것으로 생각할 수도 있었는데 다윗은 영혼을 일으키는 분이 따로 계시다고 말합니다. 의로운 행보도 자신이 공의의 왕이라고 규정할 명분으로 딱이지만 의로운 행보의 주체가 계시다고 말합니다.

신본주의 사색

다윗은 사망의 음침한 골짜기를 지나는 중에도 두렵지 않다고 말합니다. 그 골짜기에 가로등이 어두움을 밝히고 있어서도 아니고, CCTV가 감시하고 있어서도 아니고 자신이 최고의 전사이기 때문도 체질상 두려움이 없었던 것도 아닙니다. 오직 신실하신 하나님이 함께하시기에 두렵지 않다고 말합니다. 여기서 우리는 다윗이 환경에 의존하여 반응하는 사람이 아님을 알 수 있습니다. 죽음의 악취가 풍기고 두려움이 엄습하는 속에서도 목자이신 여호와가 영원토록 함께 계시다는 사실에 근거하여 반응하고 있습니다. 이처럼 다윗의 뇌에서는 하나님 중심적인 신본주의 사색이 절망적인 현실의 희망찬 재해석을 생산하고 있습니다. 참으로 아름답고 모범적인 신앙이 아닐 수 없습니다.

다른 사례를 들자면, 광야에서 식탁을 마련하는 것도 인간 편에서는 전혀 불가능한 일입니다. 그래서 이스라엘 백성들을 향해 대적들은 "하나님이 광야에서 식탁을 베푸실 수 있느냐"고 조롱하였습니다. 사실 광야는 식탁에 채워질 음료나 양식이 땅에서는 결코 발견되지 않는 현장입니다. 그러나 하나님은 반석에서 물을 내시고 하늘에서 만나를 내리셔서 식탁을 베풀어 주셨습니다. 이를 통하여 우리는 상황의 위태함과 장소의 척박함이 아니라 누구와 함께 하느냐가 중요함을 깨달을 수 있습니다.

다윗의 신본주의 사색은 우리에게 또 하나의 경건한 안목을 제시합니다. 다윗은 하나님의 집에 영원히 거할 것이라고 말합니다. 이는 하나님의 이름이 명패로 걸린 실질적인 주거지가 있다는 말이 아닙니다. 그런 물리적인 환경의 어떠함에 기초한 고백이 아니라는 말입니다. 다윗의 고백은 하나님의 선하심과 인자가 자신의 삶을 영원토록 따를 것이라는 하나님의 속성에 기초하고 있습니다. 다윗은 비록 사망의 음침한 골짜기를 걷더라도, 더위와 추위가 밤낮으로 교차하는 광야를 헤맨다고 할지라도, 시체의 썩은 냄새가 진동하는 아골 골짜기를 다닌다 할지라도 하나님의 선하심과 인자만 있다면 여호와의 집에 영원토록 것이라고 확신한 것입니다. 하나님의 선하심과 인자가 자신의 삶을 영원히 뒤따를 것이기에 하나님의 집에 거한다고 고백한 것입니다.

정리하면, 고난과 절망의 때에도 늘 하나님을 찾고 하나님께 부르짖던 그 다윗은 평화와 풍요와 안정과 만족과 영광과 안식의 때에도 하나님을 목자로 알았으며, 자신을 양이라고 규정하고 있습니다. 어떠한 상황 속에서도 하나님의 자비로운 역사를 인정하고, 하나님의 속성과 함께하심 때문에 영원토록 하나님의 집에 주거하고 있습니다. 하나님을 나의 목자라고 고백할 수 있음은 그리스도 예수의 십자가로 말미암은 것입니다. 이처럼 목자와 양의 관계성은 썩어지지 않는 씨로 이루어진 것이어서 영원히 패하여질 수 없습니다.

여러분은 자신을 어떻게 생각하고 계십니까? 자신의 정체성과 실생활에 있어서 하나님 중심의 신본주의 사유는 다윗의 전유물이 아닙니다. 저와 여러분도 자신을 하나님이 어떤 분이냐에 근거하여 규정할 수 있습니다. 인간의 정체성은 하나님의 어떠함과 그분과의 관계성과 그분의 역사에 의존하고 있습니다. 달리 말하자면, 우리의 정체성은 우리의 재산에 의해서 규정되지 않는다는 뜻입니다. 우리가 가진 집이나 자동차에 의해서도 규정되거나 취득한 자격증이나 직업, 신분에 의해 규정되지 않습니다. 우리에 대한 타인의 평가나 대우에 좌우되지도 않습니다. 우리의 피부색과 언어와 문화와 국적에 의해 결정되지 않습니다. 우리가 우리의 손으로 이룩한 인간적인 공로에 의존하는 것도 아닙니다.

우리를 규정할 수 있는 유일한 권위는 우리를 지으신 창조자요 우리를 살리신 구원자요, 우리를 이끄시는 인도자요, 우리를 지키시는 보호자요, 우리와 함께 거하시는 신랑이요, 우리를 다스리는 통치자요, 우리를 소유하신 주님이요, 우리의 전부가 되신 하나님께 있습니다. 하나님이 고려되지 않은 어떠한 '나'도 진정한 '나'일 수 없습니다. 다윗은 왕이지만 잠시 입은 신분의 옷일 뿐입니다. 우리에게 잠시 맡겨진 것들, 결국은 썩어 없어질 모든 것들은 일시적인 복장일 뿐입니다. 다윗은 자신의 신분과 복장을 혼돈하지 않았는데 이는 하나님 앞에서의 자신을 망각하지 않았기에 가능했던 것입니다.

감투를 쓰고 유명세가 오르면 사람들은 대체로 본연의 자리를 이탈하는 경향을 보입니다. 마땅히 머물러야 할 하나님 안에서의 자기 정체성을 고수하는 것이 복이라는 사실도 가볍고 우습게 여깁니다. 그리고 난관에 부딪치고 절망에 빠지고 빈곤에 허덕이고 관계가 끊어지고 계획이 무산되고 진로만이 아니라 퇴로까지 막히면 사람들은 대체로 자신의 보는 눈과 듣는 귀로 들어오는 환경적인 정보와 현상에 극단적인 의존성을 보입니다. 하나님이 계시지 않은 것처럼, 하나님과 자신이 목자와 양의 관계라는 사실이 아무것도 아닌 것처럼 반응하는 경향을 보입니다. 풍요로운 초원이나 쉴만한 물가를 거닐 때에도 하나님은 우리의 목자시고 우리는 하나님의 양입니다. 사망의 음침한 골짜기에 떨어지고 강한 원수들의 위협적인 우거쌈을 당할 때에라도 하나님은 우리의 목자시고 우리는 하나님의 양이라는 사실은 변경되지 않습니다. 이 사실을 제거할 변수는 세상 어디에도 존재하지 않습니다.

하나님의 양은 부족함이 없습니다. 우리의 목자이신 하나님은 우리의 영혼을 소생시키시는 분이십니다. 그래서 우리는 의로운 길을 결코 이탈하지 않을 것입니다. 하나님은 역사의 마지막 순간까지 우리와 함께하실 것이기 때문입니다.

하나님의 역설

세상에서 인간의 존재감과 존엄성과 가치는 가문이나 재산이나 직업이나 직위나 업적에 의해서 결정된다. 그러나 하나님의 사람들은 하나님이 나의 목자가 되신다는 사실에 근거하여 자신을 이해한다. 정체성 이해의 역설이다. 인생의 의미는 우리를 이끄는 목자가 누구냐에 의해 결정된다. 하나님은 우리의 인생을 목자처럼 이끄신다. 사망의 음침한 골짜기에 떨어져 강한 원수들에게 우겨쌈을 당할지라도 하나님이 우리의 '목자'이심을 잊지 않는다면 우리의 영은 소생케 될 것이다. 상황에 얽매이지 않고 영원한 하나님의 집에 거할 것이다.

9
내가 응하리라

²¹여호와께서 이르시되 그 날에 내가 응답하리라 나는 하늘에 응답하고 하늘은 땅에 응답하고 ²²땅은 곡식과 포도주와 기름에 응답하고 또 이것들은 이스르엘에 응답하리라 ²³내가 나를 위하여 그를 이 땅에 심고 긍휼히 여김을 받지 못하였던 자를 긍휼히 여기며 내 백성 아니었던 자에게 향하여 이르기를 너는 내 백성이라 하리니 그들은 이르기를 주는 내 하나님이시라 하리라 하시니라

호세아 2:21-23

    역사신학 학자인 저는 교회와 교리의 역사를 연구하고 있습니다. 교회의 역사든 일반 역사든 역사의 수레바퀴 움직이는 열쇠는 무엇일까, 늘 궁금했습니다. 그래서 저는 창조로 시작된 시간의 역사 전반을 늘 염두에 두고 가치와 목적, 인과적 관계 등을 살펴, 어떻게 세상과 역사를 풀어야 하는지 탐구의 여정을 계속하고 있습니다. 역사 속 수많은 현상들은 인과적 관계가 있습니다. 그런데 이러한 인과에는 너무도 다양한 차원이 있어서 그 수를 다 헤아릴 수 없습니다. 게다가 가깝고 관찰되는 것에서부터, 보이지 않는 먼

원인에 이르는 대단히 넓고 복잡한 차원들이 얽혀 있습니다.

물질에 반응하는 자들

본문에서 "그 날에 내가 응하리라 나는 하늘에 응하고 하늘은 땅에 응하고 땅은 곡식과 포도주와 기름에 응하고 또 이것들은 이스르엘에 응하리라"는 말씀은 우리에게 다양한 차원의 인과적 관계를 묘사하고 있습니다. 시간의 흐름을 따라 원인과 결과가 연쇄적인 현상으로 나타나는 것을 설명한 것이 아니라, 그 모든 인과적 관계들이 동시에 한 현상에 참여하고 있다는 의미입니다. 중요한 것은 우리가 어떤 차원의 인과에 반응해야 하는가 입니다.

물질을 가장 중요한 원인으로 규정하고 그것에 근거해서 어떤 가치와 질서를 연구하고 산출하며, 인생의 근원적 의미에 대해 궁금해 하지 않는 사람들이 있습니다. 유물론 사상이 이런 인과론적 입장과 깊은 관계를 가지고 있습니다. 간단히 말해서, 유물론은 물질을 만물의 근본으로 여기며 정신적 현상도 물질 또는 환경의 산물일 뿐이라고 보는 사상이며, 실존주의 철학은 실존이 본질에 앞선다는 명제로 정의될 수 있을 것입니다. 유물론자들은 하나님과 신앙과 도덕과 가치는 인간이 처한 현실에 기초하여 만들어진 가상의 구조물일 뿐이라는 주장도 이런 사상들에 기초하고 있습니다.

데이비드 흄(Daavid Hume, 1711-1776)은 실존 철학자로 종교의 근원을 땅에서의 삶, 즉 먹고 마시고 행복하게 살고 죽는 것과 관련된 희망과 공포에서 찾습니다. 즉 종교는 삶의 현장에서 경험하는 아픔과 모순과 두려움을 탈피하기 위해 마련한 정신적 출구일 뿐이라는 것입니다.

사실 우리는 본질에서 사유를 시작하지 않고, 눈에 보이고 내가 지금 경험하고 있는 현장을 자료로 삼아 사유를 시작하기 때문에 유물론과 실존주의 철학은 우리가 땅에 발을 딛고 살아가는 한 순간도 외면할 수 없는 사상입니다. 유물론에 기초한 공산주의 사상이 지구의 절반을 출렁거리게 한 사실을 본다면, 물질을 세상과 역사 푸는 열쇠로 간주하는 입장이 얼마나 강한 설득력을 가졌는지 쉽게 확인할 수 있을 것입니다. 사실 지금 대세를 이루고 있는 자본주의 역시 유물론과 결코 무관하지 않습니다. 두 사상은 비록 평등과 자율이란 다른 강조점을 가지고 있기는 하지만 물질이 가치와 질서의 근간을 형성하고 있다는 점에서는 모두 유물론과 상통합니다.

사회의 법과 질서에 반응하는 자들

두 번째로 땅에 반응하는 사람들은 자연의 질서나 사회의 법적 시스템을 세상의 본질 푸는 열쇠로 삼습니다. 이들은 그리스도 예수를 연구할 때에도 그가 처한 사회적 문화적 역사적 배경을 벗기는 방식으로 예수라는 인물의 가치와 의미를 찾습니다.

예수님을 유대인 중에 한 사람이며, 그의 민족과 나라가 로마의 통치를 받던 불운한 시대의 인물로 봅니다. 그 시대의 종교와 문화와 법 체계를 배경으로 생각하고 활동했던 인물로 묘사하기 때문에, 그를 시간과 공간을 초월하는 만왕의 왕이시며, 모든 믿는 이들의 구세주가 되신다는 범 우주적인 사실, 신성과 인성을 모두 가지신 하나님의 아들이란 천상적인 사실에는 이르지 못합니다. 한 시대와 장소와 민족과 문화에 국한될 수 없는 그의 삶이 갖는 의미와 가치는 땅에 반응하는 사람들에 의해서 벗겨질 수 없는 신비하고 초월적인 영역일 수밖에 없습니다.

하늘에 반응하는 자들

세 번째로 하늘에 반응하는 사람들도 있습니다. 이는 땅에서 관찰하고 만지고 임의로 움직일 수 있는 대상이 아닌 것에 반응하는 것을 뜻합니다. 인간의 본성에는 종교의 씨앗이 있어서 어떤 대상에 대한 신적인 동경이 있습니다. 이는 인간이 지각과 지식과 통제가 미치지 못하는 대상들에 대해서는 무언가 신적인 기운을 느껴 특별한 감정을 가지게 되고 그것을 종교적인 의식으로 표출하려 하는 성향입니다. 하늘의 별을 보고 삶의 비밀을 풀고자 하는 점성술을 비롯하여 다른 모든 종교들이 대개 하늘에 반응하는 부류의 다양한 형태라고 볼 수 있을 것입니다. 아직도 도달하지 못한 물질의 마지막 단위나 우주의 끝을 발견하고 벗겨서 만물의 본질을 밝히려는 과학의 경우도 역시 이런 종교성을 띠고 있습니다. 오늘날 과학과 종교가 서로 타협의 손을 내미는 것은 우연이 아닙니다. 인간의 종교성이 다른 옷차림을 취한 것일 뿐입니다. 거칠게 말하면, 이성적인 사람은 과학을, 감성적인 사람은 종교를 선호한 것입니다.

하나님께 반응하는 자들

마지막 네 번째로 하나님께 반응하는 사람들이 있습니다. 물론 우리는 앞에서 다른 세 가지의 반응들과 맨살을 부딪히며 살아가고 있기에 결코 소홀히 하거나 무시할 수 없습니다. 모든 대상들의 존재는 우리의 존재와 동시적인 것입니다. 그런 배경들이 먼저 창조된 이후에 인간이 지음을 받아 그 가운데서 살도록 주어진 하나님의 선물이기 때문에 그것들을 떠나서는 살아갈 수 없습니다. 만물과 생명과 호흡은 동시에 있지 않으면 그 어떤 것도 스스로 존재할 수 없습니다. 그러나 아무리 우리의 생존에 불가피한 배경이라 할지라도, 믿음의 사람들은 그것을 최종적인 반응의 대상으로 삼아서는 안될 것입니다. 그것은 수단일 뿐입니다. 그것을 조성하신 주체에게 돌아갈 약간의 이정표일 뿐입니다. 사람들이 더불어 살아가기 위해 지켜야 할 법과 규범은 행위의 하한선에 불과한 것입니다. 사회의 법 질서와 도덕적 규범을 잘 준수하는 것으로 하나님의 백성다운 사람이 되는 것이 아닙니다. 그것들을 잘 지켰다고 삶의 고유한 의미와 가치가 산출되는 것은 아닙니다. 우리가 추구하고 반응해야 할 궁극적인 인과가 아니라는 것입니다. 그것들은 본질을 가리키는 비유로 존재하는 것입니다.

그리고 원인과 결과 사이에는 우리의 지각과 의식에 걸러지지 않는 수많은 인과들이 존재하고 있습니다. 원인과 결과는 대단히 임의적인 것이어서 겨우 인간의 논리적 추론이 만족하는 관계성을 가질 뿐입니다. 조금만 더 섬세한 차원으로 들어가면, 원인과 결과는 그 사이에 커다란 비약이 존재하고 있음을 확인할 수 있습니다. 빛을 보십시오. 태양에서 출발해 우리에게 도달하는 시간은 8분입니다. 만약 빛을 발하고 8분 이내에 태양이 사라지면 우리는 아무런 원인도 모른 채 소멸되고 말 것입니다. 시간과 공간이 현실을 푸는 장애물로 있다는 이야기가 되겠습니다. 눈의 보는 기능도 결코 간단한 인과로 설명되지 않습니다. 눈으로 들어가는 정보는 여러 겹의 조합과 재생산의 과정을 거쳐서 뇌 신경의 네 번째 층에서 펼쳐질(display) 때 비로소 우리에게 보는 현상이 일어나는 것입니다. 그런데 정보가 어떻게 뇌의 어느 층에 도달하고 펼쳐지게 되는지를 우리는 전혀 모릅니다.

눈으로 보는 것과 그 보는 것의 결과로서 보고 보았다는 현상 사이에는 단순히 보았다는 인과만 있을 뿐입니다. 아무것도 설명한 것이 없습니다. 게다가 보고 듣는 기능이 눈과 귀에서 주관하지 않는다는 사실까지 고려하면 혼돈은 더욱 깊어질 수밖에 없습니다. 우리는 사실 마음으로 보고 마음으로 듣습니다. 그래서 같은 눈을 사용하고 귀를 사용해도 전혀 다른 해석과 이해가 나오는 것입니다. 마음이 보고 싶은 것을 보고, 마음이 듣고 싶은 것을 듣는 객관성의 상실이 정보를 취득하는 가장 중요한 기관에서 일어나는 일이라는 것입니다. 여기서 우리는 과실이나 땅이나 하늘이란 대상보다 그것에 반응하는 주체로서 인간 자신이 객관성을 파괴하는 원흉으로 있다는 사실을 확인하게 됩니다.

당연히 우리는 하늘과 땅을 지으시고 그 안에 일어나는 모든 질서와 가치를 만드신 저자로서 하나님 자신에게 그 근원을 소급해 나가지 않으면 안됩니다. 즉 하나님 한 분만을 만물과 역사의 궁극적인 원인으로, 그것들의 최종적인 목적으로, 우리가 반응하는 유일한 대상으로 삼아야 한다는 것입니다. 지금 호세아는 우리에게 하나님 자신이 만물과 역사를 푸는 열쇠라는 사실을 깊은 안목을 가지고 선언하고 있습니다.

인과관계

이러한 관점의 안경을 끼고 호세아의 깊은 고백들을 주목해 보십시오. 인간의 깊은 본질과 만물과 역사의 성격과 목적이 새롭게 관찰될 것입니다. 물론 호세아 선지자는 북 이스라엘 왕조의 여로보암 2세 치하에 이사야와 미가와 동시대에 활동한 분입니다. 북왕국 사상 최고의 번영기를 구가하던 그때에 이스라엘 백성들은 극도의 종교적 타락으로 영적인 빈곤에 허덕이고 있었습니다. 이 상황을 다양한 각도에서 조명할 수 있겠지만, 호세아는 '이 나라가 하나님을 떠나 크게 행음'하는 상태라고 기록하고 있습니다. 물론 호세아의 이스라엘 타락에 대한 기록은 그 시대의 영적 현실을 묘사한 것일 것입니다. 그러나 타락의 인과가 아담이 언약을 파기하고 패역을 행한 것까지 소급하고 있습니다.

어떤 목회자가 잘 설명한 것처럼, 성경은 이스라엘 백성의 실패가 어디에서 비롯된 것인가 그 원인을 다양한 인과를 중심으로 풀고 있습니다. 열왕기를 보면, 하나님의 계명을 지키면 복을 받고 어기면 저주를 받는다는 율법주의 원리가 역사를 푸는 열쇠로 강조되고 있습니다. 즉 그들의 멸망은 율법을 어겼다는 사실에 있다는 것입니다. 이처럼 율법을 중심으로 고대 이스라엘 역사의 맥락을 풀어가는 성격이 강해 보입니다. 이와는 달리, 역대기는 사람의 행실이 역사의 흐름을 움직이는 원인처럼 소개되고 있습니다. 즉 인간 자체가 원인이 되어 이스라엘 백성이 멸망하게 되었다는 것입니다. 그런 멸망의 원인으로 책임을 물을 때에 가깝게는 므낫세의 범죄를 언급하고, 멀리는 여로보암의 범죄가 반복되어 결국 망했다는 방식으로 설명해 나갑니다.

호세아서 경우에도 예외는 아닙니다. 사실 하나님의 율법이 모세오경, 지혜서, 선지서를 묶어내고 이해하는 열쇠로 등장하고 있다는 사실은 부인할 수 없습니다. 그러나 율법은 역사를 푸는 실마리를 제공할 뿐입니다. 율법보다 중요한 것으로서 의와 인과 신이 있습니다. 이는 율법 자체가 역사를 푸는 열쇠가 아니라는 것입니다. 주어가 생략된 명령형의 명제를 기준으로 역사를 풀려고 한다면 그는 율법주의 함정에서 벗어나지 못할 것입니다. 또한 한 개인의 잘못과 실수에 원인을 돌려서 역사를 이해하는 것도 자신의 허물을 가리는 비겁한 해법일 뿐입니다. 나아가 한 민족의 문제나 어떤 시대에 국한된 환경 의존적인 이해도 역사의 근본적인 문제를 푸는 열쇠는 아닙니다. 이처럼 다양한 원인들을 생각하되 우리가 마지막 순간까지 열쇠로 붙들고 역사의 자물쇠를 풀어야 하는 인과의 끝자락, 더 이상 소급할 수 없는 최종적인 원인까지 물어야 할 것입니다. 그 인과의 끝자락에 무엇이 있을까요?

호세아는 율법과 인간의 행실이 어느 정도 가까운 원인으로 있음을 소홀히 하지 않으면서 그 인과적인 관계를 훨씬 깊게 아담의 죄악까지 소급해 올라가고 있습니다. 아담이 저지른 죄의 핵심은 호세아 1장 초두에서 밝힌 것처럼 '하나님을 떠난 것'입니다. 그것은 크게 행음하는 것이라고 말합니다. 이스라엘 백성들의 문제를 진단함에 있어서 호세아는 하나님께 반응하는 방식으로 그 문제의 핵심을 지적하고 있습니다. 죄는 하나님에 대한, 하나님 앞에서의, 하나님을 기준으로 본 인간의 불법적인 상태와 행실을 총칭하는 말입니다. 인간의 죄는 역사의 가장 근원적인 문제인 동시에 어떤 방식에 의해서도 도달할 수 없는 역사를 푸는 핵심 열쇠라고 할 수 있습니다. 그러나 인간의 죄가 모든 시대에 모든 사람에게 공통적인 우주적 문제이긴 하지만 역사의 흐름은 그것을 축으로 움직이지 않는다는 사실을 간과하지 말아야 할 것입니다.

하나님의 긍휼과 자비

호세아 1장에서 호세아가 음란한 아내 고멜을 통해 낳은 세 명의 자녀들을 소개하고 있습니다. 이스르엘, 로루하마, 로암미. 이 이름들의 의미를 설명하면, 첫째 아들 '이스르엘'은 '이스라엘 백성을 하나님이 흩어서 멸한다'는 의미이며, 둘째 딸 '로루하마'는 '다시는 이스라엘 백성을 긍휼히 여겨서 사하지 않겠다'는 뜻이며, 셋째 아들 '로암미'는 이스라엘 백성의 정체성과 관련하여 '너희는 내 백성이 아니요, 나는 너희 하나님이 되지 아니할 것이라'는 뜻입니다.

이런 멸망은 죄의 결과라고 볼 수 있습니다. 마치 죄를 최종적인 원인으로 지목해도 아무런 문제가 없어 보입니다. 그러나 역사를 푸는 궁극적인 열쇠는 인간의 죄에 있지 않고 하나님 자신에게 있습니다. 하나님은 인간의 주도적인 죄에 대해 수동적인 심판의 반응으로 역사를 이끌어 가시지 않습니다. 즉 세상의 역사는 하나님이 죄에 대해 공의로운 심판의 칼 휘두르기로 끝나지 않는다는 것입니다. 이스라엘 백성들을 '암미'와 '루하마'의 이름으로 회복시킬 때가 온다는 것입니다. 예레미야 선지자의 표현을 빌리자면, 하나님의 자비와 긍휼이 무궁하기 때문에 우리가 진멸되지 않는다는 것입니다. 하나님의 긍휼과 자비라는 속성은 죄의 범주를 포괄하는 그 너머의 차원이라 할 수 있습니다. 역사의 비밀이 거기에 있습니다.

역사를 해석할 때에 하나님의 사랑을 절대 간과하지 마십시오. 역사는 한 사람의 일대기 안에 압축되어 있기 때문에 이런 설명은 우리 개개인의 삶과도 결코 무관한 것이 아닙니다. 우리에게 고통이 있고, 억울함이 있고, 슬픔이 있고, 절망이 있는 것을 해석할 때에도 우리는 하나님의 사랑, 긍휼과 자비라는 본질적인 원인에 근거해서 이해하고 반응해야 합니다. 호세아 2장 14-15절을 보십시오. 이스라엘 백성의 40년 광야생활을 이렇게 해석하고 있습니다.

"그러므로 내가 저를 개유하여 거친 들로 데리고 가서 말로 위로하고 거기서 비로소 저의 포도원을 저에게 주고 아골 골짜기로 소망의 문을 삼아 주리니 저가 거기서 응대하기를 어렸을 때와 애굽 땅에서 올라 오던 날과 같이 하리라"(호 2:14-15).

하나님만 바라볼 수밖에 없는 곳

광야는 어떠한 것도 기대할 수 없는 절망의 땅입니다. 그런데 하나님은 '거기서' 비로소 포도원을 이스라엘 백성에게 주겠다고 하십니다. 아골 골짜기로 소망의 문을 삼겠다고 하십니다. 아골 골짜기는 썩은 시체의 착취가 진동하는 곳입니다. 죄의 삯으로서 죽음의 기운이 감도는 뼈다귀 흉물들이 나뒹구는 곳입니다. 광야와 아골 골짜기는 절망과 죽음을 상징하는 곳입니다. 동시에 인간의 연약함이 가장 극명하게 노출되는 곳입니다. 시대의 제국 애굽을 잿더미로 만들고 바다를 갈라 마른 땅을 밟고 건너가게 하신 하나님의 가장 장엄한 기적을 체험한 자들이라 할지라도 그들의 본성 깊이 뿌리내린 죄의 실체가 하나님을 반역하고 우상을 숭배하는 것으로 드러난 곳입니다. 그들은 자신이 얼마나 연약한 자이며, 하나님을 떠나서는 존재와 삶이 모두 불가능한 신 의존적인 피조물에 불과한지, 그리고 세상에 두 번 다시 재연될 수 없는 기적을 체험해도 통제되지 않는 죄악된 본성은 얼마나 끈질기게 소멸되지 않는지를 배웠을 것입니다.

그러나 동시에 광야는 하나님만 바라볼 수밖에 없는 곳입니다. 불기둥과 구름기둥 없이는 한 순간도 생존할 수 없고 땅의 어떠한 것들도 의지할 수 없는 오직 하나님만 의존할 수밖에 없는 곳입니다. 세상과 나는 간데 없고 구속한 주만 보이는 곳입니다. 그렇기 때문에 역사의 가장 깊은 본질을 경험하는 곳입니다. 절망과 사망의 표정을 가진 광야는 비로소 하나님의 유업인 그의 포도원을 소유하는 곳입니다. 광야가 아니면 결코 경험할 수도, 인정할 수도, 깨달을 수도, 확증할 수도 없는 우리의 죄를 깨달아 하나님 앞에 무릎을 꿇지 않습니다. 자신의 죄악된 실상은 쉽게 발견되지 않습니다. 자신의 본성과 죄가 겹쳐져 있어서 죄를 죄로 여기지를 않기 때문입니다. 그냥 착하게 살고 사람들과 땅과 하늘에 반응하여 아무런 문제가 없다고 생각하면 그게 인생이며, 최고의 평안한 상태로 여깁니다.

가증한 포장을 벗겨내는 곳

그러나 광야는 우리의 인생을 방문하는 절망과 죽음의 고통은 우리 자신의 실상을 가리는 가증한 포장을 벗기고 우리의 모습 그대로를 보게 하는 창입니다. 그 실상은 하나님 없이도 살 수 있고, 하나님을 떠나서도 하나님과 같이 될 수 있다는 스스로 의식하지 못하는 중에 본성 깊숙이 자리 잡은 교만입니다. 그런 우리의 실상을 경험하는 광야는 놀라운 지식의 땅입니다. 광야는 자신에 대해 가장 깊은 지식을 소유하는 곳입니다. 그리고 광야는 그런 개인들이 엮어 가는 역사의 마지막 비밀의 꺼풀이 벗겨지는 곳입니다. 즉 광야는 그런 죄에 대해 공의로운 죽음의 심판이 합당한 우리에게 진멸 대신에 긍휼과 자비로 포도원의 복을 베푸시는 처소라는 것입니다. 아무것도 먹고 마실 수 없는 광야에서 하나님은 하늘에 만나를 내려 주셨지만, 광야로 이끄신 궁극적인 이유는 우리의 진정한 양식, 즉 하나님의 입에서 나오는 모든 말씀을 먹고 사는 우리의 본질적인 정체성을 교훈하기 위한 것입니다. 광야에서 우리는 삶과 생존의 원리를 배우게 되는 것입니다.

소망을 품는 곳

광야와 아골 골짜기로 내몰리는 상황은 바벨론 제국에 의한 이스라엘 민족의 멸망으로 절정에 달합니다. 그러나 바벨론에 유배되는 처참한 포로의 신세가 펼쳐지는 광야에서 하나님은 귀환이란 소망의 문을 마련하고 계십니다. 호세아 1장에서는 '하나님은 이스라엘 백성에게 너희는 내 백성이 아니며 긍휼을 베풀지도 않을 것이며 너희를 흩을 것'이라고 말합니다. 이사야는 '하나님이 정하신 것은 반드시 이루어질 것이며 그의 편 팔은 굽힐 자가 없다'고 했습니다. 지금 하나님은 이스라엘 백성의 멸망을 선언하고 있습니다. 이것보다 더 큰 절망은 없을 것입니다. 그러나 그들의 역사가 종결되는 민족적 절망에서 놀랍게도 하나님의 백성이 아니라 한 그곳에서 저희에게 이르기를 '너희는 사신 하나님의 자녀라' 할 것이라는 소망의 싹이 돋습니다. 하나님의 백성은 그 수효가 바닷가의 모래 같이 되어서 측량할 수도 없고 셀 수도 없게 될 것입니다. 이처럼 광야에서 식탁을 내신 하나님은 아골 골짜기로 소망의 문이 되게 하시며 이스라엘 백성들의 멸망을 구원이 온 인류로 확장되는 하나님의 왕국 설립의 단초로 삼습니다.

그리스도 예수를 소유하는 곳

사실 광야와 아골 골짜기와 이스라엘 백성들의 멸망은 예수님의 십자가를 상징하는 수단에 불과합니다. 주님이 지신 십자가는 인간의 가장 근원적인 죄의 극명한 실상과 하나님의 완전한 사랑이 가장 극적인 차원에서 입맞추는 곳입니다. 역사의 핵심이 거기에 있습니다. 모든 성경과 역사가 십자가 위에서 풀어지고 있습니다. 우리는 십자가를 보면서 독생자의 생명까지 재물이 되어야 하는 죄의 심각성을 깨닫고, 자신에 대해 한 오라기의 소망도 붙들 수 없는 절망의 늪으로 빠질 수밖에 없습니다. 동시에 독생자의 생명도 아끼지 않으시고 우리에게 내어 주시는 아버지 하나님의 지극히 큰 사랑을 경험하는 곳입니다. 하나님 자신이 지극히 큰 상급이 되셔서 우리에게 자신을 주시는 곳입니다. 길이요, 진리요, 생명이신 그리스도 예수를 소유하는 곳입니다. 반역과 불화가 회개와 화목으로 바뀌는 곳입니다. 십자가는 '내가 응하리라' 하신 하나님의 말씀이 모두 성취되는 곳입니다. 이처럼 십자가는 저주가 영광으로 변하고, 사망이 생명으로 이동하며, 불화가 화목으로 바뀌는 곳입니다.

절망을 넘어 승리를 외치라

세상에는 역사를 푸는 다양한 인과적 관계들이 있습니다. 호세아는 과실들에 응하고, 땅에 응하고, 하늘에 응하는 궁극적인 원인으로 소급하여 역사를 풀고 있습니다. 즉 하나님 자신이 자연의 창조자며, 역사의 주체시며, 율법의 주어가 되시며, 모든 만물의 목적이 되시는 분입니다. 이것을 호세아 선지자는 '내가 응하리라'라는 압축된 말로 설명하고 있습니다. 자연의 질서와, 들판에 열리는 과실들과, 개인과 민족과 국가와 나라간의 관계와, 하늘의 해와 달과 별과 그것들의 운행까지 하나님이 듣고 응하시는 역사라는 사실을 기억해야 할 것입니다.

우리는 그런 하나님께 반응하는 부르심을 받은 자입니다. 자연이나 신비로운 현상이나 미지의 영역이나 사람들 사이의 질서와 규범에 반응하여 거기서 슬픔과 기쁨이 좌우되고, 만족과 불평이 결정되고, 삶의 가치와 의미를 내맡기는 그런 가까운 원인의 노예가 되어서는 아니될 것입니다. 우리는 하나님과 상종하는 자입니다. 범사에 하나님을 인정하는 부름을 받고 있습니다. 먹든지 마시든지 하나님의 영광을 추구하는 자의 신분과 도리를 가지고 있습니다. 때로는 우리의 삶에 절망과 사망의 그림자가 드리우는 경우가 종종 있습니다. 그러나 그때마다 광야에서 식탁을 내시고 사망의 음침한 골짜기로 소망의 문이 되게 하시며, 한 민족의 멸망도 선으로 바꾸어 하나님의 우주적인 왕국을 세우시고, 그 왕국의 진정한 의미와 정체성을 확립하고, 죽음의 십자가 나무에서 영생 얻을 소망의 싹이 돋아나게 하시는 하나님의 긍휼과 자비를 붙들어야 할 것입니다. 그의 그 지극한 사랑에 근거해서 만물을 관찰하고 역사를 이해하고 삶을 해석하고 문제를 풀어가야 할 것입니다.

우리에게 절망은 없습니다. 우리에게 더 이상 사망이 없습니다. 인간과 역사의 가장 근원적인 문제인 죄 문제가 십자가 위에서 독생자의 피로 사함을 받았기 때문입니다. 호세아는 이렇게 대언하고 있습니다.

> "내가 그들을 스올의 권세에서 속량하며 사망에서 구속하리니 사망아 네 재앙이 어디 있느냐 스올아 네 멸망이 어디 있느냐 뉘우침이 내 눈 앞에서 숨으리라"(호 13:14).

사망과 지옥의 권세가 더 이상 우리를 주장할 수 없습니다. 모든 역사에 응하시는 분, 통치하고 다스리는 분, 자기 백성을 하나도 잃지 않으시고 다 구원에 이르게 하시는 분, 반드시 그 정하신 뜻을 성취하는 여호와 하나님이 우리와 영원토록 함께 하시기 때문입니다. 우리가 경험하는 모든 사망과 절망은 겨우 육체의 생명만을 빼앗아갈 수 있을 것입니다. 그러나 영혼은 어찌하지 못하는 것임을 기억하고 승리의 함성을 외치시기 바랍니다. 아무도 빼앗을 수도 무효화시킬 수도 없는 영생 소유자의 담력을 가지시기 바랍니다. 죄 문제의 심각성을 인정하고, 그 문제를 해결하사 우리에게 하나님과의 화목을 이루신 십자가만 알기로 작정하고, 하루하루 절망을 소망으로 바꾸며, 이웃들의 절망을 소망으로 이끄는 증인으로 살아가시기를 바랍니다.

하나님의 역설

역사를 움직이는 원인은 무엇일까? 많은 사람들이 양식을 떠올리고, 양식을 생산하는 비옥한 땅을 생각하고, 땅을 비옥하게 만드는 하늘을 주목한다. 그러나 성경은 오직 하나님이 역사의 주관자가 되신다고 선언한다. 하나님을 중심으로 모든 사물과 사건과 사태와 상태를 해석한다. 하나님이 하늘에 응하시고, 하늘은 땅에 응하고, 땅은 곡식과 기름에 응하고, 그 곡식과 기름이 사람에게 응한다는 연쇄적인 인과율을 따라 역사를 이해한다. 절망과 죽음도 하나님의 손아귀에 있고 소망과 생명도 하나님의 손아귀에 있다. 그래서 우리에게 가까이 있는 생명과 죽음의 원인, 소망과 절망의 원인, 기쁨과 슬픔의 원인에 준동하지 않고 항상 기뻐하고 감사하는 삶을 살 수 이러한 삶이 세상 사람들이 보기에는 역설이다.

10
하나님의 뜻을 분별하라

⁴제자들을 찾아 거기서 이레를 머물더니 그 제자들이 성령의 감동으로 바울더러 예루살렘에 들어가지 말라 하더라 ⁵이 여러 날을 지낸 후 우리가 떠나갈새 그들이 다 그 처자와 함께 성문 밖까지 전송하거늘 우리가 바닷가에서 무릎을 꿇어 기도하고 ⁶서로 작별한 후 우리는 배에 오르고 그들은 집으로 돌아가니라 ⁷두로를 떠나 항해를 다 마치고 돌레마이에 이르러 형제들에게 안부를 묻고 그들과 함께 하루를 있다가 ⁸이튿날 떠나 가이사랴에 이르러 일곱 집사 중 하나인 전도자 빌립의 집에 들어가서 머무르니라 ⁹그에게 딸 넷이 있으니 처녀로 예언하는 자라 ¹⁰여러 날 머물러 있더니 아가보라 하는 한 선지자가 유대로부터 내려와 ¹¹우리에게 와서 바울의 띠를 가져다가 자기 수족을 잡아매고 말하기를 성령이 말씀하시되 예루살렘에서 유대인들이 이같이 이 띠 임자를 결박하여 이방인의 손에 넘겨 주리라 하거늘 ¹²우리가 그 말을 듣고 그 곳 사람들과 더불어 바울에게 예루살렘으로 올라가지 말라 권하니 ¹³바울이 대답하되 여러분이 어찌하여 울어 내 마음을 상하게 하느냐 나는 주 예수의 이름을 위하여 결박 당할 뿐 아니라 예루살렘에서 죽을 것도 각오하였노라 하니 ¹⁴그가 권함을 받지 아니하므로 우리가 주의 뜻대로 이루어지이다 하고 그쳤노라

사도행전 21:4-14

사람이 하나님의 뜻을 분별할 수 있을까요? 분별할 수 있을지 모르지만, 그 분별이 완전한 것은 아닙니다. 이렇게 겸손한 결론부터 내리고 본문을 통해 하나님의 뜻을 어떻게 분별할 것인지를 함께 나누고 싶습니다.

본문은 복음을 증거하며 여러 지역으로 다니던 바울이 예루살렘

들어가기 직전에 이루어진 사건을 다루고 있습니다. 핵심은 제자들과 전도여행 동역자들 모두가 바울의 예루살렘 입성을 성령의 감동으로 반대하고 있다는 것입니다. 게다가 선지자 아가보가 와서 바울의 띠를 가져다가 자신의 수족을 결박하고 성령의 감동을 따라 '유대인에 의해 바울이 이방인의 손에 넘겨질 것이라'며 행위로 입체적인 예언까지 했습니다. 누가는 그를 선지자이며 A.D. 45년 글라우디오 때에 천하의 큰 기근을 예언한 자라고 사도행전 11장 27-28절에 기록하고 있습니다. 당연히 이런 기록은 우리로 하여금 그의 예언을 의심할 수 없게 만듭니다.

이에 바울은 '주 예수의 이름을 위하여는 결박뿐만 아니라 예루살렘에서 죽을 것까지도 각오했다'고 말합니다. 이는 앞서 말한 것을 반복한 것입니다. 바울은 "오직 성령이 각 성에서 내게 증언하여 결박과 환난이 나를 기다린다 하시나 내가 달려갈 길과 주 예수께 받은 사명 곧 하나님의 은혜의 복음을 증언하는 일을 마치려 함에는 나의 생명조차 조금도 귀한 것으로 여기지 아니하노라"(행 20:23-24)고 했습니다. 결국 제자들과 일행들은 '주의 뜻대로 이루어질 것'이라며 완강한 설득을 접습니다.

성경은 진리의 빛을 비추는 가장 안전한 예언이다

여기서 우리는 풀어야 할 의문이 대단히 많습니다. 먼저 예언과 하나님의 신적인 간섭에 대한 체험을 어떻게 이해할 것인가에 관한 물음입니다. 예언은 개인이 듣는 경우도 있고, 여러 사람들이 동시에 경험하는 예언도 있습니다. 개인이 듣는 경우에는 객관적인 검증장치가 없습니다. 즉 예언을 받은 당사자의 정직성과 판단에 의존할 수밖에 없다는 말입니다. 개인적인 예언은 그것이 자기의 생각인지, 사탄의 생각인지, 그리고 하나님의 생각인지 분별할 수 있는 외적인 근거가 없습니다. 그래서 개인적인 예언의 체험은 교회의 보편적인 질서와 방향을 좌지우지해서는 안됩니다. 물론 하나님은 한 개인의 삶을 그런 체험의 방식으로 이끄시는 경우가 있습니다. 그러나 한 개인의 체험이 다른 사람에게 어떤 권위를 가질 수도 없고 보편화될 수도 없고 강요될 수도 없음은 너무도 당연합니다.

집단이 어떤 신적인 체험을 공유하는 경우가 있습니다. 마태복음 17장에서 베드로와 야고보와 요한이 예수님과 변화산에 올라가 아버지 하나님의 음성을 들은 것이 가장 대표적인 경우일 것입니다. 그때 세 명의 제자들은 영광의 형체로 변화된 예수님의 모습을 보았고 "이는 내 사랑하는 아들이요 내 기뻐하는 자니 너희는 저의 말을 들으라"는 말씀을 듣습니다. 아마도 신구약 전체에서 그리스도 예수의 영광스런 형체를 보고 성부의 음성이 들려온 것보다 더 놀랍고 큰 이적과 기사는 없을 것입니다.

그런 최고의 체험을 한 베드로는 이러한 집단적인 체험을 한 이후에 아주 예리한 지적을 했습니다. 베드로후서 1장 19절을 보시면, "우리에게는 더 확실한 예언이 있어 어두운 데를 비추는 등불과 같으니"라는 언급이 나옵니다. 이는 그토록 신비로운 체험보다 더 확실하고 밝은 진리의 빛을 비추는 예언이 있는데 성경의 모든 예언이 바로 그것임을 베드로는 가장 놀라운 체험과의 비교를 통해 강조하고 있는 것입니다. 성경보다 더 확실하고 안전하고 객관적인 예언은 이 세상에 존재하지 않습니다.

누가복음 16장 27-31절을 보면, 부자와 나사로 이야기가 나옵니다. 그런데 이 이야기가 '율법의 한 획이 떨어지는 것보다 천지가 없어지는 것이 쉽다'는 말씀 이후에 등장하고 있다는 사실을 기억해 두십시오. 잘 아시는 것처럼 나사로는 죽어서 아브라함 품에 안깁니다. 그러나 부자는 죽어 음부에서 고통을 받습니다. 아브라함 품에 있는 나사로를 보며 나중에 이렇게 말합니다. '아버지여 구하노니 나사로를 내 아버지의 집에 보내소서.' 아브라함이 대답합니다. '저희에게 모세와 선지자가 있으니 그들에게 들을 것이다.' 그러자 부자는 말합니다. '그렇지 않습니다. 만일 죽은 자에게서 저희에게 가는 자가 있으면 회개할 것입니다.' 그러나 아브라함 답변은 단호합니다. '모세와 선지자를 듣지 아니하면 비록 죽은 자 가운데서 살아나는 자가 있다 할지라도 권함을 받지 않을 것이다.'

부자와 나사로 사건이 보여주는 것은 하나님의 기록된 말씀이 다른 어떤 것보다 확실한 예언이기 때문에, 기록된 모든 성경은 한 획도 떨어지지 않음을 말씀하고 있습니다. 이는 천지가 없어져도 결코 변경되지 않고 반드시 이루어질 예언이란 말입니다. 반드시 이루어질 것이기 때문에 기록된 성경보다 더 확실하고 절대적인 예언이 있을 수가 없는 것입니다. 꽃은 시들고 잎은 마르지만, 하늘과 땅도 체질이 녹아 없어지는 때가 올 것이지만 하나님의 말씀은 영원할 것이라는 그런 성경의 불변적인 속성 때문에 우리의 모든 생각과 신앙은 말씀의 토대 위에 세워지지 않으면 안될 것입니다. 말씀 이외의 요소에 의존한 신앙은 결코 건강할 수 없습니다. 언제 무너질지 모릅니다. 다른 요소와 성경에 틈이 생기면 점점 성경을 멀리하게 되고 급기야 성경을 버리는 우매함에 빠지고 맙니다.

성경이 끼치는 영향력의 범위

성경은 객관적입니다. 모든 사람들의 신앙이 수렴되고, 아무도 배제되지 않고 소통할 수 있는 공공의 장입니다. 성경에서 얻는 유익은 모든 사람에게 보편적인 유익이 될 수 있습니다. 성경에서 발견한 깨달음은 모두가 배울 수 있고 성경에서 받은 삶의 변화는 모든 사람에게 건강하고 바람직한 전염을 일으킬 수 있습니다.

하나님의 모든 백성은 그의 입에서 나오는 말씀을 먹고 사는 자들입니다. 그 말씀을 믿음으로 해석하고 삶으로 나타내는 왕성한 섭취는 교회의 모든 다른 지체에게 유익과 도전을 줄 수 있습니다. 교회에서 말씀을 올바르게 해석하고 말씀을 붙들고 살아가는 것보다 더 큰 영적 영향력은 존재하지 않습니다.

하나님의 뜻 분별법

그렇다면 어떻게 성경의 올바른 해석에 도달할 수 있을까요?

가장 확실한 성경이라 할지라도 올바른 해석에 이를 수 없다면 그림의 떡일 뿐입니다. 이런 맥락에서 본문에 등장하는 바울 이야기를 더 깊이 생각해 보기를 원합니다. 여기서 바울은 여러 번의 예언을 듣습니다. 성령의 감동으로 제자들이 바울의 예루살렘 행보를 막았으며, 당시 권위 있는 선지자 아가보도 성령을 따라 행동으로 예언하며 바울의 예루살렘 행보 저지에 가담하고 있습니다. 바울 자신도 예루살렘 안에서의 핍박과 환난에 대한 성령의 음성을 수 차례 들었습니다. 그런데 바울은 여러 방면으로 들려오는 동일한 목소리를 거절하고 예루살렘 입성을 강행하는 판단을 내립니다. 이것은 개인적인 고집이 아니라 하나님의 뜻입니다. "주께서 바울 곁에 서서 이르시되 담대하라 네가 예루살렘에서 나의 일을 증거한 것 같이 로마에서도 증거하여야 하리라"(행 23:11)는 말씀에서 확인할 수 있습니다.

예언 자체에 의존하지마라

우리가 하나님의 뜻을 올바르게 분별하기 위해서는 개인적인 예언 자체에 의존하지 않아야 합니다. 예언이라 주장되는 것들은 늘 해석을 기다리고 있습니다. 그리고 하나님의 뜻 분별은 다수결 방식에 의존하지 않습니다. 함께 동행하는 사람들과 제자들이 한 목소리로 예루살렘 입성을 막았지만 결국 바울의 판단이 옳았다고 누가는 기록하고 있습니다. 그리고 이런 분별력은 아가보와 같이 예언이 적중한 경험을 많이 가진 사람에게 의존하는 것이 아닙니다. 또한 상황에 좌우되는 것도 아닙니다. "예루살렘 뿐만 아니라 로마에 가서도 복음을 증거해야 한다"는 주님의 말씀이 주어진 시점은 식음을 전폐하고 40명의 유대인이 바울을 죽이려고 칼을 갈고 있었던 때라고 누가는 기록하고 있습니다. 하나님의 뜻을 정면으로 거스르는 상황이 있을 수 있다는 말입니다. 그리고 또 하나 놓치지 말아야 할 사실은 아가보와 제자들과 수행했던 동료들의 만류가 잘못된 것으로만 볼 수 없다는 것입니다. 바울을 진심으로 사랑한 그들의 마음을 하나님은 틀렸다고 평가하지 않으실 것입니다. 하나님의 높은 뜻을 분별하는 조화로운 상황에 모두 각자의 역할로 참여한 것으로 보시는 게 좋을 듯합니다.

이제 바울이 취한 하나님의 뜻 분별법을 통해 하나님의 뜻을 분별하는 원리에 대해서 생각해 보기를 원합니다. 먼저 바울의 고백을 다시 한번 주목해 보십시오.

> 오직 성령이 각 성에서 내게 증언하여 결박과 환난이 나를 기다린다 하시나 내가 달려갈 길과 주 예수께 받은 사명 곧 하나님의 은혜의 복음을 증언하는 일을 마치려 함에는 나의 생명조차 조금도 귀한 것으로 여기지 아니하노라(행 20:23-24).

먼저 바울은 자신이 각 성에서 들은 환난과 핍박이 있을 것이라는 예언을 단순히 제자들과 친한 벗들의 인간적인 걱정 정도로 이해하지 않고 "오직 성령"께서 말씀하신 것으로 인정하고 있습니다. 성령께서 말씀하신 것이 아니기 때문에 그들의 만류를 거절한 것이 아니라는 뜻입니다. 즉 바울에게 소명을 말씀하신 동일한 성령께서 그들에게 말씀하신 것입니다. 성령께서 말씀하지 않은 것이라면 분별이 오히려 쉬웠을 것입니다. 그러나 성령께서 말씀하신 것인데도 그것이 자기를 향한 하나님의 뜻은 아니라고 해야 할 때가 보다 신중한 분별이 요구됩니다.

예언의 대상을 구별하라

두 번째로 생각할 것은, 하나님의 뜻이라고 했을 때에 그것이 한 개인을 향한 것인지, 하나님의 백성 전체를 향한 것인지, 피조물 전체를 향한 것인지를 구별할 필요가 있다는 것입니다. 대상이 누구냐에 따라 전혀 다른 해석이 산출될 수 있다는 것입니다. 바울은 자기를 향한 하나님의 뜻이 무엇보다 자신과 하나님 사이의 문제라는 사실을 인정한 것 같습니다. 자신의 달려갈 길과 주 예수께서 자신에게 주신 사명이란 의식이 바울에게 판단의 근거를 제공하고 있는 것처럼 보입니다. 즉 자신에게 주어진 하나님의 뜻이기 때문에 주변의 지배적인 여론을 따르거나 타인의 유사한 경험을 빌려서 그 뜻을 분별하는 것은 올바르지 않다는 것입니다.

아무리 나를 사랑하고 정확한 예언을 하는 예언자가 있다 할지라도 자기 자신의 분별을 대신할 수는 없습니다. 하나님의 뜻을 분별하는 것은 자신이 해야 하는 일이기 때문입니다. 그러므로 교회를 향한 하나님의 뜻을 한 개인이 독단으로 해석하고 다른 사람에게 자신의 해석을 강요하는 것도 결코 올바르지 않습니다. 교회에 주어진 하나님의 뜻은 교회에 적용되는 원리가 있습니다. 주님께서 일평생 또는 특별한 기간동안 나에게 원하시고 부탁하신 일이 무엇인지 그것을 알지 못하면 하나님의 뜻 분별은 미궁으로 빠지게 될 것입니다. 그러나 그것을 정확하게 모른다고 걱정하지 마십시오. 우리는 하나님의 백성이면 모두가 공유하는 소명을 알고 있습니다. 그것을 붙들고 정직하고 신실하게 전진하면 될 것입니다.

하나님의 뜻을 소중히 여기라

하나님의 뜻을 대하는 올바른 태도가 그에 상응하지 않으면 하나님의 뜻 분별에 불순물이 첨가될 수 있습니다. 바울은 주께서 주신 소명을 완수하려 함에는 생명을 조금도 귀한 것으로 여기지 않는다고 했습니다. 하나님의 뜻을 자신의 생명보다 더 소중하게 여겼다는 말입니다. 하나님의 뜻을 대하는 올바른 태도라고 할 수 있습니다. 육신의 생명보다 더 소중하게 여기지 않는 것은 육신의 생명에 위협이 가해지면 그것을 쉽게 포기할 것입니다. 당연한 것입니다. 가장 소중한 것을 우선으로 생각하는 것은 지혜로운 것입니다. 그러나 생명보다 소중한 것이라면 육의 생명을 위협하는 상황도 그것을 포기하게 만들지는 못할 것입니다. 하나님의 뜻이 생명보다 귀하다는 전제가 없으면 하나님의 뜻은 언제나 환경과의 타협으로 인해 그 순수성이 퇴색되는 방향으로 재해석될 가능성이 높습니다.

바울은 이러한 단계를 거쳐 결국 복음을 증거하는 일을 끝마치는 방향과 달려갈 길이 하나님의 뜻이라는 확신을 갖습니다. 복음을 증거하는 것은 어떤 개인에게 고유하게 주어지는 소명은 아닙니다. 그러나 그 일에 전무하는 길과 방식은 저마다 다양할 수 있습니다. 바울의 경우에는 유대인과 이방인 모두를 겨냥한 복음전도 전략을 가졌기 때문에 로마와 예루살렘 두 곳을 다른 어떤 곳보다도 양보할 수 없는 지역으로 여겼던 것 같습니다. 당연히 예루살렘 올라가는 것에 환난과 핍박이 장애물로 여겨질 수 없었던 것입니다. 그것 때문에 가지 않는다는 것은 복음의 가치를 나의 생명이 갖는 가치의 수준으로 낮추는 격이 될 것입니다. 바울은 아마도 이것까지 염두에 두었던 것 같습니다. 복음 증거하는 것을 마치는 저마다의 달려갈 길이 있습니다. 그 방식이 다르더라도 모두가 고려해야 할 것이 있는데, 그것은 바로 자신의 생명을 복음 증거하는 가치보다 높아지는 방식이 되어서는 안된다는 것입니다.

하나님의 사랑에 기초하여 분별하라

하나님의 뜻을 자신의 생명보다 더 소중한 것으로 여기는 바울의 하나님의 사랑을 언급하지 않을 수 없습니다. 도대체 하나님을 얼마나 사랑하면 모두가 말렸던 그 길을 굳이 가겠다는 것인지 그것이 궁금하지 않을 수 없습니다. 만약 제가 바울 곁에 있었다면 고생을 자초하지 말라던 그의 제자들과 동역자들 같이 바울에게 적당한 길을 찾아 보라고 권했을 것 같습니다. 너무 극단적인 것은 좋지 않다고 말했을 것입니다. 괜히 나섰다가 오히려 교회를 위험에 빠뜨릴 수도 있다며 그럴듯한 이유들을 많이 말해 주었을 것 같습니다. 그러나 그런 태도를 취한다 할지라도 제 입술을 두 번 다시 열지 못하게 하는 분명한 사실이 있다면 바울이 가장 깊고 정확한 판단력을 가지고 그 길을 고집하고 있다는 것입니다. 나아가 이 모든 것이 하나님을 향한 그의 사랑에 기초해 있다는 것입니다. 맞습니다. 바울은 하나님과 교회를 향해 자신의 생명을 내던질 정도로 사랑했습니다. 주님과 함께 영광을 얻기 위해서는 고난도 함께 받아야 한다는 생각이 바울의 모든 판단에 개입되고 있다는 사실을 놓쳐서는 안될 것입니다.

바울이 십자가 외에는 아무것도 알지 않기로 작정한 것은 위의 사실을 잘 입증해 주고 있습니다. 어떤 판단의 기로에 서 있을 때마다 잊지 않았던 것이 있는데 그것은 바로 '십자가의 도'였습니다. 바울은 십자가 외에는 어떤 것도 하나님의 뜻에 도달할 수 없다고 생각한 것입니다. 그리스도 예수 안에서 하늘과 땅의 모든 만물을 통일되게 하시려는 하나님의 계획과 섭리를 고려할 때에 십자가 밖에서 이루어지는 일은 하나님 자신과도 무관한 일이라고 할 수도 있겠습니다.

자기를 부인하라

하나님의 뜻을 분별하는 것은 잠깐의 기도나 머리에 떠오르는 생각을 신의 목소리로 간주하며 곧장 감격하는 방식으로 되어지는 것이 아닙니다. 하나님 앞에서 내 모든 것이 동원되길 요구하는 것입니다. 생명과 성품과 마음과 힘과 뜻을 다 하여서 하나님을 사랑하고 내 이웃을 내 자신처럼 사랑하는 것은 하나님의 뜻입니다. 하나님의 뜻을 분별하는 것은 우리가 하나님을 그렇게 사랑하는 만큼 가능한 일입니다. 여기에는 생명과 성품과 마음과 힘과 뜻이 그런 사랑의 수단으로 상대화 되고 있다는 것이 놀라운 일입니다. 다시 말하면 자기를 부인하되 생명과 성품과 마음과 힘과 뜻 전체를 부인하는 그런 자리에서 비로소 하나님의 뜻은 선명한 목소리로 우리에게 들려질 것입니다. 여기에 하나님의 모든 말씀이 그런 사랑 안에 다 포괄되어 있다는 차원을 추가하면, 결국 하나님의 뜻을 분별하는 일이란 성경의 기록된 말씀을 바르게 해석하고 지키는 순종만큼 가능한 일이라는 말도 될 것입니다.

모든 것이 합력하여

기록된 하나님의 말씀과 하나님과 이웃 사랑하는 것과 자기를 부인하는 것은 모두가 하나님의 뜻을 분별하는 일에 이르는 원리입니다. 자기를 부인하되 그 사랑을 위하여 자신의 생명을 수단으로 삼기까지 하나님을 사랑하십시오. 하나님의 뜻은 그런 자에게 눈부신 태양처럼 밝히 비추어질 것입니다. 그 뜻이 생명이 되고, 삶이 되고, 기쁨과 희락이 되고, 영원한 소망이 될 것입니다. 그게 하나님의 뜻을 분별하는 성도가 살아가는 진정한 삶의 모습일 것입니다. 일평생 매 순간마다 하나님의 뜻을 구하고, 그 뜻을 따라 살아 하나님의 기뻐하는 열매가 되시기를 바랍니다.

하나님의 역설

하나님의 뜻을 이해하기 위해서는 역설적인 분별력이 요구된다. 사람들은 자신에게 유익한 것을 하나님의 뜻이라고 간주하고 추구한다. 어떤 사람들은 성경에 기록된 율법의 조항들을 앞세우며 문자적인 분별을 시도한다. 어떤 사람들은 환경의 움직임과 지인들의 견해를 존중하고 수용한다. 그러나 하나님의 뜻은 유불리나, 환경과 여론이나, 문자적인 적용에 의해 분별되는 것이 아니다. 바울은 복음의 본질에 근거하여 하나님의 뜻을 분별했다. 그 복음의 전파를 자신의 생명보다 더 소중한 것으로 여기는 판단력을 구사했다. 자신의 생명을 복음보다 더 귀하게 여기면 아무리 성경의 경건한 문구들을 동원한다 할지라도 하나님의 뜻에는 무지하다. 하나님의 뜻은 생사를 걸어야 분별된다.

11
자발적인 순종

⁵너희 안에 이 마음을 품으라 곧 예수 그리스도의 마음이니 ⁶그는 근본 하나님의 본체시나 하나님과 동등됨을 취할 것으로 여기지 아니하시고 ⁷오히려 자기를 비워 종의 형체를 가지사 사람들과 같이 되셨고 ⁸사람의 모양으로 나타나사 자기를 낮추시고 죽기까지 복종하셨으니 곧 십자가에 죽으심이라

빌립보서 2:5-8

빌립보서 2장 1-4절에는 '그리스도 안에서 마음을 같이하고……겸손한 마음으로 자신과 다른 사람의 일을 돌보라'고 말씀합니다. 계속해서 그렇게 행하는 것의 실천적인 열쇠와 관련하여 '그리스도 예수의 마음을 품으라'고 권면하고 있습니다. 본문은 이처럼 무슨 일을 하더라도 그리스도 예수의 마음을 품어야 한다는 권면과 함께 과연 예수님의 마음은 어떤 것인지를 설명하고 있습니다. 내용은 남을 나보다 낫게 여기는 겸손한 마음과 다른 사람들의 일을 돌아보는 삶의 방향에 초점이 맞추어져 있습니다.

이 본문에서 나누고 싶은 내용은 예수님이 자신을 비워 종의 형체를 가지시고 사람의 모양으로 나타나사 자기를 낮추시고 죽기까지 순종하여 당신의 백성들을 돌아 보시되 자신의 생명도 아끼지 않으시고 희생을 하셨는데, 과연 그렇게 하신 예수님의 내면에 있는 동기는 무엇일까 하는 것입니다.

자신이 비참하게 되는 것을 원하는 사람은 아무도 없습니다. 자신의 인간적인 존엄성과 가치 그 이하의 대우를 받기 원하는 분들도 없을 것입니다. 게다가 그런 비참한 상태와 부당한 대우를 받는 것을 원하는 그런 사람은 더더욱 없을 것입니다. 할 수만 있다면 우리가 가진 존재가치 그 이상의 대우를 받고, 할 수만 있다면 우리에게 있는 역량 그 이상의 것을 누리고 싶어하는 것이 인간의 보편적인 심리일 것입니다.

그런데 예수님은 아버지께 순종하되 부당한 대우를 정면으로 맞이하며 죽기까지 순종하신 분입니다. 본문은 우리에게 그런 예수님의 마음을 품으라고 말합니다.

하나님 외에 어떠한 것도 바라지 않는 순종

예수님의 순종은 자발적인 것입니다. 예수님은 어떤 강제에 의해서나, 보상을 바라고 성육신과 고난과 죽으심을 당하신 것이 아닙니다. 바울은 육신으로 오셔서 자기를 낮추시고 죽기까지 순종하신 예수님의 자발적인 마음을 품으라고 우리에게 권하고 있습니다. 결코 쉽지 않은 권면입니다.

하나님의 말씀에 순종하지 못하게 만드는 사탄의 가장 유력한 전략이 있습니다. 그것은 순종을 하도록 내버려두되 마음의 동기는 빼앗는 것입니다. 마음의 동기는 아무리 강조해도 지나침이 없을만큼 너무나 중요하기 때문입니다. 이스라엘 백성의 가장 큰 실패는 물론 하나님의 말씀을 청종하지 않은 것입니다. 즉 순종하지 않은 것입니다. 그런데 순종하지 않은 것보다 더 심각한 실패가 있습니다. 이스라엘 백성이 회칠한 무덤처럼 되었다는 것입니다. 하나님을 경배하고 섬기는 순종의 겉모양을 가지고는 있었지만, 하나님 앞에서는 아무것도 순종하지 않은 가증한 자로 여겨지는 것을 말합니다. 예수님이 가장 혹독하게 책망하신 자들은 바로 이런 자들입니다.

물론 바리새인들은 자기들이 하나님께 가장 잘 순종하고 있다고 믿었을 것입니다. 그래서 사탄의 가장 유력한 전략이 되었던 것입니다. 순종하는 자라고 찰떡 같이 믿었는데 하나님 앞에서는 가장 혹독한 심판의 주인공이 되게 만드는 것 말입니다. 이것은 비단 유대인을 향한 전략만은 아닙니다. 마태복음 7장 21절을 보면, 사탄의 이러한 전략이 예수님을 따르는 자들에 대해서도 집요하게 구사되고 있다는 사실을 확인할 수 있습니다. 거기에는 '내가 주의 이름으로 선지자 노릇도 하고 주의 이름으로 귀신을 쫓아 내며 주의 이름으로 많은 권능을 행했다'고 주장하는 자들이 나옵니다. 정말 아름다운 순종과 헌신의 삶처럼 보입니다. 그러나 하나님은 그들을 도무지 모르는 자라 하였고, 오히려 불법을 행하는 자라고 정죄하였습니다. 자신들은 전심으로 하나님께 순종하며 섬겼다고 여겼으나, 정작 하나님 앞에서는 아무것도 순종하지 않았고 오히려 순종에 정면으로 역행하는 불순종을 초래할 수도 있다는 사실을 우리에게 교훈하고 있습니다.

이런 예수님의 말씀을 알고 있는 바울은 동일한 내용을 이렇게 표현하고 있습니다.

> "내가 사람의 방언과 천사의 말을 할지라도 사랑이 없으면 소리나는 구리와 울리는 꽹과리가 되고 내가 예언하는 능력이 있어 모든 비밀과 모든 지식을 알고 또 산을 옮길 만한 모든 믿음이 있을지라도 사랑이 없으면 내가 아무 것도 아니요 내가 내게 있는 모든 것으로 구제하고 또 내 몸을 불사르게 내줄지라도 사랑이 없으면 내게 아무 유익이 없느니라"(고전 13:1-3).

이 말씀은 너무도 잘 알려진 구절입니다. 앞에서 살펴본 것처럼 사랑은 자발성을 대표하는 말씀입니다. 그런 사랑이 배제되면 모든 것이 무익하게 된다는 것입니다. 대단히 섬뜩한 말씀입니다.

우리의 동기와 관련하여 하나님이 어떻게 이해하고 있는지를 바울은 이렇게 말하고 있습니다.

"각각 그 마음에 정한대로 할 것이요 인색함으로나 억지로 하지 말지니 하나님은 즐겨 내는 자를 사랑하시느니라"(고후 9:7).

순종을 하되 다른 것에 떠밀려서 억지로 했다든지, 인색한 마음으로 아슬아슬한 순종을 한 경우에는 하나님께 순종한 것이 아니라는 것입니다. 이는 우리가 하나님을 섬긴다고 착각하게 만들어 놓고서 하나님 앞에서는 아무것도 순종하지 않는 자가 되게 하는 사탄의 전략이라 할 수 있습니다. 예수님이 우리에게 본 보이신 것처럼 자발적인 마음으로 하나님의 뜻을 이룰 때에 하나님께 순종한 것입니다.

순종의 대가를 바라는 마음도 자발성을 해치는 방해물일 수밖에 없습니다. 하나님 자신 이외에 어떠한 것도 바라지 않는 것이 진정한 자발성을 유지하는 길입니다.

부부 사이에서 서로 사랑하지 않으면서 법적인 혼인관계 때문에 억지로 결혼생활을 한다면 얼마나 불행한 것입니까? 이런 경우를 우리는 비자발적 부부라고 부를 수 있을 것입니다. 그런데 문제는 그런 가정이 대단히 많다는 것입니다. 그런 아픈 가정들 중에 일부는 법적인 굴레까지 끊기 위해 이혼 서류에 도장을 찍습니다. 통계청의 통계에 잡힌 이혼 비율은 이런 비자발적 부부의 일부분을 겨우 말하고 있을 뿐입니다. 사랑하지 않으면서 그저 법적인 부부로 있는 비자발적 가정이 이혼 비율보다 훨씬 많다는 것입니다.

부부간의 관계뿐만 아니라 부모와 자녀간의 관계도 생각해 보십시오. 부모를 존경하지 않으면서도 부모자식 관계를 유지하는 자녀들이 대단히 많습니다. 자녀를 사랑하지 않으면서 그런 관계를 유지하는 부모들도 대단히 많습니다. 사랑과 존경이 없지만 혈통을 따라 이루어진 관계의 필연성 때문에 가족의 틀 안에 겨우 머물러 있습니다. 참으로 불행한 일입니다. 저는 지금 아내와 남편을 사랑하지 않을 바에야 헤어지는 것이 낫고, 부모를 존경하지 않고 자식을 사랑하지 않을 바에는 부모자식 간의 인연도 끊어야 한다고 주장하는 것이 아닙니다. 그런 불행한 부부와 가정이 많다는 것은 우리가 해야 할 일이 대단히 많다는 것입니다. 하나님께 사랑을 구하고 존경을 구해야 한다는 것을 힘주어 강조하고 있는 것입니다.

고멜과 결혼한 호세아

 이 말씀을 준비하는 중에 호세아 생각이 많이 났습니다. 저의 질문은 이런 것입니다. 하나님의 명령을 따라 호세아는 부정한 여인 고멜과 결혼을 했는데, '과연 고멜을 사랑한 결혼을 한 것일까?'라는 고민을 한 적이 있습니다. 아마 명령에 떠밀려서 억지로 결혼한 것처럼 보일 수도 있을 것입니다. 그러나 저는 호세아가 고멜을 사랑해서 결혼하게 되었다는 결론을 내렸습니다. 그 이유는 호세아와 고멜은 사랑의 하나님과 부정한 이스라엘 백성을 상징하고 있기 때문입니다. 선지자 호세아가 자기 뜻으로 부정한 여인과 결혼할 수는 없습니다. 고멜과의 결혼은 생각지도 않은 것입니다. 그러나 하나님은 그에게 그녀와의 결혼을 명하셨고 호세아는 수동적인 순종을 한 셈입니다. 그러나 순종의 자발적인 측면도 있다는 것을 부인할 수 없습니다. 호세아서를 자세히 읽어 보십시오. 하나님이 부정한 여인과 결혼하라 했는데도 호세아가 극구 반대하며 저항한 흔적이 없습니다. 명색이 선지자가 부정한 여인과 결혼을 할 수 있겠냐며 적법하게 따졌을 법도 한데 그런 기록이 없습니다. 망설임도 없이 순종하였습니다.

 이와 관련하여 학자들 중에는 아마 고멜의 미모가 빼어났을 것이라고 추측하는 사람들도 있습니다. 그래서 호세아가 기다렸다는 듯이 순종할 수 있었다는 것입니다. 그러나 고멜의 외모에 대해서는 알려진 바가 없습니다. 그것이 결혼의 중요한 이유로 작용했다면 지나가는 말로라도 언급했을 것입니다. 그러나 성경은 이에 대해서 침묵하고 있습니다. 오히려 '부정한 여인'이란 사실을 부각시켜 말하고 있습니다. 이는 호세아와 고멜이 하나님의 명령 없이는 결코 이루어질 수 없는 부부임을 암시하고 있습니다. 그러나 그럼에도 호세아가 신적인 명령의 강제성에 떠밀려서 억지로 결혼한 것은 아니라는 것입니다. 도저히 사랑할 수 없었지만 하나님이 명령과 함께 그에게 주신 사랑의 감동으로 사랑할 수 있었을 것이라고 저는 믿습니다. 호세아 3장 1절을 보면, 하나님이 호세아를 향하여 이렇게 말합니다.

"여호와께서 내게 이르시되 이스라엘 자손이 다른 신을 섬기고 건포도 과자를 즐길지라도 여호와가 그들을 사랑하나니 너는 또 가서 타인의 사랑을 받아 음녀가 된 그 여자를 사랑하라 하시기로"(호 3:1).

이 말씀을 따라 호세아는 사랑의 마음을 가지고 자발적인 순종을 했다고 해석할 수 있습니다. 하나님이 부정하고 음란한 이스라엘 백성을 사랑하신다는 그 사실이 호세아를 감동시켜 음부가 된 고멜도 사랑할 수 있었다는 것입니다. 호세아는 하나님을 사랑했기 때문에 자발적인 마음으로 하나님의 터무니 없어 보이는 명령에 대해서도 순종할 수 있었던 것입니다. 그래서 저는 호세아가 고멜과 결혼한 것을 자발적인 순종이며 이는 그리스도 예수가 죄로 부정해진 우리의 신랑이 되시는 표징이 될 수 있다고 믿습니다.

요나의 순종

요나의 경우는 조금 다릅니다. 예수님은 자신의 죽음과 관련하여 요나 이야기를 하신 적이 있습니다. 요나가 삼일 동안 물고기의 배에 들어간 것처럼 예수님도 음부에 내려 가셨습니다. 요나가 결국 니느웨 사람에게 회개를 선포하여 수십만의 백성들이 하나님께 돌아오게 된 것처럼 예수님도 하나님 나라를 선포하며 복음을 증거하여 헤아릴 수 없는 수의 백성들이 하나님께 돌아오게 된 것을 비교하며 말씀하신 것입니다. 하지만 요나의 순종이 마음으로 기뻐하는 자발적 순종은 아니라는 점에 차이가 있습니다.

그는 니느웨 백성들이 회개하고 돌이키자 은혜롭고 자비롭고 노하기를 원치 않으시고 인애가 크신 하나님이 뜻을 돌이켜 재앙을 내리지 않자 이를 싫어하며 급기야 이런 분노까지 했습니다. '사는 것보다 죽는 것이 내게 낫습니다.' 죽여 달라는 말입니다. 그도 그럴 것이 이스라엘 북왕국을 멸망시킨 숙적 앗수르의 수도 니느웨에 가서 회개를 선포하라는 하나님의 명령에 마음이 내켰을 리가 없었을 것입니다. 요나서의 마지막은 하나님이 요나를 설득하는 장면으로 끝날 뿐 이후 요나의 반응이 기록되어 있지 않습니다. 그런 상황에 처한 우리 각자가 반응할 수 있도록 여백을 남기신 것 같습니다. 하지만 요나가 돌이킨 여부를 떠나 그는 결코 자발적인 순종을 한 선지자가 아니라는 사실은 분명한 것 같습니다.

자유인이 되라

저는 호세아와 요나를 보면서 우리를 부르신 하나님 앞에서 어떻게 순종해야 할지를 깊이 생각해 보았습니다. 저는 목회자로 부름을 받아 지금 학생들을 가르치며 목회를 하고 있습니다. 저는 이 길이 너무나 즐겁고 설렙니다. '이 기쁨과 설렘을 맛본다면 사람들이 모두 신학교로 가려하지 않을까?'하는 걱정이 될 정도로 이 길이 너무나 좋습니다. 그런데 저의 경우와 반대로, 피하고 피하다가 결국 돌이킬 수 없어서 한 대 맞고 코가 꿰어서 이 길을 가게 되었다고 말하는 목회자가 적지 않습니다.

자발적인 마음이 아니라 수동적인 마음으로, 억지로 하거나 의

무감과 강제성에 떠밀려서 행하는 모든 일은 우리로 하여금 종이 되게 하는 것입니다. 설사 종의 신분을 가졌다 할지라도 기쁘고 즐겁게 자발적인 마음으로 종의 직무를 행한다면 그는 종이 아니라 자유인이 되는 것입니다. 말씀을 볼 때에 억지로 보는 사람들도 있습니다. 성경공부를 하자고 하면 억지로 나오는 이들도 있습니다. 교회청소를 할 때에도 억지로 나오시는 이들이 있습니다. '나오는 것만도 다행이야.' 이렇게 자조하며 떠밀린 순종의 상대적 우수성을 두둔하는 경우도 있습니다. 주일예배 드리자면 억지로 예배당에 앉아 계시는 분들이 계실 것입니다. 그러나 이제는 종이 되지 마십시오. 아무런 유익이 없습니다. 하나님이 기뻐 받으시는 것도 아니지만 나 자신에게 스스로 종의 굴레를 씌우는 일입니다. 차든지 더웁든지 하는 게 낫습니다.

가정에서 부부간의 관계, 부모와 자녀와의 관계, 직장에서 상전과 동료와 아래 사람과의 관계에서 자발적인 사랑의 마음으로 생각하고 행하여서 자유인이 되시기를 바랍니다. 예수님은 우리에게 믿음의 주요 우리를 온전케 하시는 분입니다. 예수님을 깊이 생각해 보십시오. 그가 행하신 일들도 묵상해야 되겠지만 그렇게 이 땅에 인간의 몸으로 오시고 고난과 죽음을 당하시되 자발적인 마음으로 그 모든 일을 행하신 마음의 동기도 결코 놓치지 말아야 할 것입니다. 예수님의 자발적인 순종을 본받아 하나님 앞에서 착하고 충성된 종으로 발견되는 우리 모두가 되시기를 바랍니다.

하나님의 역설

자발성과 순종 사이에는 역설적인 어울림이 있다. 대체로 순종은 수동적인 혹은 강제적인 것이라고 생각하기 쉽다. 그러나 능동적인 혹은 자발적인 순종이 가능하다. 즉 마땅히 행하여야 할 주님의 명령과 우리가 너무도 즐거워서 기꺼이 행하는 즐김이 일치하면 된다. 예수님의 고난과 죽으심은 강제적인 순종인가 자발적인 순종인가? 만약 강제적인 것이라면 사랑일 수 없기에 예수님의 고난과 죽으심이 사랑이기 위해서는 자발적인 것이어야 한다. 강요된 사랑은 사랑이 아니기 때문이다. 물론 이 세상에 오셔서 죽으시는 것은 아버지의 뜻이었기 때문에 회피할 수는 없는 일이었다. 그럼에도 불구하고 불가피한 죽음을 자발적인 마음으로 당하셨다. 이러한 역설의 순종을 따라, 우리도 하나님의 뜻에 순종하는 것이 비록 필연적인 것이지만 자발적인 마음으로 순종하는 것이 가능하다.

12
서로 용서하라

서로 인자하게 하며 불쌍히 여기며 서로 용서하기를 하나님이 그리스도 안에서
너희를 용서하심과 같이 하라

에베소서 4:32

사도 바울은 에베소 교회를 향해 하나님의 원대한 계획과 행하신 일과 베푸신 은혜의 복음을 에베소서 1장에서 3장까지 언급하고 있습니다. 그러면서 에베소서 4장부터 6장까지는 그런 복음에 합당한 삶, 즉 하나님의 자녀들이 된 우리들이 이 세상에서 어떻게 살아야 하는지를 상세하게 설명하고 있습니다. 하나님의 원대한 우주적 계획은 에베소서 1장 10절에 나와 있는 것처럼 '하늘에 있는 것이나 땅에 있는 것이 다 그리스도 안에서 통일되게 하는 것'에 있습니다. 이는 하나님 나라의 완성된 모습을 잘 묘사해 주고 있습

니다. 이런 원대한 계획을 이루시기 위해 하나님은 모든 일을 그 마음의 원대로 역사하는 분입니다. 이런 관점에서 모든 만물과 역사는 그 계획을 향하여 수렴되어 가는 과정이라 할 수 있습니다.

교회란

그러나 특이한 것은 하나님이 그 계획을 이루시되 모든 사람들 중에서 몇 사람을 택하시는 방법으로 하신다는 것입니다. 하나님의 아브라함 선택이 가장 대표적인 것입니다. 이 원리에 따라 예수님이 오신 이후로 교회가 독특한 모습으로 세워진 것입니다. 물론 교회는 창세부터 지금까지 계속 존재해 왔지만 이스라엘 민족의 국가교회 형태를 벗어난 본질적인 교회의 모습이 갖추어진 때는 예수님 이후라고 볼 수 있습니다. 교회는 독특한 기능을 가지고 있습니다. 즉 완성된 하나님의 나라와 여전히 불완전한 세상을 이어주는 가교 역할을 한다는 것입니다. 교회는 완성된 하나님의 나라에서 살아가는 삶을 맛보여 주는 곳입니다. 교회는 천국의 모상이며 삼위일체 하나님의 완전한 사랑과 완전한 통일성을 맛 보여 주는 유일한 곳입니다.

말씀에 근거해보면 하나님의 완성된 나라는 하늘에 있는 것과 땅에 있는 것이 그리스도 안에서 통일된 형태를 취할 것입니다. 이와 유사하게 교회에는 주님이 머리로 계시면서 성령이 거하시는 하나님의 전이지만 동시에 세상의 요소들이 인간의 죄악된 본성과 함께 머물러 있습니다. 거짓도 있고, 음란도 있고, 정욕도 있고, 명예욕도 있고, 재물욕도 있고, 폭력과 살인도 있습니다. 세상의 모든 것들이 가시적인 교회에도 있습니다.

사랑과 용서의 방법 외엔 없다

그럼 교회 안에서 하나님의 완성된 나라를 어떻게 보여줄 수 있을까요? 그 방법이 궁금하지 않을 수 없습니다. 교회가 하나님의 완성된 나라에서 사는 삶의 맛을 보여주지 못한다면 세상은 하나님의 존재와 하나님의 나라를 알지도 못하고 경험할 수도 없게 될 것입니다.

완성된 하나님의 나라에서 누리는 삶의 질을 맛 보여주는 방법은 사랑 뿐입니다. 사랑의 가장 본질적인 형태는 그리스도 예수의 십자가를 통해 확증된 아버지 하나님의 사랑을 보면 정확하게 확인할 수 있습니다. 즉 사랑은 용서하는 것입니다. 죄와 악독과 불의와 거짓과 음란과 폭력과 배신과 정죄의 속성을 가진 불완전한 사람들이 모인 교회에서 하늘과 땅이 통일되는 하나됨을 보여주는 방법은 용서밖에 없습니다. 그러나 많은 사람들은 용서라는 방법을 선택하지 않습니다. 용서 외에 문제를 해결하는 다른 방법은 하나밖에 없습니다. 용서하지 않는 것입니다. 용서하지 않을 때에 나타나는 다양한 형태들이 있습니다.

총기를 난사하여 많은 사람들을 죽인 사병이 있었습니다. 홧김에 한 사람을 죽인 것이 아닙니다. 내부반, 식당, 목욕탕에 가서 대단히 많은 사병들을 계획적으로 죽였습니다. 이 끔찍한 사건으로 인하여 온 나라가 비탄에 빠졌습니다. 그런데 잔혹한 학살의 이유는 의외였습니다. 한 고참이 자기를 괴롭혔기 때문이라 하였습니다. 그 고참을 용서하지 못한 분노의 마음으로 그렇게 비극적인 일을 저지른 것입니다. 한 젊은이의 용서하지 못한 행위로 인하여 자신 뿐만 아니라 가족과 온 사회를 슬픔으로 몰아간 것입니다.

그리고 여자 대학에 들어가 총기를 난사하여 여러 명을 죽인 사람이 있었습니다. 범인의 이유는 간단했습니다. 연애를 하다가 여자 친구에게 배신을 당한 것입니다. 그래서 여자 대학에 들어가 보이는 여자들을 마구 죽였다는 것입니다. 결혼과 교회와 사회와 국가를 파괴하는 무섭고 끔찍한 결과를 초래하는 원인이 바로 용서하지 못한 분노의 마음입니다. 어떻게 이런 마음을 치료할 수 있을까요? 용서의 마음은 어떻게 가질 수 있을까요?

미움과 여려가지 모습들

존 뉴턴은 잔인한 노예상이었습니다. 흑인들은 영혼이 없다고 생각했던 사람이었습니다. 그러나 어느날 존 뉴턴은 그들과 소통하는 중에 영혼이 있다는 것을 발견하게 되었습니다. 영국 사람인 자기보다 더 깊은 정과 사랑과 가정이 있다는 사실을 깨달았습니다. 그 이후 자기가 얼마나 감당할 수 없는 죄를 지었는지 깨닫고서 술을 마시며 비탄에 빠집니다. 자기가 판 노예가 얼마나 많은지 모릅니다. 어느 날 십자가 앞에 서게 되었습니다. 자신의 측량할 수 없이 무거운 죄를 주님께서 죽음의 십자가로 용서해 주셨다는 사실을 깨닫고, 나 같은 죄인 살리신 주님의 은혜를 곡조로 만들어 찬양하게 되었습니다. 그는 평생 그 찬양을 부르며 하나님의 놀라운 은혜에 감격하는 삶을 살았습니다.

사랑하지 않으면 미워하는 것입니다. 용서하지 않으면 사랑하지 않는 것입니다. 세상에는, 아니 교회에는, 아니 가정에도 내가 좋아하는 사람들만 있는 것이 아닙니다. 심지어 부부관계 속에서도 서로에게 아픔과 고통을 줄 수 있습니다. 나에게 상처를 주고 내 마음에 안들고 내 편을 들어주지 않고 나에 대해서 험담하고 비판하는 사람들에 대해서 우리는 어떻게 해야 하는 것일까요? 우리는 내가 편하고 좋아하는 방식대로 살아가는 사람들이 아닙니다.

하나님의 자녀라는 것, 하나님의 백성이 되었다는 것은 하나님이 원하시는 뜻을 추구하며 하나님이 주신 원리와 방법을 가지고 살아가는 사람이 되었다는 것입니다. 그렇게 함으로써 우리는 하나님 나라의 질적으로 차원이 다른 삶의 맛을 보여주는 것입니다.

그러나 그렇게 살아가는 것이 결코 쉽지 않습니다. 저도 말씀을 준비하며 자신을 깊이 그리고 정직하게 돌이켜 보았습니다. 사실 미워하는 사람들이 거의 없습니다. 그런데 은근히 거리를 두는 사람들이 있습니다. 특별히 미워하는 것도, 험담하는 것도, 관계성이 깨어진 것도 아닙니다. 그냥 그렇게 은근히 거리를 두게 되는 분이 있습니다. 그런데 말씀을 준비하는 중에 그게 올바르지 않는 것임을 깨닫게 되었습니다.

우리는 우리에게 어려움을 주고 불쾌함을 주고 거부감을 주고 분노를 일으키는 사람들에 대한 우리의 반응은 칼로 찌르거나 주먹을 쓰는 그런 노골적인 마음을 드러내지 않고도, 얼마든지 그에 준하는 미워하는 마음을 표현하며 삽니다. 타인의 눈에 들키지도 않고 사회적인 제재를 당하지도 않고 나아가 나 자신의 양심에도 별 가책을 느끼지 못하는 그런 은밀한 방법을 무의식 중에 찾습니다. 그것은 그런 상대방을 무시하는 것입니다. 물리적인 방법으로 칼을 휘두르고 주먹을 사용하는 것은 그 상대방의 존재를 세상에서 지우려는 의지가 반영된 것입니다. 그런데 그런 의지는 그대로 있으면서 방법만 바꾸는 것이 바로 미워하는 것입니다. 그를 용서하지 않는 것입니다.

　예수님은 율법의 본질을 설명하실 때에 용서하지 않고 미워하는 것은 살인과 같다고 했습니다. 우리는 사람을 미워하면 그 사람이 있든지 없든지 그와 상종하지 않으려는 경향을 갖습니다. 무시하고 지나가는 것입니다. 평소에 서로 친하게 인사하던 사람이 눈앞으로 지나가도 아무런 반응을 하지 않습니다. 이는 그 사람의 존재를 세상에서 그런 방식으로 지우는 것입니다. 미움이 마음의 상태로 머물러 있는 것과 그것이 밖으로 표출되어 물리적인 미움의 형태로서 살인이 일어나는 것은 마음의 동기를 살피시는 하나님의 눈으로 볼 때에는 동일한 것입니다. 그러나 나에게 상처를 준 사람에게 겉으로는 웃으면서 좋은 일을 해 줄 수도 있을 것입니다. 그러나 마음은 여전히 미움이 있다면 가장 은밀하게 보복하는 것입니다. 즉 우리의 용서하지 않고 미워하는 마음이 들키지 않을수록, 양심의 가책까지 피해갈 수 있을수록 더욱 은밀한 복수를 가하는 셈이 될 것입니다.

예수께서 우리를 용서하심 같이

문제의 핵심은 우리가 용서하는 마음을 가지지 않으면 어떤 방법으로 교묘하게 피해도 방법이란 결국 수단에 불과한 것이고 마음의 어떠함을 따라서 하나님의 평가를 받게 된다는 것입니다. 그러나 그런 사실을 알더라도 용서는 대단히 어려운 것입니다. C. S. Lewis는 이런 말을 했습니다. '용서는 참으로 아름다운 단어이다. 다만 내가 누군가를 용서하기 전까지만.' 용서는 그냥 잊거나 무시하고 지나가는 것이 아닙니다. 용서는 내가 죽는 것입니다. 이것이 본문이 말하고 있는 메시지의 핵심이라 할 수 있습니다. 즉 예수님이 우리를 용서하심 같이 용서할 때에 진정한 용서라는 것입니다. 예수님의 용서와 다른 것은 어떤 것도 진정한 의미에서 용서가 될 수 없다는 말입니다.

예수님의 용서는 자신의 생명을 희생하는 용서이며, 자신에게 침을 뱉고 뺨을 때리고 창으로 찌르고 채찍을 휘두르는 자들에 대하여 그들의 죄를 짊어지고 가는 용서인 것입니다. 죄가 없기 때문에 요한의 물세례를 받을 필요가 없지만 자기 백성의 죄를 마치 자기가 지은 죄인 것처럼 다 짊어지고 세례를 받으신 것입니다. 예수님의 용서는 타인의 죄를 나의 죄로 여기는 것입니다. 진정한 용서는 상대방이 나에게 상처와 손해와 피해와 아픔을 주었을 때에 그가 저지른 죄악을 나의 것인 것처럼 여기며 내가 그 죄를 짊어지는 것입니다.

제 딸이 기도할 때에 이런 기도를 가끔 드립니다. '오빠들이 싸우지 않게 해 주세요. 제가 잘못 했어요.' 아빠가 묻습니다. '네가 잘못한 게 아닌데 왜 그렇게 기도해?' '몰라, 그냥.' 저의 딸이 비록 신앙이 깊지는 않지만 저는 딸의 기도를 들으며 진정한 용서와 사랑이 무엇인지 그 중요한 단서를 잡을 수 있었습니다. 사실 목회자는 그가 섬기는 성도들의 잘못을 붙들고 늘 기도를 드립니다. 그러나 '저 집사님이 또 잘못을 저질러서 용서를 구합니다. 주님, 저분이 원래 저런 경향을 가지고 있으니까 이해해 주세요. 저렇게 말썽을 부리니까 제 심기도 얼마나 불편한지 모릅니다. 그러나 어쩌겠습니까? 그래도 용서해 주어야 하지 않을까요?' 이렇게 기도하는 목회자는 없을 것입니다. 목회자라 한다면, 성도들의 죄를 보면서, 가슴을 찢으며 마치 자기가 지은 죄처럼 회개하고 통회하고 자복하며 하나님의 은혜와 긍휼을 구할 것입니다. 히브리서 13장 17절도 이렇게 말합니다.

> "너희를 인도하는 자들에게 순종하고 복종하라 그들은 너희 영혼을 위하여 경성하기를 자신들이 청산할 자인 것 같이 하느니라"(히 13:17).

목회자를 비롯한 교회의 리더들은 성도들의 영혼에 대해서 하나님이 책임을 물을 자라는 것입니다. 이는 에스겔에 나오는 파수꾼의 사명과도 그 맥락이 같습니다. 즉 사람들의 피 값을 파수꾼에게 찾는다는 것입니다.

우리가 진정한 용서를 하기 위해서는 예수님의 용서를 맛보지 않으면 안됩니다. 예수님의 용서를 경험하고 아는 사람만이 다른 사람들을 용서해 줄 수 있습니다. '내가 너희를 용서한 것처럼 너희도 서로 용서하라.' 우리는 예수님의 용서를 받은 자입니다. 그 용서의 분량은 측량할 수 없습니다. 일만 달란트의 빚으로도 다 설명할 수 없습니다. 일흔 번에 일곱 번을 용서하더라도 예수님의 용서를 측량한 것은 아닙니다. 예수님의 용서는 예수님의 생명을 죽음에 내어주는 그 만큼의 무게를 가진 것입니다. 땅에서는 그 어떤 것으로도 그 무게를 달아볼 수 없습니다. 우리는 그런 용서를 아무런 공로도 없이 그냥 받은 것입니다. 우리도 예수님이 우리를 용서하신 것처럼 다른 모든 사람들을 용서해야 할 것입니다.

친절은 화평을 이룬다

본문에는 용서와 관련하여 중요한 개념 두 가지가 언급되고 있습니다. 이 부분을 잘 설명하신 열린교회 김남준 목사님의 생각을 요약하면 다음과 같습니다. "인자하게 하며"(크레스토스). 이 말은 '친절하다'는 뜻입니다. 이것은 '크라오마이'라는 단어에서 온 것인데, 이 뜻은 '사용하다, 써 먹다, 이용하다'는 것입니다. 이 단어의 의미는 이렇게 이해할 수 있습니다. 즉 다른 사람들이 나를 이용할 때에도 친절해야 한다는 것이며, 동시에 다른 사람들이 '이 사람은 이용해도 된다, 신세를 져도 된다'고 생각할 정도로 늘 그런 차원까지 친절의 향기가 풍기도록 하는 사람이 되어야 한다는 것입니다. 자기의 것에 손해를 보려고 하는 사람들은 아무도 없을 것입니다. 그러나 타인을 용서하는 것은 나를 이용하고 내 것을 빼앗아 가는 그러한 것까지도 친절하게 대할 수 있는 수준으로 우리의 마음을 다스리는 것을 뜻합니다. "차라리 불의를 당하는 것이 낫지 아니하며 차라리 속는 것이 낫지 아니하냐"(고전 6:7)라는 말씀처럼 불의와 속음을 당하는 인자함의 소유자가 되십시오.

그리스도인의 삶은 강물처럼 흘러가는 나그네의 삶입니다. 강물이 흙에 빼앗기면 그 흙에서 싹이 나고 나무가 자라고 풀이 돋아나고 결국 나무에는 곤충과 새들이 모여들고 들짐승이 휴식하여 생태계가 그런 방식으로 유지되는 것입니다. 빼앗기지 않고는 그런 일이 일어날 수 없습니다. 어떤 가정이든, 어떤 사회이든, 어떤 직장이든, 어떤 교회이든 은혜롭게 잘 지내고 유지되고 발전하는 것은 누군가가 많이 빼앗기는 사람이 있기 때문에 가능한 것입니다. 우리가 하나님과 화목하게 된 것도 그냥 우연히 일어난 일이 아닙니다. 주님께서 당신의 생명까지 빼앗겼기 때문에 하나님과 우리는 화목의 관계로 들어갈 수 있었던 것입니다.

주님은 아마도 가장 철저하게 이용을 당하신 분일 것입니다. 그럼에도 주님은 묵묵히 고난을 당하시고 찔림과 상함을 입으셨습니다. 그가 피를 흘리시고 생명까지 내어 주셨기 때문에 우리에게 생명이 주어진 것입니다. 화평이 가능해진 것입니다. 이처럼 우리가 남에게 이용을 당하고 빼앗기는 것은 역설적인 복이라 할 수 있습니다. 나의 명예를 빼앗고 나의 재물을 빼앗고 나의 기분과 감정을 상하게 하는 일들이 결국 역설적인 복으로 귀결될 것을 믿음으로 바라보고 우리는 그런 상황에 처한다 할지라도 분노에 빠지거나 미움에 사로잡혀 타인의 존재를 제거하는 일이 없어야 할 것입니다. 사랑으로 오히려 품어야 할 것입니다.

불쌍히 여김은 십자가의 사랑을 실천하는 것이다

"유스프랑크노이"(불쌍히 여기고). '유'는 좋다는 뜻이고, '스프랑크노이'는 '창자까지 흔들리다' 이런 뜻입니다. 마태복음 9장에 나오는 예수님이 무리들을 보시고 '민망히 여기시고'와 같은 뜻입니다. 이스라엘 사람들은 인간의 영혼의 좌소가 창자라는 생각을 했습니다. 창자가 흔들리는 일들에는 어떤 경우가 있습니까? 그런 경우는 대개 욕망에 흔들릴 때, 누군가를 미워할 때, 악을 행할 때, 지극히 좋은 일이 일어날 때일 것입니다. 본문에는 '유'라는 '좋은'이라는 수식어가 있기 때문에 상대방을 향하여 좋은 의미로 창자가 움직일 정도의 감동이 있어야 한다는 것입니다. 그 정로로 부드럽고 따뜻한 가슴을 가진다는 뜻입니다.

'인자하게 하며 불쌍히 여기는 마음'이 바로 타인을 용서하는 마음이라 할 수 있습니다. 그럼 우리는 어떻게 내가 가진 모든 것, 심지어 목숨까지 빼앗겨도 친절할 수 있을까요? 어떻게 나에게 상처와 고통을 준 사람에게 창자가 흔들리는 감동의 마음을 가질 수 있을까요? 우리 스스로의 힘으로는 불가능한 일입니다. 주님의 용서하신 사랑과 은혜로만 가능한 일입니다. 교회는 죄인들이 모인 곳입니다. 마음이 맞지 않습니다. 싸움과 다툼과 분쟁이 있습니다. 그러나 그럴 때마다 우리에게 요구되는 것은 우리가 십자가의 사랑과 용서를 체험하고 알아 창자까지 떨리는 감동으로 무장되지 않으면 안된다는 것입니다. 모든 것을 다 빼앗기신 예수님덕분에 우리가 평화와 안식을 누리는 것처럼, 교회 안에서는 서로에게 모든 것을 빼앗기되 생명까지 앗아가는 일들이 일어난다 할지라도 사랑으로 용서하여 그런 우리 각자를 통하여 주님의 용서하는 사랑이 땅끝까지 흘려 보내고 또 흘려 보내는 일들이 일어나야 할 것입니다. 세상은 그렇게 교회가 모든 것을 빼앗기고 다 내어주는 그런 용서의 사랑, 십자가의 사랑으로 말미암아 주님의 용서하는 사랑과 은혜로 창궐하게 될 것입니다. 그러나 그렇게 모든 것들을 내어준 자에게 주어지는 보상이 있습니다. 나의 생명은 빼앗길 수 있지만 그것 만큼은 결코 빼앗기지 않는 그 보상은 바로 하나님 자신입니다. 그분이 우리에게 지극히 큰 상급으로 주어진 바 된 이상 그 어떤 것에 의해서도 흔들리지 않을 것입니다. 하나님이 전부인 자에게는 생명을 빼앗긴다 할지라도 아무것도 빼앗기지 않은 것입니다.

주께서 우리를 용서하셨기 때문이다

"서로 용서하라." 왜 용서해야 하는 것입니까? 그게 다 우리를 위한 것입니다. 주기도문 중에 "우리가 우리에게 죄 지은 자를 사하여 준(과거) 것 같이 우리의 죄를 사하여 주옵시고(현재)"라는 구절이 있습니다. 우리가 진정으로 타인을 용서하면 그때 비로소 우리가 주님께로부터 받은 용서가 무엇인지 경험할 수 있다는 것입니다. 용서해 보지 않으면 받은 용서가 어떤 것인지를 알 수 없습니다. 참으로 놀라운 용서의 세계, 그 완전한 하나님의 나라에서 이루어질 삶을 맛보는 방법은 바로 타인을 용서해 주는 것입니다. 주님께서 우리를 용납하신 것처럼 우리도 서로 용납하며 자신의 모든 것을 내어주는 용서의 삶에서 승리하는 우리 모두가 되시기를 진심으로 바랍니다.

하나님의 역설

용서는 역설이다. 이는 용서가 보복과 사랑의 교체이며, 죽음과 생명의 교환이기 때문이다. 인간은 하나님께 죄를 범하였다. 그러나 하나님은 우리의 죄악에 대해 용서를 택하셨다. 그러나 막대한 대가가 요구되는 일이었다. 죄의 삯으로서 죽음의 대가를 지불해야 했다. 공의로운 사망은 주님께 역사하고 자비로운 생명은 우리에게 역사하는 것이 용서였다. 용서는 정의 안에서의 사랑이며 사랑 안에서의 정의이다. 이처럼 용서는 사랑과 정의가, 생명과 죽음이 입 맞추는 하나님의 역설이다. 주님은 우리에게 이러한 역설의 용서를 원하신다. 하나님의 무한한 용서의 생수를 공급하는 샘이기를 원하신다. 이를 위하여 모든 사람들을 모든 상황 속에서 용서할 것을 명하신다. 이는 용서의 역설이 우리의 삶이어야 한다는 이야기다.

13
까닭없는 신앙

사탄이 여호와께 대답하여 이르되 욥이 어찌 까닭 없이 하나님을 경외하리이까
욥기 1:9

욥은 순전하고 정직하여 하나님을 경외하며 악에서 떠난 자로서 동방에서 가장 의로운 자라고 성경은 기록하고 있습니다. 이러한 욥에게 재난이 닥친다는 것은 인간의 보편적인 사유가 마비되는 일이 아닐 수 없습니다. 실제로 욥 자신과 욥의 가정은 고난의 혹독한 태풍을 만나 너무나도 비참한 상황에 빠집니다. 스바 사람들의 잔인한 칼날에 종들은 죽고 소와 나귀는 약탈을 당합니다. 하늘에서 떨어진 하나님의 사나운 불길에 양들과 종들이 처참하게 죽습니다. 갈대아 사람들의 거친 손이 낙타를 탈취하고 그들의 차

가운 칼은 종들의 목숨을 끊습니다. 자녀들의 잔치상에 휘몰아친 대풍으로 집은 무너지고 자녀들은 지붕에 깔려 죽는 참변을 당합니다. 이토록 처참한 상황을 맞이한 욥은 겉옷을 찢고 땅에 엎드려 피눈물을 쏟습니다.

원인과 결과로 보는 고난의 이유

성경은 '의인이 영영히 요동치 않는다'(잠 10:30)고 하였고, '환난에서 구원을 얻으며'(잠 11:8), '하나님이 붙드시는 자'(시 37:17)라고 했는데 그런 하나님의 말씀과 다르게 왜 욥은 이렇게 끔찍하고 황당한 재난을 당한 것일까요? 그것도 하나님과 사람들의 칭찬과 존경이 자자했던 동방의 가장 의로운 자에게 말입니다. 이런 난제를 푸는 일반적인 견해들은 친구인 욥을 위로하기 위해 찾아온 친구들의 견해에서 "원인과 결과"라는 틀로 요약되고 있습니다.

엘리바스 경우에는 "네 경외함이 네 자랑이 아니냐 네 소망이 네 온전한 길이 아니냐 생각하여 보라 죄 없이 망한 자가 누구인가 정직한 자의 끊어짐이 어디 있는가"(욥 4:6-7)며 "사람은 고생을 위하여 났으니 불꽃이 위로 날아 가는 것 같으니라"(욥 5:7)고 말하면서 "나라면 하나님을 찾겠고 내 일을 하나님께 의탁하리라"(욥 5:8)고 말합니다. 고난은 인생의 운명이고 그러나 하나님을 경외하고 행위가 온전하면 괜찮을 것이라는 말입니다. 이에 대한 처방으로 하나님께 기도하는 것이 전부라고 말합니다. 나중에는 욥의 상황을 하나님의 책망과 심문으로 해석하며 그 이유에 대해서는 "네 악이 크지 아니하냐 네 죄악이 끝이 없느니라"(욥 22:5)는 판단을 내립니다.

소발은 엘리바스 견해의 뾰족한 바톤을 이어받아 "하나님께서 너로 하여금 너의 죄를 잊게 하여 주셨음을 알라"(욥 11:6)는 진단을 내립니다. 하늘보다 높고 음부보다 깊은 전능자의 오묘함은 결코 측량할 수 없음에도 불구하고 욥은 "하나님은 허망한 사람을 아시나니 악한 일은 상관하지 않으시는 듯하나 다 보시느니라 허망한 사람은 지각이 없나니 그의 출생함이 들나귀 새끼 같으니라"(욥 11:12)는 조소까지 날립니다. 심지어 욥이 당한 재난은 "악인이 이긴다는 자랑도 잠시요 경건하지 못한 자의 즐거움도 잠깐"(욥 20:5)임을 입증하는 것이며 그런 악인에 대하여는 "하늘이 그의 죄악을 드러낼 것이요 땅이 그를 대항하여 일어날 것인즉 그의 가산이 떠나가며 하나님의 진노의 날에 끌려가리라"(욥 20:27, 28)는 독설도 서슴지 않습니다.

빌닷은 "왕골이 진펄 아닌 데서 크게 자라겠으며 갈대가 물 없는 데서 크게 자라겠느냐"(욥 8:11)는 사실에 빗대어 '욥의 자녀들이 죽은 것은 하나님께 득죄한 결과라고 진단하고 가정의 형통을 원한다면 하나님께 부지런히 구하고 전능하신 이에게 빌고 마음이 청결하고 정직하면 된다'(욥 8:4-6)는 관점을 가지고 있습니다. 그리고 욥이 당한 재난은 불의한 자와 하나님을 알지 못하는 자의 처소에 임하는 것과 동일한 것이라고 말합니다(욥 18:21). 끝으로 빌닷은 욥의 의와 재난을 해석하되 하나님과 인간의 무한한 격차라는 관점을 취합니다.

> "그런즉 하나님 앞에서 사람이 어찌 의롭다 하며 여자에게서 난 자가 어찌 깨끗하다 하랴 보라 그의 눈에는 달이라도 빛을 발하지 못하고 별도 빛나지 못하거든 하물며 구더기 같은 사람, 벌레 같은 인생이랴"(욥 25:4-6).

인과율로 설명할 수 없는 고난의 이유

여러분은 욥기를 읽으면서 욥의 이야기를 어떻게 이해하고 있습니까? 우리는 어떤 사건을 이해할 때에 사태의 전말을 인간문맥 속에서 이해된 '원인과 결과' 즉 인과적인 틀에 맞추려는 경향이 있습니다. 어떤 결과가 있으면 반드시 원인이 있다는 사고는 결코 잘못된 것이 아닙니다. 그러나 모세가 기록한 것처럼 이 세상에는 우리에게 나타난 것도 있지만 오묘한 것도 있습니다(신 29:29). '원인과 결과'라는 도식으로 역사가 다 풀어지는 것은 아니라는 얘깁니다. '오묘한 것'의 대표적인 사례는 '세상의 창조'일 것입니다. 창조는 어떤 원인과 결과의 구도로 풀어내기 어려운 사건이고 주로 결과에서 원인을 추적하는 인지의 인간적인 방식으론 그 전말이 다 드러날 수 없도록 오묘한 것입니다. 빅뱅 이론이든 11차원 이론이든 세상의 근원을 벗기려는 인간의 어떠한 시도도 실패할 수밖에 없을 것입니다. 그 이유는 하나님이 세상을 창조하되 그 근원을 결과된 세상에서 발견되지 않도록 말씀의 방식으로 지으신 탓입니다. 히브리서 저자는 우리에게 세상이 말씀으로 지어진 근원을 믿음으로 안다는 신앙적인 인식론을 교훈하고 있습니다.

동시에 우리는 인간의 지각이 '원인과 결과'라는 틀을 이탈하면 아무것도 이해할 수 없고 설명할 수도 없다는 인간적인 한계를 인정하지 않으면 안됩니다. 사실 믿음의 인식론도 넓게 보면 인과율의 일종인 것입니다. 그러나 기억해야 할 것은 다양한 인과율들 안에서도 저마다 격이 다르다는 것입니다. 무엇보다 사람들의 지각과 바램에 근거한 인간적인 인과율과 하나님의 말씀에 근거한 성경적 인과율 사이의 구분과 선택이 중요함을 염두해 두면 좋을 것입니다. 본문은 우리에게 성경이 말하는 인과율의 전형적인 사례를 제공하고 있습니다.

욥기 1장에는 욥 자신도 알지 못하는 사태의 전말이 언급되고 있습니다. 먼저 욥의 고난에는 하나님의 주권 아래에서 사탄과 욥과 주변 환경들이 각자의 목적을 가지고 다양한 기능적 주체로 참여하고 있습니다. 여기서 중요한 것은 문제의 궁극적인 발단은 사탄이 아니라는 것입니다. 자세히 보시면 이야기가 사탄에게 "네가 내 종 욥을 주의하여 보았느냐 그와 같이 온전하고 정직하여 하나님을 경외하며 악에서 떠난 자는 세상에 없느니라"(욥 1:8)는 욥에 대한 하나님의 자랑에서 시작되고 있음을 확인할 수 있습니다. 이에 사탄은 '욥이 어찌 까닭 없이 하나님을 경외하고 있을까요?' 라는 의문을 던집니다. 대단히 예리한 질문을 던졌지만 여기서 사탄은 참소의 달인답게 타인을 고발하고 궁지에 내모는 자신의 까칠한 방식을 고스란히 노출하고 있습니다. 어떤 논리입니까? 제가 보기에 사탄의 전략과 스타일은 하나님의 사람들을 참소하되 하나님을 경외하고 악에서 떠나는 것에 어떤 조건이나 이유가 있다는 점을 물고 늘어지는 것입니다. 욥의 경우에 그 조건이나 이유는 욥을 땅의 기름진 소유물로 풍족하게 했다는 것입니다. 사탄이 공략하는 참소의 핵심은 바로 복과 여호와 경외가 거래라는 것입니다. 나아가 그 복을 제거하면 거래도 깨어지고 여호와 경외는 소멸되고 말 것이라는 주장을 펼칩니다.

이에 하나님은 욥의 모든 소유물을 사탄의 손에 붙입니다. 여기까지 이야기는 욥이나 친구들이 알지도 못하고 추적할 수도 없는 오묘한 일로 분류될 수 있습니다. 스바 사람들과 갈대아 사람들과 대풍과 하늘의 불은 욥이 당한 재난의 가까운 가시적 원흉이며 종들의 연이어진 보고는 욥의 상황을 파악하고 해석하는 객관적 자료인 셈입니다. 욥의 친구들은 이러한 자료를 신적인 섭리에 대한 자신들의 이해에 기초하여 사태의 재구성을 시도하고 하나님의 뜻과 섭리를 역추적해 욥에게 가르치며 권면과 훈계를 쏟아냅니다. 앞에서 말한 것처럼 권선징악, 선에는 보상을 악에는 형벌이란 도식에 기초하여 하나님의 속성도 말하고 섭리도 말하고 욥의 상황도 진맥하고 처방도 내립니다. 구구절절 무릎을 치며 어느 것 하나라도 거부할 수 없도록 맞는 소리로만 들립니다. 이는 친구들과 우리들의 사유가 크게 다르지 않고 그때나 지금이나 인간의 인식론은 변함이 없어서일 가능성이 높습니다.

하나님의 섭리로 이해되는 고난의 이유

욥이 당한 재난의 해법은 가까운 원인들을 제거하는 것에 있지 않습니다. 즉 스바 사람들을 박멸하고 갈대아 사람들의 진영을 불사르고 기상청의 일기예측 정확도를 높인다고 해결되는 문제가 아니라는 것이고 욥의 이야기가 그것에 초점을 두고 있지도 않다는 것입니다. 우리의 인간적인 눈에 걸리는 가시적인 원인의 배후로 소급하되 하나님을 아는 지식이 깊지 않고 하나님이 세상을 경영하는 섭리에 정통하지 않으면 해석학적 헛다리를 짚을 수밖에 없을 것이고 돌팔이 수준의 처방만을 노련하게 남발하고 말 것입니다. 욥의 재난은 하나님과 사탄 사이의 매머드급 경쟁과 싸움에 새우등 터지는 식의 신적인 전쟁의 희생물 이야기가 아닙니다. 주변에 정치적 무질서를 평정하고 경제적 복지를 회복해야 한다는 사회적인 정의구현 교훈담도 아닙니다. 욥기는 하나님의 속성과 우리들을 향한 하나님의 뜻과 여호와 경외의 진정한 의미와 세상을 다스리는 하나님의 섭리에 대한 것입니다. 1장에서 '욥이 누리던 복인 하나님이 주고자 하시는 진정한 복인가'를 물어야 할 것입니다. 저의 대답은 부정적일 수밖에 없습니다. 하나님이 주고자 하시는 복의 서곡일 수 있습니다. 42장의 복까지 이르러야 한다는 교훈이 욥 이야기에 담겨 있습니다. 욥에게 일어난 재앙은 하나님이 욥에게 주신 복 제거의 결과라는 것입니다.

재난을 당한 욥 당사자의 반응을 보십시오. 비록 겉옷을 찢고 머리털을 밀고 땅에 주저 앉았지만 놀랍게도 욥은 "욥이 일어나 겉옷을 찢고 머리털을 밀고 땅에 엎드려 예배하며 이르되 내가 모태에서 알몸으로 나왔사온즉 또한 알몸이 그리로 돌아가올지라 주신 이도 여호와시요 거두신 이도 여호와시오니 여호와의 이름이 찬송을 받으실지니이다"(욥 1:20-21)는 찬양을 올리며 "이 모든 일에 범죄하지 아니하고 하나님을 향하여 어리석게 원망하지 아니하니라"(욥 1:22)고 말합니다. 주변의 환경적인 복만이 아니라 자신의 뼈와 살까지 사탄의 손에 붙여져 정수리 끝에서 발바닥에 이르도록 악창이 나 재 가운데 뒹굴며 기와조각 가지고 몸을 긁어야 하는 상황 속에서도 욥은 '하나님을 저주하고 죽으라'(욥 2:9)는 아내의 어리석은 반응을 질타하며 "우리가 하나님께 복을 받았은즉 화도 받지 아니하겠느냐"(욥 2:10)며 이 모든 일에 입술로 범죄치 않습니다. 욥은 분명히 하나님이 재앙의 원인이 되신다는 사실을 알고서도 입술을 경건하게 지켰던 것입니다. 이후로 사탄은 등장하지 않습니다. 욥은 친구들과 대화하게 되었고 보다 혹독한 자기와의 싸움을 치루다가 자신의 신앙과 가치관과 삶 전반에 대대적인 변혁을 겪습니다. 바울의 말처럼 환난은 인내를 인내는, 연단을 연단은, 소망을 소망은 우리에게 주신 성령으로 말미암아 하나님의 사랑을 우리 마음에 부은바 되는 과정(롬 5:4-5)을 고스란히 겪은 것입니다.

예수님의 삶이 투영된 욥

성경은 우리에게 분명히 '하나님은 모든 것을 합력하여 선을 이루시는 분이라'(롬 8:28)고 말합니다. 물론 우리를 위하여 행하시고 주고자 하시는 선은 눈으로 보아도 보지 못하고 귀로 들어도 깨닫지 못하고 마음으로 생각해도 이해하지 못한다(고전 2:9)고 말합니다. 오직 성령께서 우리에게 알리시는 것이라고 말하면서 바울은 만세 전부터 감취었고 관원들도 알지 못했던 그리스도 예수의 신비에 대한 이야기를 꺼냅니다. 욥기에서 우리는 인간의 보편적인 상식과 이성이 마비되는 사태를 보면서 그리스도 예수를 향해 "이는 내 사랑하는 아들이요 내 기뻐하는 자라 하시니라"(마 3:17)고 하신 성부의 자랑을 읽습니다. 사탄의 도전으로 특별한 죄를 저지름도 없이 모든 것을 상실하게 된 욥에게서 죄가 전혀 없으시나 죽음의 십자가에 오르는 예수님이 보입니다. 이로 보건대 욥의 인생은 신약의 선명한 복음을 투영하는 구약의 전형적인 모형이 아닐 수 없습니다.

그리고 억울한 재난을 당한 욥의 개인적인 반응을 보십시오. '주신 이도 여호와요 취하신 이도 여호와며', '하나님께 복을 받았은즉 재앙도 받지 않겠냐'는 욥의 반응에서 우리는 모든 것들을 다 아시지만 '나의 원대로 마옵시고 아버지의 원대로 되기를 원한다'는 예수님의 최종적인 반응을 읽습니다. 욥의 이러한 반응도 하나님이 우리에게 주신 모든 약속들의 실체이신 그리스도 예수의 인격과 삶을 고스란히 보여주고 있습니다. 우리도 욥처럼 예수님을 보여 줄 수 있어야 합니다. 언제나 하나님을 유일한 증인으로 삼으시고 하나님의 영광만을 구하시며 늘 하나님께 반응하신 예수님을 보여 주기 위해 하나님을 처음과 내용과 나중으로 삼으시는 저와 여러분이 되시기를 바랍니다.

피조물 본연의 자리를 회복하라

욥이 자신의 고난을 결산하며 갑절의 축복으로 들어가는 지점에서 한 이야기를 자세히 보십시오. "무지한 말로 이치를 가리는 자가 누구니이까 나는 깨닫지도 못한 일을 말하였고 스스로 알 수도 없고 헤아리기도 어려운 일을 말하였나이다"(욥 42:3). 자신이 선하고 올바르고 참되다고 생각하며 했던 말들이 무지한 말이었고 이치를 가릴 뿐이었고 실상은 자기 자신이 알지도 못하고 스스로 헤아릴 수 없는 말이라고 했습니다. 이는 마치 아담과 하와가 선과 악을 아는 나무의 실과를 먹고 자신이 선악을 판단하는 주체와 기준이 되었던 그런 동일한 자신의 모습을 온전히 부인하는 상황이 전개되고 있는 듯합니다.

'나는 이치를 모릅니다. 나의 입술에서 출고되는 말들은 무지한 말입니다. 스스로 깨달을 수도 없는 일들을 말하였을 뿐입니다.' 이렇게 말하며 재를 뒤집어 쓰면서 회개하는 욥의 모습에서 우리는 진정한 경건을 목격할 수 있습니다. 정말 주님께서 주고자 하시는 하나님의 선물과 복이 어떤 것인지를 확인할 수 있습니다. 땅에서 주어지는 일시적인 복과 번영과는 차원이 다른 복, 즉 하나님 자신이 나에게 기준이 되시고 선악을 아는 주체가 되시고 그에게 묻고 그의 말씀에서 해답을 얻는 그런 피조물 본연의 자리를 회복하는 것이야말로 하나님께서 우리에게 주시고자 하시는 복이라는 사실입니다.

욥기의 대부분은 옳고 그름에 대한 논쟁으로 이루어져 있습니다. 비록 하나님의 평가를 따라 욥이 다른 친구들에 비해 정당한 말을 하였다고 할지라도 스스로 깨달을 수 없는 일들에 대해 내뱉은 무지한 말로 오히려 이치를 가리는 자의 상태에서 한 발짝도 벗어나지 못한 것입니다. 그런 철저한 자기부인 과정의 오랜 씨름 끝에 욥은 드디어 자신을 부인하게 됩니다. 하나님이 전부가 되는 놀라운 축복의 단계를 진입하게 됩니다. 욥은 하나님만이 신앙의 유일한 근거가 되는 본격적인 신앙 궤도에 드디어 오르게 된 것입니다.

하나님의 역설

신앙은 역설이다. 이는 신앙이 이 세상에 그 어떠한 것에 의해서도 촉발되지 않고 유지되지 않고 오직 하나님 때문에 하나님을 전적으로 신뢰하는 무전제의 태도이기 때문이다. 사람들은 자신에게 복이 주어지면 기뻐하고 재앙이 닥치면 슬퍼한다. 우리의 태도는 대체로 우리에게 발생한 일의 어떠함에 의존한다. 그러나 이러한 일반적인 방식과는 달리, 주님께서 원하시는 신앙은 독특하다. 무조건과 무전제와 무까닭의 신앙을 요구한다. 주님께서 우리에게 복을 주셨기 때문에 하나님을 신뢰하는 것도 아니고 우리에게 재앙을 주셨기 때문에 하나님에 대한 신뢰를 거두는 것도 아닌 태도를 요구한다. 신앙의 우연적인 근거들을 제거하고 제거하여 하나님 자신만이 유일한 근거가 되는 신앙이 바로 까닭없는 역설의 신앙이다.

14

바울의 상급

¹⁶내가 복음을 전할지라도 자랑할 것이 없음은 내가 부득불 할 일임이라 만일 복음을 전하지 아니하면 내게 화가 있을 것이로다 ¹⁷내가 내 자의로 이것을 행하면 상을 얻으려니와 내가 자의로 아니한다 할지라도 나는 사명을 받았노라 ¹⁸그런즉 내 상이 무엇이냐 내가 복음을 전할 때에 값없이 전하고 복음으로 말미암아 내게 있는 권리를 다 쓰지 아니하는 이것이로다

고린도전서 9:16-18

본문은 바울이 자신의 사도성을 부인하는 자들의 비판에 대한 변명의 일환으로 기록한 것입니다. 즉 바울은 자신의 사도성을 입장하는 문맥 속에서 이러하기 때문에 '내가 사도'라는 것을 입증하는 그 증거들을 본문에서 제시하고 있습니다.

대체로 사회에서 확인되는 문화의 일반적인 형태는 'Give And Take'라 할 수 있습니다. 이것은 책임과 권리라는 구조를 가지고 있습니다. 이는 내가 해야 할 도리를 다하면 그것에 따르는 권리를 얼마든지 정당하게 마음껏 누릴 수 있는 시스템을 말합니다. 열심

히 공부한 사람은 좋은 성적을 받고 잘 가르치는 자는 훌륭한 선생으로 존경을 받습니다. 성실하게 일한 사람은 부하게 되고 타인을 잘 도와주면 융숭한 접대를 받습니다. 이런 시스템을 나쁘다고 말하는 사람은 없습니다. 지극히 합당한 것입니다. 오늘 본문에서 바울은 그의 시대에도 모든 사람이 공감하는 이런 시스템의 몇 가지 사례를 열거하고 있습니다.

합당한 권리의 사례들

먼저 사람의 예를 따라서 말합니다. 고린도전서 9장 4절은 먹고 마시는 권리와 능력은 누구나 가지고 있다고 말합니다. 5절은 다른 사도들과 형제들과 베드로와 같이 아내를 데리고 다닐 권한도 있다고 말합니다. 바울도 건강한 남성이고 학식과 교양과 사회적인 지위까지 결혼에 대해 만반의 준비를 갖춘 분입니다. 결혼할 권리도 있습니다. 6절은 다른 사도들과 형제들과 같이 바나바와 바울도 일하지 않을 권리가 있다고 말합니다. 텐트 업계를 자신의 땀방울로 적시지 않아도 된다는 것입니다. 교회에서 사역하는 모든 목회자는 사례비로 생계를 유지할 수 있습니다. 7절에서 바울은 군인들이 군복무에 필요한 재정을 스스로 조달하지 않는다고 말합니다. 소총 사용료와, 세 끼 식비와, 내무반 숙박비와 유격훈련 및

혹한기 훈련 등록비를 내면서 군생활 하는 시스템은 세계 그 어느 나라의 군대에도 존재하지 않습니다. 국가를 위해 일하는 군인들의 필요를 국가가 채워주는 것은 합당하고 마땅한 것입니다. 노예들도 자비를 들여 주인을 섬기지 않습니다. 먹여주고 재워주고 입혀주는 기본적인 의식주는 주인이 해결해 주는 것입니다. 포도를 심은 자가 그 포도를 먹으며, 양떼를 기르는 자가 그 양떼의 젖을 먹는 것은 지극히 합당한 권리라고 말합니다.

그리고 바울은 고린도전서 9장 9절에서 구약의 율법도 이것을 인정하고 있다며 한 가지 사례를 제시하고 있습니다.

"곡식 떠는 소에게 망을 씌우지 말지니라"(신 25:4).

일하는 사람은 당연히 추수를 소망하는 것이며 추수한 곡식을 누리는 것은 지극히 정당한 것입니다. 이런 맥락에서 '우리가 너희에게 신령한 것을 뿌렸다면 너희 육신의 것을 거두는 것은 과하지 않다'(고전 9:11)고 말합니다. 바나바와 바울이 아마 사경회를 마치고 특별헌금 시간을 가지지 않았을까 싶습니다. 이렇게 영혼의 양식을 공급한 자에게 생의 필요를 채워주는 것은 성도들의 터무니없는 희생이나 손실이 아니라는 것입니다. 또한 하나님의 말씀을 연구하여 가르치고 성도들의 신앙을 돌아보는 목회자가 해당 교회에서 사례비를 받는 것은 결코 부당한 일이 아니라는 뜻으로 해석될 수도 있을 것입니다. 이것은 '성전에서 일하는 사람들이 성전에서 나오는 것을 먹고 살며 제단을 맡아 섬기는 사람들은 제단 제물을 나누어 가진다'(고전 9:13)는 구약의 규정과 일맥 상통하는 것입니다.

나아가 예수님의 말을 따라서 바울은 말합니다. 이런 사실은 "주께서도 복음 전하는 자들이 복음으로 말미암아 살리라고 명령하신 것"(고전 9:14)에서 다시 확인되고 있습니다.

복음 증거의 사명

여기서 반드시 기억해야 할 것이 있습니다. 즉 이상의 교훈들은 비록 일차적인 면에서 목회자를 타겟으로 삼았으나 모든 하나님의 자녀들을 겨냥하고 있다는 것입니다. 하나님의 사람들은 직분과 무관하게 마땅히 감당해야 할 책임이 있습니다. 즉 때를 얻든지 못 얻든지 온 천하에 다니며 만민에게 복음을 증거하는 것입니다. 그런 사명을 가진 하나님 자녀들의 생계는 모두 "복음 전하는 자들이 복음으로 말미암아 살리라"(고전 9:14)는 주님의 규정에 의존하고 있습니다. 예수님의 생애를 생각해 보십시오. "나의 양식은 나를 보내신 이의 뜻을 행하며 그의 일을 온전히 이루는 이것이니라"(요 4:34).

복음을 증거하는 것은 하나님의 자녀로 부름을 받은 우리 모두가 모든 지혜와 지식과 재능과 삶 전체를 통하여 온전히 행하며 온전히 이루어야 할 우리를 부르신 이의 뜻입니다. 그것이 바로 우리가 일평생 먹고 살아가야 할 양식인 것입니다. 하나님의 뜻을 먹는 것입니다. 그 뜻이 구체화된 명령을 먹는 것입니다. 그분의 말씀을 먹는 것입니다. 하나님이 주시는 영의 양식은 믿음으로 먹습니다. 행하는 순종으로 먹습니다. 영의 양식을 섭취함에 있어서는 성속(成俗)의 구분이 없습니다. 먹든지 마시든지 제한이 없습니다. 이처럼 하나님의 나라와 의를 구하면 다른 모든 생의 필요들은 더하여 주시는 결과라고 했습니다(마 6:33). 우리는 그렇게 복음으로 말미암아 살아가는 것입니다. 여기에는 직분의 구분이 없습니다. 당연히 이런 생의 원리는 목회자나, 장로나, 집사나, 교사나 어떤 직분에만 협소하게 적용될 수 없습니다. 모든 믿음의 사람에게 해당되는 것입니다. 바울은 '복음 전하는 자들이 복음으로 말미암아 살리라'(고전 9;14)는 것은 주님이 규정하여 명하신 것이라고 했습니다. 다른 방식으로 생계를 유지할 수도 있을 것이지만, 우리가 이처럼 삶의 방식과 관련된 주님의 명하신 규례를 지켜 행함으로 생계를 유지할 수 있기를 진심으로 원합니다.

사실 바울이 본문에서 강조하는 핵심은 주님께서 분명한 어조로 표명한 복음 전도자의 정당한 생활 규정에 대한 것이 아닙니다. 책임과 권리, 즉 복음 전하는 자는 복음으로 말미암아 살리라는 원리는 사람들의 상식이 수긍하고, 구약의 율법에 분명히 기록되어 있으며, 주님께서 친히 승인하신 것임에도 불구하고 바울은 거기에 딴지를 거는 듯한 인상을 남깁니다. 즉 그런 원리에 충실한 것이 삶의 궁극적인 원리는 아니라는 것입니다. 비록 아무도 주님께서 친히 명하시고 율법에도 뚜렷하게 명시된 삶의 그러한 원리를 악의로 뒤흔들 수는 없다지만, 그렇다고 그것을 최종적인 원리로 삼아 살아가는 것은 성도의 생이 따라야 할 최상의 원리는 아니라는 것입니다.

부득불 할 일

'복음 전하는 자는 복음으로 말미암아 살리라'(고전 9:4)는 주님의 규정으로 대표되는 생의 보편적인 원리에 바울이 목청을 높이는 이유는 누구도 부인할 수 없는 그 합당한 원리가 하나의 배경이 되어 산출되는 가치가 얼마나 높고 심오한 것인지를 강조하기 위한 것입니다. 자연과 기적을 생각해 보십시오. 자연은 우리에게 뼈

속까지 익숙하고 구석구석 너무나도 당연한 것입니다. 그런데 그런 자연의 경이와 신비는 과학이 발전하는 것과 비례하여 더 깊어지고 있습니다. '혼돈'으로 표현될 수밖에 없는 미지의 세계가 얼마나 광대한지, 자연이 얼마나 소중한 것인지, 인간이 임의로 통제할 수 있는 자연의 범위가 얼마나 제한되어 있는지를 과학은 강한 설득력을 가지고 확인시켜 주고 있습니다. 또한 과학은 자신의 의도와 무관하게 하나님이 행하신 일과 기적이 얼마나 심오하고 놀라운 것인지를, 그렇게도 소중한 자연이 어떻게 하나님이 진정 주고자 하시는 선물의 서곡에 불과한 것인지를 비가역적 사실의 축적을 통해 보다 선명한 이해를 제공하고 있습니다. 자연에 대한 이런 이해가 배경이 될 때 하나님의 기적은 비로소 '기적'의 본래적인 의미를 가지게 되는 것입니다. 즉 기적은 '자연'이라 여겨지는 것이 얼마나 신비롭고 풍요롭고 향기롭고 자비로운 초자연적 은총이요 항구적인 기적인지 우리로 하여금 깨닫게 하려는 진정한 기적의 서곡일 뿐이라는 것입니다. 이와 유사하게 생의 원리에 있어서도 책임과 권리라는 구조가 얼마나 우리의 상식과 율법과 주님의 작정에 부합한 것인지를 깨달은 이후에 비로소 바울이 제시하는 보다 높은 차원의 삶의 방식이 그 본의를 드러낸다 할 수 있을 것입니다.

바울은 범인의 상식과 모세의 율법과 주님의 작정에 부합한 이 모든 권리들을 하나도 사용하지 않았다고 말합니다(고전 9:15). 복음 증거하는 것은 바울에게 "부득불 할 일임이라 만일 복음을 전하지 아니하면 내게 화있을 것"(고전 9:16)이라고 고백하고 있습니다. "부득불 할 일"이라는 것은 마땅해 하여야 할 일이라는 의미와 그 일을 하였다고 할지라도 자랑할 것도 생색낼 것도 일에 따르는 보상을 받을 것도 없다는 의미가 내포되어 있습니다. '나는 무익한 종이요 마땅히 하여야 할 일을 하였을 뿐이라'는 고백과 동일한 말입니다. 여기서 우리가 주목하고 싶은 것은 이 구절이 복음을 전하는 것 자체에 초점을 두고 있지 않습니다. 복음 증거하는 방법, 즉 'How'의 문제를 논하고 있다는 점입니다. 그래서 복음을 전한다 하더라도 자발적인 행위라면 상급을 받는다고 말합니다. 물론 그의 자발성에 대치된다 할지라도 복음 전하는 것은 그에게 위탁된 것임을 밝힙니다. 이처럼 바울은 자원하는 마음을 강조하고 있습니다. 연보를 하더라도 인색한 마음으로 행하면 교회를 바르게 세우는 일에 아무것도 하지 않은 셈이 된다는 방법론의 중요성도 같은 맥락이라 할 수 있습니다. 다른 일들처럼 연보도 우리의 마음이 벌거벗은 것처럼 드러나는 하나님 앞에서 행하는 일입니다. 하나님은 중심을 보십니다. 마음의 중심이 하나님을 의뢰하지 않으면 믿음의 행위는 모두 신앙과 무관한 형식에 불과한 것입니다. 주님은 이를 회칠한 무덤이라 했습니다. 복음을 증거함에 있어서도 주님은 마음의 자발성을 보십니다.

복음을 증거하는 자체가 상급이다

바울이 실천하고 제안하는 자발적인 복음전파 방식은 복음을 증거할 때에 자신의 권한을 다 사용하지 않는다는 것입니다. 즉 바울은 유대인의 호칭보다 사도나 성도라는 명칭이 적합한 분이지만 유대인에 대해서는 그들을 얻기 위하여 유대인과 같이 되기를 주저하지 않는다는 것입니다. 바울은 율법이 아니라 은혜 아래 거하여 모든 자들에 대하여 자유로운 자로 있지만 율법 아래 거하는 자들을 얻기 위하여 그들처럼 되는 것을 마다하지 않는다고 말합니다. 율법이 없는 자들에 대해서는 그들을 얻기 위하여 율법이 없는 자처럼 되기를 기꺼이 원합니다. 약한 자들에 대해서는 그들을 얻을 수만 있다면 그들처럼 되기를 주저하지 않습니다. 모든 사람들에 대하여 모든 사람처럼 된 것은 그 모든 방편을 동원하여 한 분이라도 구원할 수 있다면 자기에게 있는 정당한 권리 전체를 행사할 수 없다 할지라도 개의치 않았다는 것입니다. 복음을 전하기 위해서는 자신의 전부를 부인해도 되겠다는 말입니다.

주님의 이름을 위하여 그의 뜻과 나라를 구함에 있어서 '집이나 형제나 자매나 부모나 자식이나 전토를 버릴 수 있다'(마 19:29)는 말씀도 자신의 정당한 권리를 다 행사하지 않는다는 차원에서 이해될 수 있을 것입니다. 복음을 증거하기 위해서는 이처럼 자신의 권리를 다 사용할 수 없습니다. 복음 전파의 대상이 온 천하의 만민이라 한다면 그가 사용하지 않아야 할 권리는 헤아릴 수 없을 정도로 많을 것입니다. 바울은 큰 자입니다. 이방의 사도가 된다는 것은 자신의 권리를 지극히 작은 것 하나라도 챙길 수 없는 길인 줄 알면서도 복음 증거하는 것이 하나님께서 위탁하신 소명으로 여기며 일 평생 복음 전하는 길을 걸어간 사람입니다. 복음을 제대로 알면 그럴 수밖에 없습니다.

바울은 자신이 복음을 전파하기 때문에 상을 얻는다고 말하지 않습니다. 복음을 증거하되 방법에 있어서는 값없이 전하고 자신의 권한을 다 행사하지 않는다는 것이 그에게 주어지는 하나님의 상급이라 했습니다. 값없이 전하는 방식을 넘어 자신이 마땅히 누려야 할 권리까지 다 행사하지 않고 내려놓았던 것입니다. 여기서 우리는 바울이 그렇게 값없이 전하고 자신의 마땅하고 정당하게 행사할 수 있는 권한을 다 사용하지 않는 이유가 복음의 본질적인 속성 때문임을 확인할 수 있습니다. 내용과 방법은 이렇게 서로 결부되어 있습니다. 즉 하나님의 복음은 값없이 주어진 선물이요, 그래서 하나님의 은혜라는 것입니다.

우리에게 공로가 없으므로

'값없다'는 말은 두 가지로 해석할 수 있습니다. 첫 번째, 복음을 얻기 위해 아무런 대가를 지불하지 않았다는 뜻이고, 두 번째, 그것을 받기 위해 이 세상에 그 어떤 것도 대가로 지불할 수 없을 정도로 복음이 무한히 값진 것이라는 뜻입니다. 복음의 값은 너무 높아서 땅에 썩어 없어지는 것들을 다 동원한다 할지라도 인간은 결코 지불할 수 없습니다. 죄 때문에 이르게 될 사망에서 우리를 건져 하나님의 자녀가 되게 하여 영원한 생명을 얻게 하시는 하나님의 복음은 땅의 어떠한 것으로도 그 가치의 경중을 가늠할 수 없습니다. 복음의 값이란 그리스도 예수께서 그 대가로 지불될 정도의 가치를 말합니다(경제적인 표현으로 기회비용). 그리고 인간은 그 복음에 합당한 공로를 제공한 적도 없습니다. 그냥 주어진 것입니다. 그렇게 그냥 주어질 수밖에 없습니다.

그래서 복음은 값없이 주어지는 것입니다. 그런 값없는 복음을 전파하는 방법은 아무 대가를 추구하지 않고 모든 권한을 포기한 채 그것을 전하는 것입니다. 복음의 속성이 가장 복음답게 드러나는 방법은 값없이 전파하는 것입니다. 심지어 내가 누려야 할 마땅한 권리까지 포기하는 것입니다. 복음에 아무런 장애물도 생기지 않도록 어떠한 보상도 바라지 않는 것입니다. 그것이 복음에 합당한 삶입니다. 그래서 바울은 "복음 전하는 자들이 복음으로 말미암아 살리라"(고전 9:14)는 지극히 정당한 권한도 사용하지 않았던 것입니다.

하나님의 값없는 선물로서 복음은 특별한 계시로서 성경이 가장 명료하게 증거하고 있지만 역사와 만물도 결코 침묵한 적이 없습니다. 앞으로도 증언의 입술을 다물지 않을 것입니다. 선물은 구하지도 않았는데 주어진 것이며, 그 대가를 지불한 적도 없는데 받은 것을 말합니다. 그런데 이런 선물이 천지에 헤아릴 수 없이 많다는 것입니다. 주는 자가 보이지 않도록 주어지기 때문에 받은 것이라고 느끼지 못하는 생명과 만물과 호흡까지 바울은 하나님이 친히 주시는 것이라 고백하고 있습니다(행 17:25). 의식의 영역에서 헤아릴 수 없도록 많은데, 무의식의 영역으로 들어가면 그 수는 천문학적 차원으로 커집니다. 바울은 나타난 것이 보이는 것에서 비롯된 것이 아니라 보이지 않는 것에서 말미암은 것이라고 말합니다. 의식의 영역으로 나타난 모든 것들은 의식 이전의 단계에서 비롯된 것입니다.

부모에게 모든 것을 의존하고 있는 다른 혈액형을 가진 태아가 건강하게 잘 자라는 종족 번식의 과정도 신비로운 선물이 아닐 수 없습니다. 땅의 보이는 것들은 땅의 보이지 않는 것에서 비롯된 것이며, 그렇게 보이지 않는 땅의 원인들은 하늘의 보이지 않는 원인에서 비롯된 것입니다. 하나의 보이는 결과가 산출되기 위해서는 수많은 보이지 않는 원인들이 전제되지 않으면 안됩니다. 나타난 결과는 원인들의 빙산의 일각에 불과한 것입니다. 원인의 세계는 결과의 세계보다 훨씬 넓습니다.

이를 테면 '본다'는 현상은 그 수를 헤아릴 수 없이 많은 원인들의 정교한 조합이 만들어낸 결과라고 할 수 있습니다. 지극히 단순하고 당연하게 보이는 것들도 그 원인으로 조금만 소급해 들어가 보면 얼마나 심오하고 신비로운 무의식의 넓은 영역이 있는지 모릅니다. 그 영역에 있는 모든 원인들이 선물이란 사실을 우리는 쉽게 간과하는 경향이 있습니다. 결과적인 선물에 원인으로 선행하는 선물들이 얼마나 많은지 안다면 그는 복음의 비밀을 더욱 깊게 깨닫게 될 것입니다. 복음은 영원한 생명과 직결되어 있지만, 사실 이 땅에서 우리가 경험하는 모든 존재와 그 기능과 존재들 간의 관계성은 다 영생을 주신다는 복음에 대해 얼마나 다양하고 서로 유기적인 목소리를 내고 있는지 모릅니다. 만물과 역사 전체가 복음을 선포하고 있습니다. 비록 그 선물의 뚜렷한 실체는 모른다 할지라도 어떠한 선물일 것이라는 속성은 자연의 거룩한 혼돈과 신비가 이미 창조 이래로 중단하지 않고 증거해 왔다는 것입니다.

감사로 하나님을 드러내라

영생이든 다른 어떤 선물이든 하나님의 성품을 드러내지 않는 것은 하나도 없습니다. 선물의 궁극적인 목적은 주신 자를 아는 것입니다. 하나님을 아는 지식이 가장 고상한 것은 선물의 궁극적인 의미와 가치와도 연결되어 있다는 말입니다. 무의식의 영역에서 일어나는 선물들의 수를 인간은 한번도 제대로 헤아린 적이 없습니다. 과학이 건드리는 분야가 넓어지고 정밀함이 더할수록 그 수는 훨씬 크다는 것이 더욱 확인될 뿐입니다. 문제는 그런 선물에 대한 감사가 없다는 것입니다. 우리는 의식의 영역에서 주어지는 선물도 다 감사하지 않지만 무의식의 차원에서 주어지는 선물들은 더더욱 감사하지 않습니다. 이는 하나님을 모르는 무지의 소치라고 할 수 있습니다. 우리가 능히 헤아릴 수 없도록 많고 오묘하고 신비로운 선물을 주시는 하나님을 알지 못하면 무의식의 영역에서 주어지는 선물은 물론이고 의식의 영역에서 주어지는 선물에 대해서도 감사할 수 없는 것입니다. 하나님을 알지도 못하고 감사치도 않고 당연히 영화롭게 하지도 않습니다. 오히려 그 모든 것에 대한 불평과 원망과 불의와 거짓이란 역주행을 일삼고 있습니다.

하나님은 영생을 비롯하여 모든 것들을 값없이 주시는 분입니다. 우리가 그 사실을 안다면 우리도 우리에게 값없이 주어진 것들을 값없이 주는 자로 나아갈 수밖에 없습니다. 사실 주는 자가 복된 자입니다. 누구나 보다 큰 복을 원합니다. 주는 자보다 받는 자가 복되다는 사실에 반대하는 성도는 아무도 없습니다. 그러나 그럼에도 주는 자가 되려는 자는 많지 않습니다. 더군다나 주는 자가 되는 것이 받는 자가 되는 것보다 얼마나 더 복잡하고 어려운 일인지를 아는 사람은 더더욱 적습니다. 받는 자가 되고자 한다면 감사 이외에 요구되는 것이 없습니다. 그러나 주는 자가 되길 원한다면 대단히 깊어야 가능한 일입니다. 그는 받는 자의 양심을 먼저 생각하고 그의 성향을 이해해야 하며 그에게 정말 필요하고 유익한 것이 무엇인지 알고 그것을 주되 내가 주는 것이 아니라 하나님이 주시는 자요 나는 그 일을 수행하는 청지기에 불과한 자로 남도록 주어야 하기 때문에 어려운 것입니다.

행위보다 존재가 먼저다

주는 자가 된다는 것은 단순히 누구를 동정하고 적선하고 구제하는 행위를 연출하는 것이 아닙니다. '주는 자가 된다'는 것은 행위보다 존재가 선행하는 개념임을 강조하고 있습니다. '준다'고 해서 '주는 자'가 되는 것이 아니라 '주는 자'가 먼저 되어야 '준다'는 행위가 가능한 것입니다. '주는 자'가 아닌데도 주는 행위가 있을 때에 우리는 그것을 가식과 위선이라 부릅니다. 겉과 속이 다르다는 뜻입니다. 재력가가 된다거나 구제하는 단체의 왕성한 활동가가 된다고 저절로 '주는 자'가 되는 것은 아닙니다. 외모가 아니라 중심을 보시는 하나님 앞에서는 자기 몸을 불 사르게 내어 주는 자라 할지라도 아무것도 주지 않은 것입니다. 산을 옮기는 믿음이 있고 천사의 아름다운 말을 구사한다 할지라도 사랑이 없으면 아무것도 아니라는 것과 그 맥락이 같습니다. 하나님의 구제방식, 즉 왼손이 하는 것을 오른손이 모르게 하는 구제의 은밀함에 이르지 못하는 구제활동 주동자가 되는 것도 '주는 자'가 되는 보증은 아닙니다. 하나님의 십자가 사랑이 박동하는 심장의 소유자가 되지 못한다면, '주는 자'가 되는 것은 여전히 넘지 못할 산입니다.

오직 복음을 위하여

우리는 지극히 사소한 권리 하나라도 잃지 않으려고 악착같이 챙기고 누리려는 성향이 있습니다. 그러나 우리는 우리의 권리를 포기하는 훈련을 기뻐할 수 있어야 합니다. 그런 사람이 될 때 놀라운 것은 내 자랑으로 끝나지 않고 하나님의 이름이 증거되고 하나님께 영광이 된다는 것입니다. '하나님께 영광'이란 단어의 충만으로 결코 대체될 수 없습니다. 값없는 복음, 아무런 대가도 없이 모든 것을 주시는 분으로 계신 하나님을 증거하여 그를 영화롭게 하는 방법은 우리가 복음을 증거할 때에 아무런 대가나 보상을 기대하지 않는 것입니다. 정당한 권리이기 때문에 마땅히 취할 수 있지만 복음을 위하여 그 모든 것들을 하나도 행사하지 않는 것입니다. 이렇게 하는 것은 복음에 참예하는 자가 되는 것이라고 바울은 말합니다. 이것은 복음에 합당한 삶입니다. 복음을 증거하는 삶, 복음을 위하는 삶, 복음에 참예하는 삶, 그래서 복음에 합당한 삶이 되어야 합니다. 이러한 삶 자체가 바로 바울이 말하고 있는 자신의 상급입니다. 이러한 내용이 바로 바울의 사도성을 입증하는 것이라는 사실이 우리에게 큰 도전이 되는 것입니다. 오늘날 자칭 선지자요, 사도라고 우기는 자들과 얼마나 현저하게 상반된 내용으로 자신의 사도성을 입증하고 있습니까? 값없이 전하고 자신의 권리도 다 행사하지 않는 십자가가 보이는 바울이 진정한 사도 아닙니까?

하나님의 역설

모든 노동에는 땅에서의 유익이 뒤따른다. 그러나 복음을 증거하는 자의 역설적인 상급은 권리의 포기이고 노예적인 섬김 자체이다. 바울은 세상을 향한 자신의 신분을 모든 사람에게 복음의 빚을 진 빚쟁이로 규정한다. 온 천하에 다니며 만민에게 복음을 증거하는 것은 빚을 갚아가는 변제의 영적인 활동이다. 빚쟁이는 빚을 갚았다고 보상이 주어지지 않듯이, 복음 증거자도 생명이 닳도록 복음을 증거한 이후에는 마땅히 하여야 할 일을 했다고 고백하며 무익한 종의 자리로 돌아가는 게 마땅하다. 빚쟁이는 자신의 권리를 주장하지 않고 타인의 권리를 존중하며 의무를 준행하는 신분이다. 그런데도 자유로운 의지를 따라 의무를 수행하면 주어지는 상급이 있다고 고백한다. 그것은 사람들의 기대와는 완전히 다른 권리의 포기와 보상의 거절, 즉 역설적인 상급이다.

15
믿음의 본질

¹믿음은 바라는 것들의 실상이요 보지 못하는 것들의 증거니 ²선진들이 이로써 증거를 얻었느니라 ³믿음으로 모든 세계가 하나님의 말씀으로 지어진 줄을 우리가 아나니 보이는 것은 나타난 것으로 말미암아 된 것이 아니니라

히브리서 11:1-3

본문은 믿음이 무엇인지 그 정의를 가장 정확하게 소개하고 있습니다. 믿음이 무엇인지 살피기 이전에 믿음의 정의가 소개되는 배경을 먼저 살펴볼 필요가 있습니다.

믿음이 삶의 원리이다

'원수 갚는 것이 하나님께 있으니 그가 갚으리라'(롬 12:9). 언약의 피를 부정하게 여기고, 성령을 욕되게 하는 자가 당연히 받을 엄중한 형벌을 생각해 보십시오. 본문은 비방과 환난을 당하고 사

람들에게 구경거리를 제공하는 형편에 처한 자들에게 인내가 필요함을 말하면서, 의인이 살아가는 원리를 소개하고 있습니다. 즉 의인은 믿음으로 말미암아 살리라는 것입니다. 이는 믿음이 삶의 원리라는 뜻입니다.

그럼 의인이 살아가는 삶의 원리로서 믿음은 무엇을 의미할까요? 이에 바울은 "믿음은 바라는 것들의 실상이요 보지 못하는 것들의 증거"(히 11:1)라고 답합니다. 그리고 믿음의 첫 번째 구체적인 용례를 말하면서, 만물의 근원에 대한 이해와 관련하여 믿음이 수단으로 사용되고 있음을 보입니다.

"믿음으로 모든 세계가 하나님의 말씀으로 지어진 줄을 우리가 아나니 보이는 것은 나타난 것으로 말미암아 된 것이 아니니라"(11:3).

그리고는 창조 이후에 등장하는 믿음의 사람들이 어떻게 믿음을 삶의 원리로 붙들면서 살아 왔는지를 길게 진술하고 있습니다.

특별히 히브리서 11장 6절은 "믿음이 없이는 하나님을 기쁘시게 할 수 없다"고 말하면서, "하나님이 살아계신 것과 그가 자기를 찾는 자들에게 상 주시는 분"이라는 믿음의 내용을 언급하고 있습니다. 즉 믿음의 내용은 하나님의 실재와 하나님이 우리에게 자신을 상으로 주시는 분이라는 것입니다. 이처럼 히브리서 11장은 믿음의 정의와 내용과 기능과 용도를 구약의 모든 역사를 배경으로 설명해 주고 있음을 볼 때 믿음과 기독교의 역사는 분리될 수 없습니다.

믿음이란 믿음의 대상을 아는 것이다

본문은 믿음을 의인이 이 세상에서 살아가는 삶의 원리라고 선언하고 있습니다. 믿음은 우리가 소망하는 것의 실상입니다. 그리고 그 실상은 믿는 행위가 아니라 믿음의 대상을 가리킵니다. 즉 소망의 실상은 하나님이 계시다는 것과 그분은 반드시 자신을 찾는 자들에게 자신을 상으로 주시는 분이라는 것입니다. 믿음은 우리가 볼 수 없는 것들의 증거라는 것입니다. 믿음의 이런 기능 때문에 우리는 세상과 만물의 근원을 푸는 데 있어서 세상과 전혀 다른 방식의 해답을 가지고 있습니다. 즉 세상이 하나님의 말씀으로 지음을 받았다는 것입니다.

믿음으로 세상이 하나님의 말씀으로 지어진 것을 안다는 것은 인간의 지각과 이성적인 추적으로 도달할 수 없는 단절적인 성격이 만물과 세상의 근원 사이에 있다는 것을 암시하고 있습니다.

이 말씀에 근거해서 보면, 세상의 근원은 하나님 자신이며 창조의 방식은 말씀이라 할 수 있습니다. 그리고 그것을 아는 원리는 믿음입니다. 창조의 주체로서 하나님, 창조의 원리로서 말씀, 세상의 근원을 아는 지식의 원리로서 믿음은 서로 연관되어 있습니다. 하나님이 창조의 주체라는 것은 세상의 근원과 질서와 목적이 하나님과 관계된 것임을 증거하고 있습니다. 즉 하나님과 그의 뜻을 알지 못하면 세상에서 눈에 보이고 귀에 들리고 마음의 생각에 자료를 제공하는 그 어떤 것도 이해할 수 없다는 말입니다. 하나님을 아는 지식에 의해서 만물이 벗겨지는 방식으로 세상이 창조 되었기 때문에 하나님이 누구인지 알지 못하면 만물의 본질은 한 꺼풀도 벗겨질 수 없다는 것입니다.

말씀이 창조의 원리라는 것은 만물의 근원이 그 만물 안에서는 발견되지 않도록 하셨다는 것입니다. 따라서 만물 자체만을 바라볼 때에는 만물의 근원을 찾을 수 없습니다. 만물의 근원을 감추신 이유는 만물이 그 자체로서 목적일 수 없는 유한하고 기구적인 성격을 가졌기 때문입니다.

믿음이 만물의 근원을 아는 원리라는 것은 지각과 이성의 방식으로 그 근원이 벗겨지지 않는다는 것을 뜻합니다. 보고 듣는 눈과 귀의 방식으로 지각한 내용들에 기초할 때에는 만물의 진정한 의미와 가치와 기능을 알지 못하도록 하나님이 창조하실 때부터 그렇게 하셨다는 것입니다. 물론 보는 눈과 듣는 귀는 하나님이 만드신 것입니다. 모세가 하나님을 처음 만났을 때에 그는 '본래 말에 능치 못한 자라 입이 뻣뻣하고 혀가 둔한 자'라며 하나님의 소명을 거부하려 했습니다. 이때 하나님은 이렇게 말합니다. "누가 사람의 입을 지었느뇨 누가 벙어리나 귀머거리나 눈 밝은 자나 소경이 되게 하였느뇨 나 여호와가 아니뇨"(출 4:11). 하나님이 인간의 지각을 만드신 분이라는 것입니다. 우리는 그런 기관들을 통해 보고 듣습니다. 인간의 지식이 산출되는 소스를 제공하는 이러한 지각 기관들을 하나님이 만드신 것이라고 했을 때에는 그것을 통한 용도도 하나님이 정하고 계시다는 사실을 함축하고 있습니다.

문제는 그런 기관의 용도가 만물의 근원을 아는 것에 있지 않다는 것입니다. 지금은 보고 듣고 만져서 근원을 파악하려 했던 학문들이 혼돈과 절망의 문턱까지 왔습니다. 만물의 가장 작은 마지막 단위의 입자가 세상의 근원일 것이라 생각하고 쪼개고 쪼개는 환원주의(還元主義) 방식의 학문들이 만물의 본질적인 원인을 찾지 못하고 있습니다. 세상의 근원을 물과 불과 흙과 공기와 수와 힘이라고 하여 연구해 보았으나 여전히 혼돈의 늪을 벗어나지 못하고 있습니다. 세상의 중요하고 은밀한 모든 것은 감추어져 있다는 것은 오늘날의 과학이 봉착한 한계들이 암시하는 공통된 점이라고 할 수 있습니다. 세상이 하나님의 말씀으로 말미암아 지어진 것이라는 사실과 대단히 가까운 섭리적 결과가 아닌가 싶습니다. 눈과 귀는 진리를 발견하는 기관이 아닙니다. 인간은 전체를 한꺼번에 보거나 듣지를 못합니다. 부분적인 것을 보고 듣되 선택적인 방향을 따라 보고 듣습니다. 인간이 가진 지각의 한계라고 할 수 있습니다. 그런데 그런 한계를 연장하여 듣고 보는 범위를 넓힌다고 할지라도 진리에 이르지 못한다는 것은 여전히 변함이 없습니다. 그래서 이사야는 예언하여 말하기를 예수님은 "그 눈에 보이는 대로 심판치 아니하며 귀에 들리는 대로 판단치 아니하며 공의로 빈핍한 자를 심판하며 정직으로 세상의 겸손한 자를 판단할 것"(사 11:3-4)이라고 했습니다.

인간에게는 없다

우리에게 가장 중요한 것은 보이고 들리는 것에 있지 않습니다. 모든 것을 동시에 보고 듣는다 할지라도 만물의 근원은 여전히 감추어져 있습니다. 만물의 근원적인 가치와 의미를 지각할 수 있는 창문이 인간에겐 없습니다. 눈에 보이는 모든 것들을 취하고 그 모든 것들을 다 누린다고 할지라도 그는 마땅히 보아야 할 것을 보지 못하였고 아무것도 누리지 못한 것이나 다름이 없습니다. 전도자의 말처럼 눈에 보이는 것을 금하지도 않고 마음에 소원하는 바가 한번도 거절되지 않았다 할지라도 그의 삶은 여전히 "헛되고 헛되며 헛되고 헛되니 모든 것이 헛되도다"(전 1:2)는 고백만 남길 뿐입니다.

바울은 우리에게 독특한 원리를 이사야 64장 4절에 기초하여 소개하고 있습니다. "하나님이 자기를 사랑하는 자들을 위하여 예비하신 모든 것은 눈으로 보지 못하고 귀로도 듣지 못하고 사람의 마음으로 생각지 못하였다 함과 같으니라"(고전 2:9)고 말씀합니다.

믿음의 대상은 오직 하나님뿐이시다

그렇다면 도대체 무엇을 보아야 본 것이며, 무엇을 들어야 들은 것이며, 무엇을 생각해야 비로소 마음에 생각한 것이라고 할 수 있을까요? 하나님을 알 때까지, 하나님을 볼 때까지, 하나님을 들을 때까지입니다. 하나님은 분명히 6일동안 만물을 만드시고 그것을 우리의 존재와 배경이 되게 했습니다. 그래서 귀한 것입니다. 맞습니다. 그런데 그렇게 보이고 들리고 만져지는 모든 만물은 하나님이 사랑하는 자들을 위하여 예비하신 것이 아니라고 바울은 말하고 있는 것입니다. 바울이 인용하고 있는 이사야의 문맥으로 소급해 들어가 보면 하나님이 우리를 위해 예비하신 선물은 바로 하나님 자신임을 확인할 수 있습니다. "주 외에는 자기를 앙망하는 자를 위하여 이런 일을 행한 신을 예로부터 들은 자도 없고 귀로 깨달은 자도 없고 눈으로 본 자도 없었나이다"(사 64:4).

우리는 믿음으로 하나님이 만물의 주체시며, 말씀이 창조의 원리임을 이해할 수 있습니다. 여기서 '이해'라 함은 단순히 개념이나 정보를 취한다는 뜻이 아닙니다. 그 의미를 깨닫고 인정하고 전인격 속으로 받아 들인다는 것입니다. 즉 진리와의 합일을 뜻하는 말입니다. 믿음으로 우리는 온 세상이 하나님의 말씀으로 지어진 것이라는 깨달음을 얻습니다. 믿음은 나의 모든 의식과 생각과 지각을 관통하는 전제로 자리를 잡습니다. 나아가 우리는 그런 하나님의 존재와 창조만 믿지 않고 우리에게 상으로 하나님 자신을 주시는 분이라는 사실도 믿습니다. 이 믿음이 하나님을 기쁘시게 하는 것이라는 사실을 믿습니다. 믿음은 이처럼 우리가 바라는 하나님의 실체를 깨달으며 보이지 않는 하나님의 증거가 되는 영적인 세계를 보는 창입니다.

계시된 하나님을 깨닫는 방법은 믿음 뿐이다

믿음은 하나님이 당신을 계시하고 당신을 주시는 방식으로 창세 전부터 정하신 것입니다. 지각과 이성의 방식을 통해서는 하나님을 알 수도 없고 하나님이 예비하신 선물을 받을 수도 없습니다. 이것이 배제된 해 아래의 모든 만물은 헛되고 허무한 것입니다.

우리는 이런 믿음으로 말미암아 살도록 부름을 받은 의인이라 할 수 있습니다. 헛되고 헛된 허무를 추구하지 않습니다. 모세처럼 애굽의 왕위 계승권도 포기할 수 있습니다. 제국의 금은보화 속에서 죄악의 낙을 누리는 것보다 그리스도 예수와 함께 고난 받는 것을 더욱 귀하게 여깁니다. 믿음의 선진들이 보여준 것처럼, 육의 생명을 위협하는 사자의 입도, 희롱과 채찍질도, 결박과 옥에 갇히는 것도, 돌로 치는 것과 톱으로 켜는 것과 칼에 죽는 것도, 궁핍과 환난과 학대를 당하는 것도 우리에게서 믿음으로 사는 원리를 빼앗을 수는 없습니다. 우리를 위해 상상할 수 없도록 더 좋고 영화로운 것을 예비해 놓았다는 사실을 믿기 때문에 우리는 세상의 그 어떤 것에 의해서도 매이거나 결박되지 않습니다. 진정한 자유가 거기에 있습니다. 눈에 보이는 것은 있기도 하고 없기도 합니다. 하나님은 죽은 자도 살리시고 없는 것을 있는 것처럼 부르시는 분입니다. 우리는 그 하나님을 지극히 큰 상급으로 얻습니다. 다른 그 어떤 것과도 바꿀 수 없습니다. 이런 안목은 보이지 않는 것의 증거인 믿음에서 나옵니다. 보이지 않는 것을 소망하지 않으면 결코 이런 판단력이 나올 수가 없습니다.

우주와 세상의 근원을 푸는 열쇠는 믿음밖에 없습니다. 우리가 살아가는 삶의 구체적인 행위와 판단에 있어서도 우리는 믿음을 따라 행해야 합니다. 우리는 때때로 경험에 의존하는 경우가 있습니다. 대체로 보고 듣는 것과 관계된 경험이라 할 수 있습니다. 그러나 성경은 우리에게 믿음으로 살라고 명하고 있습니다. 믿음은 보이는 것에 의존하지 않습니다. 우리의 지식과 경험에 의존하지 않습니다. 우리의 가치관과 습관과 상식에 의존하는 것도 아닙니다. 믿음은 우리를 전적으로 부인하는 것입니다. 믿음은 인간 문맥에서 발생하는 모든 한계들을 초월하는 진정한 자유가 최대치로 발휘되는 행위라고 할 수 있습니다. 이런 믿음의 사람은 세상이 감당할 수가 없습니다. 세상을 어지럽게 하는 자입니다. 그 거룩한 진동을 통하여 하나님만 드러내는 그런 사람입니다. 의인은 자신을 드러내지 않습니다. 주님만이 만물의 근원으로 계시며 목적으로 계시며 우리에게 주어지는 궁극적인 상급으로 있는 자이며 그것만을 확실히 붙들고 바라보며 사는 자입니다. 그는 "의인은 믿음으로 말미암아 살리라"(합 2:4)는 원리에 사로잡힌 자라고 할 수 있습니다.

하나님의 역설

믿음은 역설이다. 보이지 않는 것을 보기 때문이다. 미래의 것을 현재로 앞당겨서 취하고 누리는 소망의 실체이기 때문에 역설이다. 이 세상의 만물과 역사는 보이는 것들과 보이지 않는 것들, 나타난 것들과 오묘하게 감추어진 것들로 이루어져 있다. 눈은 보이는 것들의 정보만 입수한다. 보이는 대로 판단을 내린다면 편협하게 치우친 판단이 필히 초래된다. 실제로는 존재하나 우리의 눈에는 감추어져 있는 존재와 영역이 배제되기 때문이다. 그러나 믿음은 보이지 않으시는 하나님과 드러나지 않은 하나님의 섭리까지 감지한다. 그래서 믿음은 관찰의 결과를 뒤집고 판단의 결과도 뒤집는다. 세상의 모든 일들은 보이는 것과 보이지 않는 것을 모두 고려할 때에 비로소 객관적인 사실에의 접근을 허용한다. 그 사실에 기초한 삶도 그러하다. 이는 모두 믿음에 의해서만 가능하다. 그래서 믿음은 역설이다.

16
다니엘의 경건

다니엘이 이 조서에 어인이 찍힌 것을 알고도 자기 집에 돌아가서는 그 방의 예루살렘으로 향하여 열린 창에서 전에 행하던 대로 하루 세번씩 무릎을 꿇고 기도하며 그 하나님께 감사하였더라

다니엘 6:10

북 이스라엘 왕조가 앗수르에 의해 멸망한 이후, 유다는 바벨론에 의해 세 번의 침공을 받습니다. 다니엘(B.C. 621년 출생)은 1차 침공을 받은 후 B.C. 605년에 바벨론 포로로 끌려간 사람들 중에 있었는데, 다니엘서 1장은 그가 왕족 혹은 귀족의 신분을 가졌다고 말합니다. 바벨론은 건강하고 준수하며 모든 재주를 통달하며 지식이 구비하며 학문에 익숙하여 왕궁에 모실 만한 소년을 데려오게 하였습니다. 그리고 그들은 3년 동안 바벨론의 학문과 방언을 가르쳤습니다. 이 때 바벨론의 왕 느부갓네살은 자신이 사용하는

진미와 포도주를 그들로 먹고 마셨습니다. 그러나 다니엘은 뜻을 정하여 왕의 진미와 그의 마시는 포도주로 자기를 더럽히지 않았습니다. 당시 포로의 신분으로 노예와 같았던 철부지 십대가 어떻게 이렇게 대담할 수 있었는지 이해가 잘 되지 않습니다. 한 가지 분명한 것은 다니엘은 바벨론 방식의 삶을 살지 않았다는 것입니다. 결국 다니엘은 왕 앞에서의 질의응답 시간에 그 탁월성을 발휘하여 그 지혜와 총명이 온 나라 박수와 술객보다 열 배나 나은 사람으로 알려졌습니다. 이렇게 지혜와 총명을 구비한 다니엘은 느부갓네살 시대를 거쳐 벨사살 시대와 다리오 시대와 고레스 시대까지 제국의 총리로서 정권이 바뀌고 왕조가 바뀌고 나라가 바뀌어도 그는 여전히 온 나라를 다스리는 지도자로 자리를 지켰습니다.

누가 진정한 왕이신가?

다니엘의 시대를 초월하는 형통의 의미는 성공하는 인생이 과연 무엇인지 그 본을 보이려는 것에 있지 않습니다. 다니엘서의 가장 중요한 핵심은 '다니엘'의 이름에 잘 나타나 있습니다. 다니엘의 뜻은 '하나님은 심판하시는 분'이라는 것입니다. 다니엘서 전체의 메시지는 모든 역사와 온 세상을 통치하고 다스리는 분이시며 만물을 그 행한 대로 반드시 갚으시는 분이심을 선포하는 것에 있습니다.

"인생으로 지극히 높으신 자가 인간 나라를 다스리시며 자기의 뜻대로 그것을 누구에게든지 주시며 또 지극히 천한 자로 그 위에 세우시는줄을 알게 하려 함이니라 하였느니라"(단 4:17).

"이 여러 왕들의 시대에 하늘의 하나님이 한 나라를 세우시리니 이것은 영원히 망하지도 아니할 것이요 그 국권이 다른 백성에게로 돌아가지도 아니할 것이요 도리어 이 모든 나라를 쳐서 멸망시키고 영원히 설 것이라"(단 2:44).

그러나 이 세상의 왕들은 자신들이 이 세상을 통치하고 있으며 자신의 영광만을 드러내려 합니다.

"나 왕이 말하여 가로되 이 큰 바벨론은 내가 능력과 권세로 건설하여 나의 도성을 삼고 이것으로 내 위엄의 영광을 나타낸 것이 아니냐…"(단 4:30).

"이 왕이 자기 뜻대로 행하며 스스로 높여 모든 신보다 크다 하며 비상한 말로 신들의 신을 대적하며…"(단 11:36).

다니엘은 히브리식 이름 "다니엘"과 바벨론식 이름 "벨드사살"이라는 두 가지의 이름을 가지고 있습니다. 다니엘의 신앙과 삶은 자신의 이름과 무관하지 않습니다. 다니엘은 '하나님이 나를 심판하시는 분'이라는 사실에 근거해서 살든지 아니면 '바벨론의 벨이 나를 보호하는 신'이라고 믿으며 살든지 결정해야 했습니다. 우리는 성경을 통해 그가 '다니엘'로 살았으며 결코 '벨드사살'로 살지 않았음을 잘 알고 있습니다. 다니엘 5장 13절을 보시면, 바벨론의 벨사살 왕이 벽에 적힌 글자를 해석하기 위하여 다니엘을 불렀을 때에 "네가 우리 부왕이 유다에서 사로잡아 온 유다자손 중의 그 다니엘이 맞느냐"고 했습니다.

그리고 6장에 보면 메데 사람 다리오 왕이 사자굴에 던져진 다니엘을 꺼내기 위해 사자굴 앞에서 이렇게 말합니다.

"살아 계시는 하나님의 종 다니엘아 네가 항상 섬기는 네 하나님이 사자들에게서 능히 너를 구원하셨느냐 하니라"(단 6:20).

다니엘은 자신의 정체성을 '벨드사살' 이름이 아닌 '다니엘'로 의식하며 이렇게 말합니다.

"나 다니엘이 중심에 근심하며 내 머리 속의 환상이 나를 번민하게 한지라"(단 7:15).

"나 다니엘에게 처음에 나타난 환상 후 벨사살 왕 제삼년에 다시 한 환상이 나타나니라"(단 8:1).

다니엘의 대적들은 다니엘이 바벨론의 적통이 아니라는 것을 은근히 암시하며 그를 좌천시킬 목적으로 그를 고발할 때에 "다니엘이 왕과 왕의 어인이 찍힌 금령을 돌아보지 아니하고 하루 세번씩 기도하나이다"(단 6:13)라고 했습니다. 다니엘은 사람들과 세상을 기준으로 산 사람이 아닙니다. 유일하게 하나님만 그를 판단하실 분이라는 기준을 가지고 산 분입니다.

이런 다니엘에 대하여 에스겔 선지자는 "비록 노아, 다니엘, 욥이 세 사람이 거기에 있을지라도"(겔 14:14) 하나님의 심판과 진노와 형벌은 변경될 수 없다는 문맥에서 노아와 욥과 동일한 의인으로 나란히 언급하고 있습니다. 창세기 6장 9절은 노아를 "의인이요 당세에 완전한 자며 그가 하나님과 동행한 자"라고 기록하고 있습니다. 욥기 1장 8절은 욥에 대한 하나님의 생각을 이렇게 기록하고 있습니다. "사탄에게 이르시되 네가 내 종 욥을 유의하여 보았느냐 그와 같이 순전하고 정직하여 하나님을 경외하며 악에서 떠난 자가 세상에 없느니라." 에스겔은 다니엘을 완전한 자요 하나님과 동행했던 노아와 순전하고 정직하며 하나님을 가장 경외했던 욥과 같은 인물과 나란히 언급하고 있는 것입니다.

무결점 다니엘

노아와 욥에 육박하는 다니엘의 경건을 가장 잘 보여주고 있습니다. 고레스와 함께 바벨론을 멸망시킨 다리오는 120명의 지방관리들을 세워 전국을 다스렸습니다. 그리고 그들 위에 총리 셋을 두어서 지방 관료들을 관리하게 하였습니다. 그런데 3절을 보면 "다니엘은 마음이 민첩하여 총리들과 방백들 위에 뛰어나서 왕이 그를 세워 전국을 다스리게 하고자 하였다"고 말합니다. 바벨론의 벨사살 왕과 귀인들은 다니엘이 하나님의 영으로 충만한 자임을 알았습니다. 메데-페르시아 왕 다리오도 다니엘을 하나님의 영이 충만하여 지혜와 총명이 뛰어난 자로 알았습니다. 그래서 비록 세 명의 총리가 있었지만 그에게 전국을 다 맡기려고 했던 것입니다.

그러나 두 명의 다른 총리들과 방백들은 왕의 총애를 받는 유대인 출신 다니엘을 못마땅하게 여겼습니다. 그래서 다니엘의 국사와 관련하여 뒷조사를 하였습니다. 아마도 다니엘의 집무실과 측근들과 각종 장부들을 샅샅이 조사했을 것입니다. 단순히 다리오 정권과 관련된 조사에 국한되지 않고 바벨론 시대의 활동까지 철저히 자료를 수집하고 꼬투리 잡을 만한 흠결에 초점을 맞추어 상세하게 검토했을 것입니다. 그러나 결론은 '그가 충성되어 아무 그릇함도 없고 아무 허물도 없었다'는 것입니다. 그들은 방향을 틀어서 다니엘의 종교적인 생활로 눈길을 돌립니다. 아마도 그들은 다니엘의 과거를 살피다가 느부갓네살 시대에 금신상에 절하는 문제로 다니엘이 '평소보다 칠 배나 뜨겁게' 극렬히 타오르는 풀무 가운데 던져졌던 기록을 보았을 것입니다. 아마도 그 사건에서 착안하여 이번에는 풀무불이 아니라 굶주린 사자의 굴에 던지는 계략을 도모한 것 같습니다.

한결같은 다니엘의 경건

그 정적들은 다리오 왕에게 이런 보고를 올립니다. "왕이여 만세수를 하옵소서 나라의 모든 총리와 수령과 방백과 모사와 관원의 의논하고 왕에게 한 율법을 세우며 한 금령을 정하실 것을 구하려 하였는데 왕이여 그것은 곧 이제부터 30일동안에 누구든지 왕 외에 어느 신에게나 사람에게 무엇을 구하면 사자굴에 던져 넣기로 한 것입니다"(단 6:7). 물론 여기에는 거짓말이 있습니다. '모든 총리'라는 말은 정적들이 다리오 왕으로 하여금 그가 총애하는 다니엘도 동참한 금령인 것처럼 인식하게 할 목적으로 과장한 말입니다. 이는 그렇게 다리오가 속아 넘어가게 함으로써 다니엘을 신뢰한 왕에게 낭패감도 주고 다니엘도 제거할 수 있는 이중적 보복감을 만끽할 수 있는 고도의 전략이라 할 수 있을 것입니다. 결국 정적들의 음모대로 다리오 왕은 그 조서에 어인을 찍어서 메대와 페르시아 전역에 변개치 못할 금령을 냈습니다.

다니엘서 6장 10절은 다니엘이 이 조서에 어인이 찍힌 것을 알았다고 말합니다. 그러나 다니엘은 그것을 알고도 자기 집으로 돌아가서 다락방에 올라가 평소에 행하던 대로 예루살렘을 향해 창문을 열고 하루에 세번씩 무릎을 꿇고 기도하며 그의 하나님께 감사를 올립니다. 이때 B.C. 621년경에 출생한 다니엘의 나이는 다리오왕 치하에서 적어도 80살이 훨씬 넘었을 것입니다. 그 나이에 120개의 도 전체를 관할해야 하는 총리로서 지혜와 총명을 잃지 않고, 하나님의 신으로 충만했다는 것은 놀라운 일이 아닐 수 없습니다. 게다가 전국의 상황과 문제를 파악하고 분석하는 바쁜 일정 속에서 하루에 세 번씩 기도했다는 것은 더더욱 놀라운 일이었습니다. 목회자도 아니었던 다니엘이 어떻게 그토록 여호와를 가까이 하며 살았는지 우리 모두에게 큰 도전을 주고 있습니다.

사실 크고 많은 일을 수행하는 사람들은 더 많은 지혜와 명철, 재능과 모략이 필요합니다. 다니엘은 그 모든 지혜가 성령으로 말미암아 주어지는 것임을 알았던 것 같습니다. 초대교회 시대에 사도들도 예루살렘 교회를 비롯하여 각 지역에서 교회들이 생겨나고 한 번의 설교에서 수천 명이 회심하고 교회에 등록하는 눈 코 뜰 새 없는 상황 속에서도 하루에 세번씩 기도를 드렸던 것을 보면 페르시아 시대에나 초대교회 시대에나 지금이나 기도의 본질은 변하지 않은 것 같습니다. 정적들의 음모와 그들이 판 함정에 스스로 빠진 다니엘과 전개되는 사건을 잠깐 접어두고 기도와 관련하여 다니엘의 경건에 대해서 함께 생각해 보기를 원합니다.

먼저 경건의 사람은 항상 두 날개를 가지고 하늘로 올라야 제대로 오를 수 있습니다. 경건에는 두 가지의 측면이 있습니다. 수직적인 측면과 수평적인 측면, 혹은 개인적인 측면과 공적인 측면, 혹은 은밀한 측면과 공개적인 측면이 있습니다. 전자는 성도 개개인이 홀로 하나님과 은밀한 관계를 가지는 것을 말합니다. 후자는 공동체 안에서 공적으로 드러나는 믿음의 모습이라 할 수 있습니다.

개인적인 경건

어떤 사람들은 개인적인 기도의 시간을 가지고 홀로 시간을 내어 산책하며 주님을 생각하고, 말씀을 묵상하는 조용한 시간도 갖지만 교회의 공적인 모임에는 참석하지 않고 예배에 오더라도 다른 생각을 하고 옆사람과 잡담하는 분들이 있습니다. 이런 사람들은 말하는 것도 번듯하고 뭔가 신앙에 있어서도 깊은 것 같고 말씀도 잘 아는 것처럼 보이는데 공동체 안에서 덕을 세우지 못합니다. 자기만 잘난 것에 취해서 다른 사람들을 무시하고 주님이 임재하여 복 주시기 원하시는 공적인 모임에서 다른 사람들과 섞여 평범해 지는 것을 견디지를 못합니다. 경건에 균형을 잃은 것입니다.

이와 반대로 다른 사람들은 예배는 잘 드리고 기도회도 꼭 참석하고 봉사하는 일에도 적극적인 헌신을 하는데 집으로 돌아가면 주님과의 은밀한 기도의 시간도 가지지 않고 말씀도 펼치지 않고 한적한 곳으로 산책하는 시간도 갖지 않습니다. 이런 분들은 하나님과 깊은 관계성에 기초한 헌신이 아니라 의무적인 종교생활 속에서 자신의 정체성을 확립하는 분들이라 할 수 있습니다. 성실하게 일은 많이 하는데 다른 성도들이 존경할 만한 내면의 성숙한 신앙은 없습니다. 열심히 봉사했기 때문에 그에 걸맞은 대우가 있어야 하는데 그것이 뒤따르지 않아 서운함을 느끼게 되고 급기야 사람들의 마음을 얻으려고 인위적인 수단을 사용해서 편을 만듭니다.

성령의 사람 다니엘

이제 다니엘을 보십시오. 공적인 삶에서 그는 실책과 허물이 없는 생활을 했습니다. 왕이 전국을 다스리는 총리로 세우고 싶어할 정도로 인정을 받았던 분입니다. 그러나 그는 그런 외적인 칭찬과 인정이 전부가 아니라는 생각을 했습니다. 그것에 안주할 생각도 없어 보입니다. 왕에게 더 잘 보여야 할 것 같고 처리해야 할 일들이 더 많아진 만큼 더욱 전문적인 소양을 갖추기에 급급했을 것인데도 그는 기도의 자리를 찾습니다. 그 넓은 페르시아 제국에서 최고의 총리였던 그는 처리해야 할 국사가 너무도 많았을 것이지만, 그는 하루에 세번씩 하나님 앞에 홀로 나아가는 일을 쉬지 않았던 분입니다. 직위는 물론이고 심지어 생존까지 박탈될 수 있는 상황 속에서도 그의 기도 드리는 일상은 전혀 변하지 않았던 것을 보면 그의 기도에는 대단히 중요한 그 무언가가 있음이 분명한 것 같습니다.

성경은 그가 페르시아 제국 최고의 총리직에 오른 이유로서 그가 '지극히 탁월한 영'을 가졌기 때문이라고 언급하고 있습니다. 이 '영'을 70인역 성경(B.C. 3세기)과 벌게이트 라틴어 성경(A.D. 4세기)은 '하나님의 영'(*Spiritus Dei*)이라고 말합니다. 하나님의 영으로 말미암아 그는 총리직에 오르되 총리들 중에서도 가장 탁월할 수 있었다는 것입니다. 스스로 탁월한 사람은 없습니다. 다윗이 이스라엘 최고의 왕이지만 그가 가장 큰 영적 침체에 빠졌을 때에 '주의 성령을 거두지 말라'고 기도를 드렸던 것에서 우리는 그가 이스라엘 역사상 최고의 왕으로 기억되는 이유를 쉬 짐작할 수 있을 것입니다. 성령의 내주가 없으면, 하나님의 지혜와 능력이 없으면 우리는 아무것도 아닙니다.

참된 경건이란

성경은 우리에게 여호와를 가까이 함이 복이라고 말합니다. 다니엘은 여호와를 가까이 하는 것이 그에게 생명과 삶의 근원적인 복이라는 사실을 깨달았던 분입니다. 그래서 그는 하루에도 세번씩 기도하는 일을 국정 수행하는 총리직의 바쁜 일정 속에서도 결코 망각하지 않았던 것입니다. 게다가 주변 정적들이 이상한 특별법을 만들어 그것을 범하는 경우에는 굶주린 사자의 밥이 되는 절명의 위기에 직면했을 때에도 그는 자신의 생명을 스스로 지키려고 하지 않고 생명의 근원이신 여호와 가까이 하는 일을 추구했던 것입니다. 경건은 그런 것입니다. 하나님을 아는 바른 지식과 그 지식에 생명과 삶을 거는 것입니다. 그가 당대 최고의 제국에서 최고의 총리직에 오른 것은 그런 삶의 원리에서 파생된 부수적인 결과일 뿐입니다. 다니엘은 최고의 총리직을 노린 것도 아니고 그 자리를 잃을까봐 바들바들 떨며 인위적인 수단들을 동원하지도 않았습니다.

두려움의 대상은 오직 하나님 한 분

"온갖 좋은 것들은 빛들의 아버지로부터 오는 것"(약 1:17)임을 알았는지 그는 복의 근원이며 최고의 복이신 하나님을 가까이 하려고 했습니다. 하나님을 잃으면 모든 것을 잃는 것입니다. 하나님을 버리고 다른 것을 취한다는 것은 무의미한 행동입니다. 그래서 다니엘은 기도를 포기하지 않았습니다. 다니엘 1장 8절에서 '뜻을 정하였던 것'도 이런 맥락에서 이해해야 합니다. '뜻을 정한다'는 것의 히브리어 원문은 '심장에 무엇을 두다'는 뜻입니다. 심장을 걸고 최고의 가치로 삼는다는 것입니다. 다니엘은 기도를 드릴 때에도 뜻을 정하였습니다. 그래서 그는 그의 심장을 하나님께 기도하는 일에 바쳤기 때문에 다리오의 어인이 찍힌 줄 알고도 굶주린 사자보다 하나님을 더 두려워 하였으며 하나님에 대한 신앙을 다른 무엇보다 앞세웠던 것입니다.

예수님은 두려움의 대상과 관련하여 이런 말씀을 하신 적이 있습니다. "몸은 죽여도 영혼은 능히 죽이지 못하는 자들을 두려워하지 말고 오직 몸과 영혼을 능히 지옥에 멸하는 자를 두려워 하라"(마 10:28). 기도는 우리가 마땅히 두려워 해야 할 대상에게 드리는 것입니다. 다니엘은 왕 외에는 기도할 수 없었던 금령 기간에 하나님께 기도 드리기를 포기하지 않았으며 숨기지도 않았습니다. 이는 그가 누구를 두려워 했었는지 잘 보여주고 있습니다. 다니엘은 하나님 한 분만 두려움의 대상으로 삼았던 것입니다. 하나님만이 만물을 다스리고 세상의 역사를 주관하는 분이라는 사실을 흔들리지 않는 기도의 삶으로 증거한 것입니다. 많은 사람들이 다니엘의 극단적인 기도벽을 이상하게 여깁니다. 겨우 30일의 짧은 기간동안 그냥 산책하는 척하면서 기도드릴 수도 있었고, 다락방에 가서 기도를 하더라도 창문을 닫고 했다면 들키지도 않았을 것입니다. 기도의 모양을 포기하고 그냥 마음으로 늘 기도할 수도 있었습니다. 하나님도 내 사정을 이해해 주실 것이라고 설득할 수도 있었을 것입니다. 무엇보다 예수님이 말씀하신 것처럼 골방에서 기도하면 은밀한 중에 보시는 하나님이 어련히 응답해 주신다는 사실을 명분 삼아 굳이 다락방 창문을 활짝 열고 기도함으로 정적들의 눈에 들킬 필요가 없었습니다.

멈추지 않는 다니엘의 기도

하지만 다니엘은 목숨을 걸고 기도의 자리를 지킵니다. 그렇다고 그가 정적들의 음모와 거짓과 얄팍한 술수를 왕에게 직고하고 억울함을 호소해서 진위를 가려 그 음모에 가담했던 모든 무리들을 제거하여 다시는 자신의 최고 총리직을 넘보는 자들이 없도록 반격하는 자세를 취하지도 않습니다. 기도를 선택한 그의 근본바탕 그대로 하나님께 맡깁니다. 그는 묵묵히 사자굴로 걸어 갔습니다. 그러나 정적들의 의도와는 달리 다니엘을 향한 왕의 마음은 더욱 뜨겁고 애틋해 졌습니다. 왕은 다니엘을 구하고자 금식하며 기악과 침수까지 폐하는 극도의 애정을 보입니다. "너의 항상 섬기는 네 하나님이 너를 구원하실 것"(단 6:16)이라는 다리오의 믿음대로 다니엘은 사자의 굴에서 먹이가 되지 않고 아무런 상해도 없이 굴에서 나옵니다. 사자는 배가 부르면 먹이를 찾지도 않고 먹이가 있어도 먹지를 않습니다.

그래서 어떤 학자들은 사자가 이미 어떤 사람을 먹어서 다니엘을 건드리지 않은 것이라고 말합니다. 다른 학자들은 두 세 마리의 사자들이 서로 다니엘을 먹으려고 싸우다가 아무도 먹지 못했다고 말합니다. 그러나 성경은 천사들이 사자의 입을 막았다고 말합니다. 그리고 사자 굴에서 나온 다니엘은 그를 죽이려고 음모를 꾸민 사람들 각각을 그의 처자식과 함께 사자굴에 넣습니다.

"그들을 그 처자들과 함께 사자굴에 던져 넣게 하였더니 그들이 굴 밑에 닿기 전에 사자가 곧 그들을 움켜서 그 뼈까지도 부숴 뜨렸더라"(단6:24). 다니엘은 어떤 사자굴에 들어갔던 것일까요? 식욕도 왕성했고 대단히 굶주렸고 여러 가족들을 먹으려면 아마도 두

세 마리가 아니라 수십 마리의 사자가 그 굴에 있었을 것으로 추정할 수 있습니다. 다니엘은 그런 굴에 들어갔던 것입니다.

하나님이 전부인 신앙

굴에서 나온 다니엘은 왕을 원망하지 않고 오히려 이렇게 말합니다. "왕이여 원컨대 왕은 만세수를 하옵소서"(단6:21). 이러한 다니엘의 경건은 하나님이 전부라는 신앙에 기초하고 있습니다. 그에게 하나님은 전부이며 하나님만이 모든 만물을 다스리며 세상과 역사 전체를 통치하는 분이라는 확신을 다니엘은 가졌던 것입니다. 그래서 그는 자신의 목숨이 풀무의 뜨거운 불에 녹아지는 것도 두려워 하지 않았습니다. 굶주린 사자의 사나운 이빨에 뼈가 부셔지는 것도 두려워하지 않았던 것입니다. 오직 하나님만 두려워할 자로 알았습니다. 경건은 그런 것입니다. 경건은 하나님만 경외하는 것입니다.

우리도 다니엘의 경건을 본 받아야 합니다. 목에 칼이 들어와도 홀로 주님과 대면하는 시간을 가져야 합니다. 왕들은 자기만이 출입할 수 있는 정원을 가지고 있습니다. 솔로몬의 경우에도 아가서 4장에 보면, 술람미 여인을 일컬어서 '잠근 동산이요 덮은 우물이요 봉한 샘'이라고 했습니다. 여기서 솔로몬은 하나님, 술람미 여인은 이스라엘 백성을 상징하는 것으로 아가서는 이 둘 사이의 사랑을 노래하는 책입니다. '잠근 동산이요 덮은 우물이요 봉한 샘'이라는 것은 다른 어떤 것들도 출입할 수 없이 하나님만 거하고 머물고 쉬는 곳이라는 의미를 가지고 있습니다. 즉 이스라엘 백성은 다른 어떤 생각과 행동도 곁들이지 않고, 오직 하나님과 함께 거하는 시간을 가져야 함을 말씀하고 있습니다. 하나님과 함께 거하는 시간이 없으면 경건의 모양은 있으나 경건의 능력은 상실한 교회가 될 수밖에 없습니다. 밖으로는 구제하고 봉사하여 지역을 섬기지만 안으로는 주님과의 깊은 연합과 교통이 있어야 한다는 말입니다. 단순히 먹여주고 닦아주고 입혀주는 물리적인 경건의 모양이 아니라 우리 안에 계신 하나님을 볼 수 있도록 영적인 감화력을 줄 수 있는 경건의 능력이 우리 안에 있어야 한다는 것입니다.

경건의 습관을 기르라

오늘날 우리는 얼마나 바쁜지 모릅니다. 자기 밖에서 객관적인 눈으로 자신을 꼼꼼히 살피는 정사의 삶이 불가능할 정도로 바쁩니다. 우리는 원래 부패한 마음을 가졌기 때문에 하나님의 은혜와 영향에서 멀어지고 자신을 살필 시간을 상실하면 우리는 빠르게 신령한 것에 실증을 내고 육적이고 세속적인 것에 대한 친밀감을 단번에 회복하고 그것을 좋아하게 되는 것입니다. 우리가 세상을 떠나는 순간까지 피할 수 없는 우리 자신의 본성이라 할 수 있습니다. 비록 신자라 할지라도 하나님을 의지하며 살아가는 경건한 은혜의 생활 습관들은 빨리 생기지 않습니다. 반면 나쁜 습관을 형성하고 경건한 습관을 허무는 것은 하루 아침에도 가능한 일입니다.

그러므로 시간이 언제이든 길이가 얼마이든 어떤 상황이든 우리는 경건의 훈련을 위한 절대적인 시간을 확보할 필요가 있습니다. 솔로몬이 표현한 것처럼, 왕이 들어와 보니까 잠근 동산에는 모략과 향재료와 꿀과 포도주가 많이 열려 있습니다. 잠근 동산이기 때문에 그렇게 끊임없이 누구에 의해서도 침범을 받지 않으니 그 속에서 아름다운 것들이 맺혀진 것입니다. 우리도 주님 외에는 아무 것도 의식하거나 생각하지 않고, 오직 주님 한 분과만 교제하는 경건의 시간을 가지시는 저와 여러분이 되시기를 바랍니다.

하나님의 역설

다니엘은 '하나님은 심판하는 분'이라는 의미이다. 다니엘은 포로 출신으로 정권이 여러 번 바뀌어도 고위직을 유지하며 왕의 칭찬과 존경을 받은 인물이다. 비결이 무엇일까? 그의 역설적인 경건이 비결이다. 다니엘은 왕의 화려한 진미보다 초라한 채식을 택하였고, 왕의 신상에게 절하여 신변의 안전을 보장받는 것보다 풀무불의 뜨거운 위협을 택하였고, 왕에게 의존하면 일신의 안락을 도모하는 것보다 가장 위험한 사자굴의 출입을 택하였다. 이러한 선택의 결과가 나쁘다고 할지라도 후회함이 없다고 고백한다. 사람들의 일반적인 선택과 정면으로 대립되는 판단력을 구사하는 그의 역설적인 경건은 인생과 역사의 궁극적인 심판자가 주님밖에 없다는 확신의 결과였다. 사람의 심판은 역사를 움직이지 못하고 오직 주님의 판단만이 역사의 열쇠라는 판단으로 다니엘은 상식의 역방향을 질주했다.

17
생각의 습관

⁶아무것도 염려하지 말고 오직 모든 일에 기도와 간구로, 너희 구할 것을 감사함으로 하나님께 아뢰라 ⁷그리하면 모든 지각에 뛰어난 하나님의 평강이 예수 그리스도 안에서 너희 마음과 생각을 지키시리라 ⁸종말로 형제들아 무엇에든지 참되며 무엇에든지 경건하며 무엇에든지 옳으며 무엇에든지 정결하며 무엇에든지 사랑할 만하며 무엇에든지 칭찬할 만하며 무슨 덕이 있든지 무슨 기림이 있든지 이것들을 생각하라

빌립보서 4:6-8

성경은 이스라엘 백성들의 멸망을 설명할 때에 "이것이 그들의 생각의 결과"(렘 6:17)라고 하였습니다. 멸망이 생각의 결과라면, 생각이 멸망의 원인 되었다는 것입니다.

성경이 이스라엘 백성들의 멸망의 이유를 '생각'으로 지목한 이유는 무엇일까요? 아마도 '생각'이라는 것이 다른 원인들을 생산하는 원인이기 때문일 것입니다. 부정적인 측면이든 긍정적인 측면이든 생각의 힘과 중요성을 이스라엘 멸망의 원인보다 더 확실하게 말해주는 사례는 없을 것입니다.

생각이 자신을 규정한다

음식을 중요하게 여기는 분들은 내가 먹는 음식이 나를 규정하는 것이라고 말합니다. We are what we eat. 그러나 생각을 강조하는 분들은 내가 생각하는 것이 나를 규정하는 것이라고 믿습니다. We are what we think. 둘 다 틀린 말은 아닙니다. 몸의 입장에서 볼 때 음식은 입으로 들어와 각 기관에서 그 음식이 제공하는 영양소를 섭취하여 몸과 음식은 분리되지 않는 연합을 이룹니다. 그러니까 '무엇을 먹느냐가 나를 규정한다' 라는 말이 가능한 것입니다. 이와 동일하게 영혼의 입장에서 본다면 생각은 영혼이 영양소를 공급받는 좌소라고 할 수 있습니다. 당연히 우리가 생각하는 것들의 성분들이 영혼의 체내에 흡수되어 영혼과 생각이 구분되지 않는 하나를 이룹니다. 그래서 생각이 나를 규정하는 것이라고 말할 수 있습니다.

성경은 음식에 대해 이렇게 말씀하고 있습니다. "음식은 우리를 하나님 앞에 내세우지 못하나니 우리가 먹지 않는다고 해서 더 못사는 것도 아니고 먹는다고 해서 더 잘사는 것도 아니니라"(고전 8:8). 반면 생각에 대해서는 이렇게 진술하고 있습니다. "대저 그 마음의 생각이 어떠하면 그 위인도 그러한즉"(잠언 23:7). 사람은 하루에 세 끼를 먹습니다. 그러나 인지 과학의 연구에 따르면, 하루에 사람들은 6만건 이상의 생각을 한다고 합니다. 우리의 삶은 헤아릴 수 없는 무한한 생각의 연속 가운데 있습니다. 밥은 금식할 수 있지만 생각은 죽음의 순간까지 중단할 수 없습니다. 생각을 소홀히 여길 수 없는 이유로 충분하지 않을까요?

생각도 관리하여야 한다

생각은 보이지 않습니다. 그래서 사람들은 생각을 소홀히 여기는 경향이 있습니다. 아침에 우리는 샤워하고 화장하고 말쑥한 옷차림과 용모를 만드는 일에 많은 시간을 보냅니다. 그런데 영혼의 상태에 대해서는 대체로 둔감한 편입니다. 보이지 않으니까 영혼의 표정이 어떠한지 관심이 없습니다. 그러나 우리는 영혼을 눈으로는 보지 못하지만 영적 존재로서 교감하며 서로의 영적 상태를 읽을 수는 있습니다. 투자하지 않으면 거두는 것이 없습니다. 따라서 우리의 생각도 관리해야 합니다. 바울도 갈라디아 교회에 보내는 편지에서 "사람이 무엇으로 심든지 그대로 거두리라"(갈 6:7)고 했습니다. 운동하지 않으면 건강에 적신호가 올 것입니다. 공부하지 않으면 성적표에 빨간불이 켜질 것입니다. 이처럼 생각도 관리하지 않으면 지저분해 지고 곰팡이가 필 수밖에 없습니다. 그 대가를 지불해야 하는 때가 반드시 찾아옵니다.

생각도 관리의 대상이란 사실을 잊지 마십시오. 늘 청소하고 다듬고 정리하지 않으면 생각의 건강하고 긍정적인 기능이 마비되는 날이 올 것입니다. 생각 자체가 어떤 가치를 산출하는 것은 아닙니다. 생각은 그릇과 같습니다. 무엇을 담느냐에 따라 생각은 꿀이 되기도 하고 독이 되기도 합니다. 생각에 판단이 가득한 사람들이 있습니다. 그런 사람들은 판단이 의식으로 번져서 판단에 사로잡힌 관점으로 모든 것을 바라볼 수밖에 없습니다. 판단의 노예가 되는 것이지요. 어떤 사람들은 생각에 비교를 가득 채우고 다닙니다. 그분들은 다른 사람들을 볼 때마다 늘 자신과 비교하는 반응에서 벗어나질 못합니다. 어떤 사람들은 생각에 방어하는 기재를 가지고 있습니다. 그래서 자기를 향한 다른 사람들의 말과 행동을 자기방어 차원에서 늘 해석하고 반응하게 됩니다. 이는 생각을 관리하지 않고 인간의 연약함 그대로 방치해 둔 경우라고 볼 수 있습니다.

우리는 우리의 생각이 얼마나 건강한지, 얼마나 깨끗하고 올바른지, 생각의 그릇에 부패하고 악취 나는 쓰레기는 없는지 늘 점검해야 합니다. 물론 생각은 보이지도 않고 어떤 경계선이 없기에 관리가 쉽지는 않습니다. 그래도 관리를 포기할 수는 없습니다. 엄청난 유익을 얻을 수도 있고 처참한 대가를 지불해야 할 수도 있습니다. 이처럼 생각은 무한한 가능성을 가진 동시에 우리의 영혼이 모든 것에 무방비로 노출되어 있는 곳입니다. 세상 사람들이 기독교의 진리 수준까지 도달하진 못해도 생각의 중요성을 인식함에 있어서는 기독교에 결코 뒤지지 않습니다. 비록 세상 사람들과 몇몇 성공주의 교회들이 소위 '긍정적인 사고방식' 운운하며 생각의 중요성을 처세술 차원에서 이해하여 정상적인 교회의 흥미까지 떨어뜨린 경우가 있지만 그렇다고 그런 제한적인 이해 때문에 생각의 중요성을 외면하고 방관하는 태도를 보이는 것은 지극히 어리석은 일입니다. 음식과 건강을 관리하는 것도 중요한 일이지만 무엇보다 영혼의 건강에 적극적인 관심을 쏟으시는 명철한 자가 되셔서 우리 마음에 깊은 물과 같은 모략을 길러내는 저와 여러분이 되시기를 바랍니다.

무엇을 담을 것인가?

깊은 물과 같은 생각의 무한한 잠재력은 어떻게 길러낼 수 있을까요? 예수님의 말씀에서 힌트를 얻을 수 있습니다. "선한 사람은 그 쌓은 선에서 선한 것을 내고 악한 사람은 그 쌓은 악에서 악한 것을 내느니라"(마 12:35). 이 말씀은 생각 자체보다 생각의 내용이 중요함을 가리키고 있습니다. 생각 주머니에 무엇을 담느냐가 우리의 언어와 행실을 좌우하고 우리의 성향과 인격과 믿음까지 통제하게 된다는 것입니다. 생각에 의심을 담으면 의심하는 사람이 되는 것입니다. 불평을 담으면 늘 불평할 일들이 보입니다. 타인의 잘못을 자꾸만 생각하면 험담의 늪에 빠질 수밖에 없습니다. 생각 주머니에 무엇을 소유할 것인가, 그 소유의 유익도 누릴 것이지만 동시에 그 대가도 반드시 치르게 된다는 사실을 잊지 마십시오.

소유라는 것은 우리의 욕망을 채우는 방식일 수 있습니다. 그런데 무서운 것은 우리가 무엇을 소유하는 순간 그 소유물의 유익을 취하는 동시에 그 소유물에 내가 소유되고 만다는 사실을 망각하는 경우가 많습니다. 무엇을 생각 주머니에 담을 것인가, 어떤 것을 소유할 것인가, 참으로 신중하지 않으면 안됩니다. 소유물은 어떤 것이든 중독성을 가지고 있습니다. 소유자의 마음을 차지하고 마는 강한 흡입력을 가지고 있습니다.

술을 보십시오. 처음에는 사람이 술을 먹습니다. 술을 소유하는 방식은 마시는 것입니다. 그런데 나중에는 사람이 술을 먹지 않고 술이 술을 먹습니다. 그리고 결국에는 술이 사람을 먹습니다.

노름도 같은 원리를 가지고 있습니다. 처음에는 내가 돈을 내고 돈을 취합니다. 그런데 나중에는 돈이 돈을 취하는 단계로 접어들고 급기야 돈이 사람을 취하여 폐인의 길을 걷게 만듭니다. 성적인 문제도 그러하고, 지식의 문제도 그러하고, 명예의 문제도 동일한 중독성을 가지고 있습니다. 심지어 하나님이 주시는 은사에 대해서도 이런 원리가 적용될 수 있습니다.

생각에 담은 소유물이 내 의식으로 흡수되고 성향과 인격까지 이르러서 그것이 나의 언어와 행실을 소유하게 되는 소유자와 소유물의 돌고 도는 영향의 사슬에서 자유로운 사람은 없습니다. 돈이 많으면 부자라는 자의식을 극복하는 것은 대단히 어려운 일입니다. 지식이 많다는 것은 결코 좋은 것이 아닙니다. 내가 알고 있는 지식이 나를 결박하고 제한하는 경우가 지식의 유익 만큼이나 많습니다. 내가 누구를 알고 있다는 관계적 소유도 우리를 소유하는 경향이 있습니다. 어떤 입장을 표명할 때에도 내가 알고 있는 그 사람들을 고려하지 않으면 안되기 때문에 때로는 공의와 정직까지 뒤로 떠밀어야 하는 경우가 있습니다. 많이 알고 많이 가지고 많은 사람들과 관계를 맺는다는 것은 그 모든 것들을 소유한 분량만큼의 제약이 또한 따르는 것입니다. 사랑하는 자에게는 모든 것이 사랑으로 보입니다. 이기적인 사람의 눈에는 이익을 챙길 기회들만 보입니다. 이처럼 지식이 많은 자에게는 세상이 지식으로 보입니다. 지식이 지식을 낳는 것이지요. 나중에는 그 지식의 쇠창살에 나 자신이 갇히고 맙니다. 지식은 진리도 아니고 사실을 그대로 보존하는 것도 아닙니다. 그런데 그 지식이 나에게 권위가 되고 현실이 되어 진리와 사실의 근원적인 세계로 들어가지 못하게 나를 묶습니다. 이처럼 지식이 우리를 미치게 할 수 있습니다. 소유는 좋은 것이지만 그 소유가 나와 하나가 되어 소유물의 운명으로 나를 끌고 간다는 무서운 대가도 있음을 잊지 마십시오.

우리의 관심은 당연히 우리가 소유하는 것이 우리를 소유하게 된다는 사실에 근거하여 우리를 소유해도 되는 그런 소유물이 어떤 것인지 그런 것을 생각의 그릇에 가득 채워야 한다는 관심사로 이동하지 않을 수 없습니다.

그리스도 예수로 채우라

본문은 우리의 생각을 무엇으로 채울 것이냐와 관련하여 중요한 지침을 제공하고 있습니다.

> "끝으로 형제들아 무엇에든지 참되며 무엇에든지 경건하며 무엇에든지 옳으며 무엇에든지 정결하며 무엇에든지 사랑 받을 만하며 무엇에든지 칭찬 받을 만하며 무슨 덕이 있든지 무슨 기림이 있든지 이것들을 생각하라"(빌 4:8).

이는 참되고 경건하고 옳고 정결하고 사랑할 만하고 칭찬할 만한 것을 생각의 그릇에 가득 담으라는 말입니다. 생각의 대상과 관련하여 바울은 이렇게도 말합니다.

"그러므로 함께 하늘의 부르심을 받은 거룩한 형제들아 우리가 믿는 도리의 사도이시며 대제사장이신 예수를 깊이 생각하라"(히 3:1).

참되고, 경건하고, 옳고, 정결하고, 사랑과 칭찬이 유일하게 합당한 대상은 바로 그리스도 외에는 없을 것입니다. 바울이 우리로 생각하기 원하는 것은 결국 그리스도 예수 밖에 없습니다. 본인도 그리스도 예수와 그의 십자가에 달리신 것 외에는 아무것도 알지 않기로 작정을 했습니다. 다른 것에 대해서는 생각의 활동을 하지 않겠다는 아주 단호한 선언입니다.

하나님이 배제된 우리의 반응이 염려이다

우리의 영혼에 흡수되는 영양소로 무엇을 생각의 그릇에 담아야 하는지를 알았는데 문제가 있습니다. 그것은 우리가 생각을 마음대로 조절할 수 없다는 것입니다. 생각이 대단히 중요한데 그 생각을 다스릴 수 없다면 이것보다 난감한 일은 없을 것입니다. 바울은 우리가 스스로 생각을 통제하지 못하는 사례로서 염려와 근심을 언급하고 있습니다. 염려가 없는 사람도 없고 염려가 없는 경우도 없습니다. 생각의 중요성이 가장 고조되는 때는 바로 염려의 상황입니다. 그런데 바울은 본문에서 우리에게 염려하지 말 것을 권면합니다. 염려는 하나님의 사람에게 합당하지 않습니다. 염려는 우리의 키를 한 자도 더하지 못하는 무익한 것이기도 하지만 염려하는 것 자체가 하나님이 배제된 우리의 반응이기 때문에 합당하지 않습니다. 여기서 바울은 모든 상황 속에서 하나님이 고려된 생각의 유형을 제안하고 있습니다. 염려의 상황은 하나님을 인정해야 하는 때입니다. 하나님의 하나님 되심을 내 마음의 깊은 전제로 초청하는 때입니다. 하나님이 고려되지 않을 때 우리가 필히 취할 수밖에 없는 생각의 내용이 바로 염려입니다.

하나님께 맡김으로 걱정과 근심을 다스리라

생각을 다스리는 비결은 기도와 간구로 하나님께 염려의 모든 것을 아뢰는 것입니다. 그리하면 지각에 뛰어나신 하나님의 평강이 우리의 마음과 생각을 지켜 주신다는 것이지요. 생각을 다스리는 것은 우리의 일이 아니라는 것을 주목할 필요가 있고 동시에 하나님 없이는 우리의 생각이 내 뜻대로 조절되지 않는다는 것을 또한 명심

해야 합니다. 사울을 보십시오. 그는 다윗에 대한 질투심 때문에 늘 다윗을 쫓아내고 죽일 생각에 사로잡혀 있습니다. 야곱의 아들 레위와 시므온을 보십시오. 그들은 동생 디나가 강간을 당한 그것이 너무도 분하여서 하몰의 가문을 죽여 철저히 보복해 주어야 한다는 복수심에 사로잡혀 있습니다. 심지어 다윗을 보십시오. 그도 색욕에 사로잡혀 어떻게 하면 밧세바를 취하고 취한 이후에는 어떻게 그녀의 남편 우리야를 죽일 것인가에 사로잡혀 있습니다.

이는 걱정과 근심이 생각을 사로잡은 경우라 할 수 있습니다. 그것에서 벗어나는 것은 우리의 노력과 땀으로 취할 수 있는 결과가 아닙니다. 하나님께 맡겨야 하는 일입니다. 사울과 레위와 다윗의 실패는 하나님께 맡기지 않았다는 사실에서 그 원인을 찾을 수 있다는 말입니다. 그분만이 염려의 결박에서 우리를 자유롭게 하실 유일하신 분입니다. 다윗이 실패한 이후 그 원인을 돌아보며 회개하는 시편을 보십시오. 그는 밧세바를 범하고 나단 선지자가 그 죄를 깨우쳐 준 이후에 '주의 성령을 내게서 거두지 마소서'라는 탄원을 올립니다. 성령으로 충만하지 않으면 안된다는 것입니다. "술 취하지 말라 이는 방탕한 것이니 오직 성령의 충만함을 받으라"(엡 5:18). 성령으로 충만하지 않으면 반드시 방탕한 것에 취하게 된다는 말입니다. 성령의 충만함이 없으면 아무리 달콤하고 좋아 보이는 것들도 방탕하게 취할 도구로 전락할 수 있다는 뜻이지요. 성령으로 속 사람이 충만해야 이길 수 있습니다. 이것이 하나님께 모든 근심과 걱정과 염려를 맡기는 것입니다.

끊임없이 훈련하라

그러나 하나님께 우리의 모든 염려와 근심을 맡기는 것도 쉬운 일은 아닙니다. 우리의 염려하는 체질을 살펴 보십시오. 하루 아침에 형성되지 않습니다. 무한한 반복과 연습을 통해 체득된 것입니다. 하루에 최소한 6만건의 생각을 한다고 가정해 보십시오. 우리가 하루종일 어떤 생각에 사로잡혀 있다면 반복하는 횟수는 상상을 초월할 것입니다. 우리가 누군가에게 시기와 질투를 느낄 때, 시기와 질투는 단 한 번의 충동적인 생각의 결과로 이루어진 것이 아닙니다. 집에서나 교회, 거리, 침대, 가는 곳마다 시기와 질투라는 생각이 내 머리에 머문 상태에서 수없이 반복하고 또 반복하여 시기라는 생각이 내 속에 자리를 잡는 것입니다. 성향과 체질과 인격으로 '시기'가 파고드는 것입니다. 그렇게 인격과 습성에 깊이 뿌리 박은 '시기'는 좀처럼 우리를 떠나지 않습니다. 아이들을 보십시오. 아이들이 삐딱한 생각을 가지고 무례한 태도와 이상한 행동을 취하는 것은 하루 아침에 이루어진 것이 아닙니다. 그것이 서서히 서서히 형성되고 몸에 자리를 잡고 인격과 성향에 뿌리를 내려 견고히 굳어진 결과인 것입니다. 이미 그렇게 된 아이들을 치료하고 회복하는 것은 단순히 매를 휘두르고 폭언을 쏟는다고 해결될 문제가 아닌 것이지요. 우리의 생각과 인격과 신앙도 그런 것입니다.

그리스도 예수 안에 거하라

하나님 앞에서 긴 시간을 두고 씨름해야 하는 문제라는 생각을 가지고 다시 말씀을 보십시오. 아무것도 염려하지 말라는 말은 우리의 의지적 결단을 촉구하는 명령만이 아닙니다. 오히려 더 궁극적인 의미로는 기도와 간구로 하나님께 아뢰게 되면 염려하지 않게 된다는 의미를 내포하고 있습니다. 그러면 모든 지각에 뛰어나신 하나님의 평강이 그리스도 예수 안에서 우리 마음과 생각을 지켜 염려의 늪에 빠지지 않게 하신다는 것입니다. 여기서 주목해야 할 대목은 "예수 그리스도 안에서"란 말입니다. 이것을 기록한 바울은 다른 곳에서 "예수 그리스도를 깊이 생각하라" 했습니다. 이는 예수님을 생각하지 않으면 우리는 염려에서 벗어날 수 없다는 뜻입니다.

인생은 염려와 근심의 연속이라 할 수 있습니다. 그런데 어떻게 염려가 아니라 감사함을 가지고 하나님께 나아갈 수 있을까요?

어떻게 선하고 온전하고 거룩하고 옳은 것을 생각할 수 있을까요? 어떻게 염려와 근심의 상황 속에서도 그것을 더 이상 근심과 염려로 여겨지지 않도록 만들 수 있을까요? 예수님을 보시면 의문이 풀립니다. 예수님은 아버지의 우리를 향한 사랑을 십자가의 죽음으로 확증하신 분입니다. 예수님은 십자가의 처형을 앞두고 분명 근심하신 흔적이 있습니다. 그래서 할 수만 있다면 이 죽음의 무거운 잔이 지나가게 해 달라고 하셨던 것입니다. 그러나 예수님이 근심 중에 십자가를 지셨다는 기록은 성경에는 없습니다.

그렇다면 어떻게 죽음과 고통 속에서 염려와 근심이 없었을 수 있을까요? 어떤 아이가 Good Friday에 저의 친구 목사에게 왔습니다. '목사님, Good Friday는 누구에게 Good이에요? 아, 예수님은 죽으셔서 예수님께 Bad Friday이고 우리는 구원을 받았으니 우리에게 Good Friday이구나.' 이 말을 듣고 목사님이 지혜로운 답변을 했습니다. '예수님과 우리 모두에게 Good Friday란다. 예수님은 우리를 너무 사랑하셔서 죽으실 때에도 우리를 위해서 죽으셨기 때문에 죽음조차 Good이라고 생각했기 때문이지.' 어쩌면 예수님의 죽으심 때문에 구원을 받은 하나님의 자녀들은 이 날을 '좋은 금요일'(Good Friday)이라고 생각할 것이지만 자신의 죽음보다 우리의 생명을 더 사랑하신 예수님은 이 날을 '나쁜 금요일'(Bad Friday)

이 아니라 '최고의 금요일'(Best Friday)로 여기실 것 같습니다.

서로 사랑하는 연인들은 구만리를 가서라도 사랑하는 이의 얼굴 한 번 보는 것으로 모든 소요된 시간과 비용과 몸의 피곤함이 일순간에 해소되지 않습니까? 같은 맥락에서 갈라디아 교회의 성도들은 바울을 너무나도 사랑해서 눈이라고 빼주려고 했습니다. 빌립보 교회와 바울의 관계를 보십시오. 빌립보서 2장에 보면 에바브로디도라는 인물이 나옵니다. 그는 교회가 사랑하는 바울을 돕기 위해 파송된 자입니다. 그런데 그가 죽을 정도로 심각한 중병에 걸리게 되었습니다. 이 소식을 들은 빌립보 성도들은 근심에 빠졌다고 했습니다. 자신의 병 때문에 교회가 근심하고 있다는 소식을 듣고 에바브라디도는 더 큰 근심에 빠집니다. '나 때문에 교회가 근심하고 있구나.' 나아가 바울은 에바브로디도가 자신의 병 때문에 교회가 근심하고 있다는 것을 알고 근심하는 에바브로디도의 모습을 보면서 바울 역시 극심한 근심에 빠집니다. 이 근심은 걱정이나 염려가 아닙니다. 서로가 서로를 향한 사랑의 짙은 관계성이 그런 형태로 나타난 것입니다. 남에게 한 토막의 근심도 주지 않으려고 마음 아파하는 그런 사랑과 배려가 죽을 중병조차 상대적인 것으로 만들어 결코 근심의 대상이 되지 않게 만든 것이지요.

하나님은 우리를 얼마나 사랑하고 계신지 모릅니다. 그 사랑은 예수님의 십자가 죽음에서 가장 극명하게 증거되고 있습니다. 아버지가 아들 안에 아들이 아버지 안에 있어 분리될 수 없는 한 분으로 계시는 하나님 아버지가 그렇게 사랑하는 독생자를 이 땅에 가장 억울하고 가장 비참하고 피조물이 창조자를 조롱하고 멸시하는 가장 터무니 없는 십자가의 길을 걷게 하신 것은 우리를 너무도 사랑하고 그 사랑을 확증하는 그런 증거로서 우리에게 알리고자 했던 것입니다. 사망의 쏘는 것, 사망이 그 동안 계속 이겨 왔던 것들을 사랑의 수단으로 삼으셔서 일거에 우리를 그 모든 결박에서 자유롭게 만드신 것입니다. 예수님은 그런 분이십니다. 고난이 기쁨이 되고 죽음조차 유익이 되는 새로운 차원을 십자가의 죽음으로 여신 분이십니다. 그분 안에서는 어떠한 이유로도 염려나 근심이 존재할 수 없습니다. 따라서 우리가 예수님을 깊이 생각할 때 우리의 합리적인 사유를 능가하는 예수님과 동일한 차원의 평강이 우리의 생각과 마음을 주장하시며 지키시는 은혜와 자유를 경험하게 되는 것입니다.

예수님을 생각하면 근심과 염려가 우리 생각에 자리를 잡을 수 없습니다. 고난 당하는 것도 유익이고 죽음도 유익이라 판단하는 자들에게 도대체 어떤 근심과 염려가 그들의 마음과 생각에 자리 잡을 수 있을까요? 바울이 건강하고 바른 생각을 권면하기 전에 그 생각을 결박하는 요소로서 염려를 언급하신 이후에 그것을 다스리는 유일한 방법으로 우리 자신이 아니라 기도와 간구로 그 모든 것을 하나님께 아뢰면 그리스도 예수 안에서 우리의 마음과 생각을 하나님의 평강으로 지킬 것이라고 말한 이유는 바로 여기에 있습니다. 빌립보 교회에 편지를 쓰고 있는 바울을 보십시오. 그는 마른 땅에 먼지가 나도록 매를 맞았던 분입니다. 돌세례를 받은 적도 있습니다. 강의 위험과 강도의 위험과 동족의 위험과 이방인의 위험과 시내의 위험과 광야의 위험과 바다의 위험과 거짓 형제의 위험을 수없이 당했다고 말합니다. 감옥을 안방 드나들듯 했습니다. 그런데 바울이 근심하고 염려했던 흔적은 찾아볼 수 없습니다. 불빛도 없는 감옥에서 감사의 찬송을 부릅니다. 옥문이 무너지고 사슬이 풀어져도 도망갈 생각을 안합니다. 이는 감옥에 갇힌 상황 속에서도 그를 결박하고 부정적인 영향을 줄 수 있었던 것이 하나도 없었다는 사실을 반증하는 것입니다. 오히려 그는 탈옥의 책임감 때문에 자결하려 했던 간수에게 복음과 새로운 소망을 전합니다. 불편하고 캄캄한 감옥 속에서도 바울은 오히려 빌립보 교회를 향하여 "기뻐하라"고 말합니다.

"주 안에서 항상 기뻐하라 내가 다시 말하노니 기뻐하라"(빌 4:4).

순종으로 은혜에 참여하라

생각의 자유는 그냥 찾아오지 않습니다. 하나님의 전적인 평강이 우리의 마음과 생각을 지켜주실 때에만 가능한 것입니다. 생각 지키는 것이 하나님의 일이라고 우리의 마땅한 도리를 무시해도 되는 것은 결코 아닙니다. 우리는 우리에게 허락된 만큼 순종으로 그 은혜에 참여하지 않으면 안됩니다. 빌립보서 4장 8절에 언급된 것처럼 참되고 경건하고 옳고 정결하고 사랑과 찬양이 합당한 것을 깊이 생각해야 합니다. 물론 이런 요소들을 다 커버하는 유일한 대상은 예수님 뿐입니다. 모든 보화가 그분 안에 있습니다. 그러나 예수님을 생각할 때 그런 요소들을 다 생각하며 의식하는 것이 필요함을 잊지 않아야 합니다.

일체의 비결을 배우라

기도와 간구로 하나님께 근심과 염려를 아뢴다는 것 자체가 하나님을 생각하는 것입니다. 기도와 간구는 예수님에 대한 생각을 가장 올바른 방법으로 실천하는 것입니다. 그러므로 예수님을 생각하는 일을 중단하지 마십시오. 호흡처럼 생각하지 않으면 호흡처럼 즐비하게 찾아오는 근심과 염려에 사로잡힐 것입니다. 온 마음과 생명과 뜻과 힘을 다 동원하여 그분을 생각해야 합니다. 그러면 우리 안에 더러운 찌꺼기가 머리 둘 곳이 없어질 것입니다. 근심과 염려와 불평과 원망과 불신과 음란과 거짓과 탐욕이 생각에서 완전히 추방되는 것입니다.

또 하나 주의할 것은 그렇게 기도와 간구로 하나님께 모든 염려의 상황을 아뢴다고 해서 염려할 일이 전혀 생기지 않는 것은 아니라는 것입니다. 오히려 염려와 근심은 지속될 수도 있습니다. 하지만 그럴 때마다 모든 상황에서 하늘의 지혜로 능히 대처하는 일체의 비결을 배우게 되는 것입니다. 비천에 처할 줄도 알고 풍부에 처할 줄도 알아 배고픔과 풍부와 궁핍에도 일체의 비결을 배우는 염려의 상황들은 계속 주어질 것입니다. 죽음도 이젠 더 이상 장애물이 아니라 유익이라 말하는 자에게 능치 못할 것이 무엇이 있을 수 있을까요? 하나님이 통치하고 계시다는 확신 때문입니다. 아무리 어렵고 힘들어도 그 배후에 하나님의 거룩한 뜻과 섭리가 도도히 흐르고 있기에 나의 물리적인 유익에 연연하지 않고 하나님의 뜻과 섭리 때문에 기쁘고 즐거운 것입니다. 이처럼 하나님의 사람은 매이지 않습니다. 하나님의 뜻에 의해서만 제어를 받는 자입니다. 이것을 우리는 진정한 자유인의 모습이라 할 수 있을 것입니다.

생각이 심겨지면 반드시 거두는 것이 있다

어거스틴은 우리가 사랑하는 것이 우리를 규정하는 것이라고 말합니다. We are what we love. 예수님을 사랑하는 자는 예수님과 같은 자입니다. 신이 된다는 말이 아닙니다. 하나님의 아들의 형상이 우리 안에서 온전하게 회복될 것이라는 말입니다. 생각은 영혼과 뒤섞여서 구분되지 않습니다. 생각은 우리의 영혼에 영양분이 공급되는 곳이기 때문입니다. 그래서 잠언의 지혜자는 그 사람의 생각이 그러한즉 그 위인도 그러하다 했던 것입니다. 여러분은 지금 무엇을 생각하고 계십니까? 그 생각은 단순히 보이지 않는 관념일 뿐이요 잠시 생각에 들어왔다 망각으로 흩어지는 것일 뿐이라고 가볍게 여겨서는 안됩니다.

생각에 심겨지면 반드시 거두는 것이 있다는 사실을 잊지 마십시오. 이런 맥락에서 지금 나의 생각을 사로잡고 있는 것이 무엇인지 정직하고 진지하게 돌아 보시기를 권합니다. 생각대로 나 자신이 만들어져 갈 것입니다. 개인도 그렇지만 교회도 다르지 않습니다. 교회의 주된 관심사가 무엇이냐, 그런 교회의 생각을 따라 교회의 정체성은 규정되는 것입니다. 우리 교회는 어떤 교회가 되어야 하는가, 그것은 우리 교회가 어떤 아젠다를 늘 사색하고 논하고 관심을 쏟느냐에 달려 있는 것입니다. 하나님을 중심에 모시고 하나님만 생각하고 하나님만 찬양하고 그분만을 경배하고 감사하고 기념하는 교회가 되면 진정 주님의 교회라는 정체성이 그 생각의 결과로서 확립될 것으로 믿습니다. 우리 교회에 대해서 우리는 주님의 몸이요 주님의 교회라고 당당하게 말할 수 있는 우리 모두가 되시기를 바랍니다.

하나님의 역설

생각이 인격을 형성하고 인격이 생각을 좌우한다. 사람이 무엇을 심든지 그대로 거둔다는 말씀처럼 생각으로 선을 쌓으면 선을 실천하고 악을 쌓으면 악을 저지른다. 생각에 선을 쌓으려면 참되고 경건하고 옳고 정결하고 사랑할 만하고 칭찬할 만한 것들을 생각해야 한다. 이러한 생각을 훼방하는 요소가 바로 세상의 근심이다. 근심은 생각의 과잉이며 우리의 인격이 근심의 대상에 의해 결박되게 한다. 근심이 우리의 생각을 장악하면 선에 대한 생각의 활동이 마비된다. 근심의 극복은 우리의 능력을 벗어난다. 지각에 뛰어나신 하나님의 평강에 의해 극복된다. 이렇게 하여 자유롭게 된 생각의 대상은 무엇일까? 성경은 그리스도 예수를 지목한다. 자신을 생각하지 않고 그를 생각하면 우리의 전인격은 그의 인격에 의해 장악된다.

18
듣는 마음

⁹누가 주의 이 많은 백성을 재판할 수 있사오리이까 듣는 마음을 종에게 주사 주의 백성을 재판하여 선악을 분별하게 하옵소서 ¹⁰솔로몬이 이것을 구하매 그 말씀이 주의 마음에 든지라 ¹¹이에 하나님이 그에게 이르시되 네가 이것을 구하도다 자기를 위하여 장수하기를 구하지 아니하며 부도 구하지 아니하며 자기 원수의 생명을 멸하기도 구하지 아니하고 오직 송사를 듣고 분별하는 지혜를 구하였으니 ¹²내가 네 말대로 하여 네게 지혜롭고 총명한 마음을 주노니 네 앞에도 너와 같은 자가 없었거니와 네 뒤에도 너와 같은 자가 일어남이 없으리라 ¹³내가 또 네가 구하지 아니한 부귀와 영광도 네게 주노니 네 평생에 왕들 중에 너와 같은 자가 없을 것이라

열왕기상 3:9-13

솔로몬은 인류의 역사에서 최고의 지혜와 최대의 부귀와 최상의 영광을 소유한 왕입니다. 세상의 모든 사람들이 열망하는 이 소유물은 솔로몬이 자신의 힘과 능력으로 취득한 것이 아닙니다. 주님께서 은혜의 선물로 주신 것입니다. 솔로몬이 받은 것들만이 아니라 우리에게 있는 것들 중에서도 주님의 선물이 아닌 것은 하나도 없습니다. 우리의 생명과 호흡과 재능과 시간과 건강과 환경도 다 주님의 선물입니다. 그래서 우리가 존재하고 호흡하고 생각하고 말하고 행하는 모든 것이 다 주께서 베푸신 은혜의 결과라고 고

백할 수밖에 없습니다. 본문은 솔로몬이 이 놀라운 하나님의 은혜를 받는 정황이 소개되어 있습니다. 그에게 주어진 모든 소유물은 왜 주어졌고 무엇을 위한 것인지도 언급되어 있습니다.

듣는 마음이란

먼저 9절을 보십시오. "누가 주의 이 많은 백성을 재판할 수 있사오리이까 듣는 마음을 종에게 주사 주의 백성을 재판하여 선악을 분별하게 하옵소서"(왕상 3:9). 이 말씀은 솔로몬이 받은 은혜가 기도의 결과라는 사실을 말하고 있습니다. 무엇보다 솔로몬은 하나님 앞에서의 자신을 "작은 아이"라고 규정하며 출입할 줄도 모른다며 자세를 바짝 낮춥니다. 하나님의 도우심 없이는 한 순간도 왕의 직무를 감당하지 못한다며 겸손의 허리를 굽힙니다. 하나님의 백성을 올바르게 섬기기 위해 "듣는 마음"을 종에게 주셔서 "주의 백성을 재판하여 선악을 분별하게" 해 달라는 기도를 하나님께 올립니다. 성경에 등장하는 믿음의 사람들 중에서 "듣는 마음"을 기도제목 리스트의 일 순위에 넣은 사람은 아무도 없습니다. 어쩌면 "듣는 마음"을 기도의 내용으로 여겨본 적도 없었을 가능성이 높습니다. 그러나 솔로몬은 "듣는 마음"을 하나님께 구합니다. "깨닫는 마음과 보는 눈과 듣는 귀"(신 29:4)는 오직 여호와의 선물로서 주어지는 것이라는 모세의 기록을 읽고 듣는 마음의 주인이신 하나님께 기도했을 것입니다.

"듣는 마음"의 다른 이름은 경청입니다. 경청은 상대방을 존중하는 마음으로 상대방의 말을 듣는다는 것입니다. 듣는다는 것은 단순히 귀의 활동이 아닙니다. 귀는 정보를 전달하는 공기의 파장을 접수하는 창구일 뿐입니다. 파장에 실린 정보와 정보에 담긴 상대방의 마음을 읽어내는 것은 귀가 아니라 마음의 몫입니다. "듣는 마음"이 없으면 서로 소통할 수 없습니다. 듣는 귀만 있으면 비록 정보는 교환할 수 있겠지만 마음을 나누는 소통은 이루어질 수 없습니다. 소통은 정보를 교환하는 것이 아닙니다. 입술에서 빚어지는 언어의 논리를 분석하고 해석하는 것이 아닙니다. 진정한 소통은 언어나 표정이나 눈빛이나 몸짓의 표면적인 의미를 파악하는 것을 넘어서 그 안에 담긴 서로의 마음을 감지하고 서로의 마음을 받아들일 때에 일어나는 일입니다. 때때로 더 깊은 소통의 발생에는 소통의 수단이 생략되는 경우도 있습니다. 수단 없이 발생하는 소통은 입으로 말하지 않아도, 표정과 눈으로 다 말하지 못해도 서로의 마음을 읽고 느끼는 것입니다. 이런 종류의 소통은 마음에 고여 있는 형언할 수 없는 사연들이 그냥 읽어지고 공감되는 것입니다. "듣는 마음"은 그런 소통을 가능하게 만듭니다.

솔로몬이 구한 "듣는 마음"은 상대방의 상황에 매이지도 않고 입술의 언사에 매이지도 않고 언사에 담긴 정보에도 매이지 않고 상대방의 마음을 있는 그대로 느끼는 마음을 뜻합니다. 마음은 귀로 읽어지는 것이 아닙니다. 마음은 마음으로 읽어야 읽힙니다. "듣는 마음"은 나의 마음을 비우고 상대방의 마음을 존중하고 수용할 때에 주어집니다. 내 안에 나 자신으로 가득 차 있으면 어떠한 소리나 마음도 읽어지지 않습니다. "듣는 마음"은 자기부인 없이는 가질 수 없고 작용하지 않습니다. 나의 생각과 나의 기호와 나의 판단을 부인하지 않으면 상대방의 목소리는 나를 기준으로 번역되고 편집되고 재구성될 수밖에 없습니다. 내가 살아 있으면 듣고 싶은 대로 듣고 읽고 싶은 대로 읽습니다. 상대방은 없고 나만 있습니다. 이것은 결코 "듣는 마음"이 아닙니다.

하나님은 들으시는 분이시다

"듣는 마음"은 하나님의 마음과 다르지 않습니다. 본문 10절은 솔로몬이 "듣는 마음"을 기도한 이후에 보이신 하나님의 반응을 기록하고 있습니다. "솔로몬이 이것을 구하매 그 말씀이 주의 마음에 든지라." 하나님의 마음에 들었다는 것은 하나님의 마음과 솔로몬이 구한 "듣는 마음"이 같았다는 뜻입니다. 하나님은 들으시는 분입니다. 솔로몬은 하나님의 그 마음을 구한 것입니다. 하나님의 마음에 흡족한 기도의 중요한 원리가 여기에 있습니다. 거룩하신 하나님께 거룩한 마음을 구하고, 의로우신 하나님께 의로운 마음을 구하고, 자비로운 하나님께 자비로운 마음을 구하고, 정직하신 하나님께 정직한 마음을 구하고, 선하신 하나님께 선한 마음을 구하고, 죄를 사하시는 하나님께 용서하는 마음을 구해 보십시오. 솔로몬과 같이 하나님의 마음에 흡족한 기도자가 될 것입니다.

"듣는 마음"으로 상대방의 마음을 읽어내는 것은 주님께서 그 상대방의 목소리를 들으시는 것처럼 들어야 가능한 일입니다. 주님의 마음을 품지 않으면 주님께서 들으시는 것처럼 들을 수 없습니다. 주님의 마음을 품고 주님께서 들으시는 것처럼 들을 때에 비로소 들리고 선악을 분별할 수 있습니다. 듣는 마음에 의한 선악의 분별은 사람의 기준을 따라 사람의 이익을 추구하는 방향으로 내려지는 판단이 아닙니다. 하나님의 뜻을 따라 하나님을 기쁘시게 하는 방향으로 판결해야 비로소 선악이 올바르게 분별합니다. 왕의 공적인 자리에서 여전히 자연인의 사적인 기호와 감정과 기준을 따라 백성을 판단한다면 하나님의 나라는 견고하게 세워질 수 없습니다. 선악을 스스로 분별할 수 있는 인간은 없습니다. 비록 아담과 하와가 선악과를 먹어서 선악을 스스로 판단하는 주체가 되기는 하였지만 역사 속에서 선악의 올바른 분별력이 인간에게 양도된 적은 한번도 없습니다. 아담과 하와를 따라 인간은 계속해서 선악을 분별하는 활동을 하지만 스스로는 결코 올바른 분별에 도달할 수 없습니다.

사람을 중심으로 상황을 이해하지 말라

모든 선(善)들의 샘이시고 최고의 선이시고 선 자체이신 하나님만이 선악을 판단하는 유일한 기준과 주체가 되십니다. 그분의 기준과 의로운 판단력이 마음으로 읽어지지 않는다면 누구도 주님께서 내리시는 선악의 분별에 동참할 수 없습니다. 선악을 분별하는 자는 모든 상황과 모든 사물과 모든 사태와 모든 상태 속에서 하나님의 뜻을 마음으로 듣고 읽어내는 자입니다. 역사 속에서 하나님의 뜻을 범사에 마음으로 읽어낸 사람이 있다면 아마도 솔로몬의 아버지 다윗일 것입니다. 솔로몬이 듣는 마음을 하나님께 구하였던 것도 어쩌면 아버지 다윗의 영향이 아닐까 싶습니다. 다윗은 어떠한 상황 속에서도 하나님의 뜻을 읽어내는 경청의 마음을 가졌습니다. 아들 압살롬이 아버지 다윗을 죽이려고 하자 왕궁을 떠나 도망을 가던 때에 일어난 일입니다. 사울의 친족인 시므이가 도피의 동선을 따라오며 다윗을 향해 저주를 퍼부으면 이렇게 말합니다.

"피를 흘린 자여 사악한 자여 가거라 가거라"(삼하 16:7).

여기에서 "사악한 자"라는 말의 히브리어 원문은 "벨리알의 사람"을 가리키는 말입니다. 주님께서 기름을 부어 이스라엘 백성의 왕으로 삼은 하나님의 사람을 사탄에게 속한 사람인 것처럼 악담을 퍼부은 것입니다. 이런 상황을 신하들은 좌시하지 않고 왕께 이런 제안을 드립니다.

"이 죽은 개가 어찌 내 주 왕을 저주하리이까 청하건대 내가 건너가서 그의 머리를 베게 하소서 하니"(삼하 16:9).

검으로 머리를 베겠다는 충신들의 제안에 다윗은 상상을 초월하는 반응을 보입니다.

"내가 너희와 무슨 상관이 있느냐 그가 저주하는 것은 여호와께서 그에게 다윗을 저주하라 하심이니"(삼하 16:10).

저주의 자격도 없는 비루한 자 시므이가 사실에 근거하지 않은 악담을 쏟아내고 있는데도 다윗은 여호와가 명하신 일이기 때문에 저주하게 두라고 말합니다. 동시에 충신들에 대해서는 자신과 상관이 없는 자라는 서운한 말까지 던집니다. 다른 곳에서는 자신에게 "사탄"이 되려 하느냐며 호통까지 쳤습니다.

  어떻게 다윗은 자신을 죽은 개로 간주하고 있는 시므이의 저주를 하나님의 명령으로 이해하였고, 반대로 같은 저주를 다윗의 충복들은 사탄의 행위로 이해한 것일까요? 우리의 눈에는 시므이가 사탄의 종으로 보이고 다윗의 충복들이 취한 태도는 하나님의 뜻을 수행하는 것처럼 보입니다. 그러나 다윗은 사태의 표면에 있는 사람들을 주목하지 않은 분입니다. 사람을 중심으로 어떤 상황을 이해하지 않습니다. 다윗은 모든 사건의 배후에 하나님이 계심을 믿고 하나님의 뜻에 반역하는 사탄을 의식한 사람입니다. 시므이의 저주와 충신들의 충언을 주목하지 않고 그 속에서 하나님의 뜻과 사탄의 속삭임을 감지해 낸 사람입니다. 사실 다윗은 국정 책임자의 빠듯한 일정 속에서도 늘 하나님의 음성에 귀를 기울였고 주야로 하나님의 말씀을 묵상하였습니다. 하나님의 말씀이 마음 속에 가득했던 다윗은 사람의 목소리가 아니라 하나님의 음성에 민첩할 수밖에 없습니다. 시므이의 저주도 다윗의 마음에는 하나님의 뜻을 전달하는 진리의 수레였습니다.

"듣는 마음"이 없었던 르호보암

다윗과는 달리 솔로몬의 아들 르호보암 왕은 다윗이 가졌고 솔로몬이 구하였던 "듣는 마음"을 상실한 대표적인 사례입니다. 솔로몬의 타락으로 인해 이스라엘 국가가 분단의 위기를 맞습니다. 그때 솔로몬의 신하였던 여로보암이 북쪽의 열 지파들과 함께 왕에게 와서 노동의 멍에가 너무도 무거우니 가볍게 해 달라는 청원을 올립니다. 들어주면 르호보암 왕을 왕으로 인정해 주겠다고 말합니다. 그러자 르호보암 왕은 먼저 솔로몬과 함께 국정을 운영했던 원로들을 찾아가 조언을 구하고 다음과 같은 충언을 듣습니다.

> "왕이 만일 오늘 이 백성을 섬기는 자가 되어 그들을 섬기고 좋은 말로 대답하여 이르시면 그들이 영원히 왕의 종이 되리이다"(왕상 12:7).

왕은 다스리는 권력자가 아니라 섬기는 종이며 왕의 직무는 군림하는 것이 아니라 섬기는 것입니다. 원로들은 백성을 섬기는 종이 되라고 말합니다. 그러면 그들이 왕에게 영원토록 종이 될 것이라고 말합니다. 한 마디로 "듣는 마음"을 가지라는 것입니다.

원로들의 조언은 우리에게 예수님의 말씀을 떠올리게 만듭니다.

"너희 중에 누구든지 으뜸이 되고자 하는 자는 모든 사람의 종이 되어야 하리라"(막 10:44).

이것은 왕이 모든 사람의 종이 되어야 비로소 모든 사람의 왕이 된다는 역설적인 말입니다. 예수님은 모든 사람을 섬기기 위해 종의 형체를 입으시고 이 땅에 오셨습니다. 그리고 말씀하신 대로 모든 사람의 종되신 삶을 사셨습니다. 그러나 르호보암 왕은 원로들의 조언을 귀로는 들었으나 마음으로 듣지는 않았기에 하나님의 뜻을 미련 없이 버렸습니다. 그리고는 '자기와 함께 자라난 어린 사람들과 의논'하고 그들의 유치하고 경박한 조언에 귀 기울였습니다. 하나님의 음성을 듣고 하나님의 뜻을 읽으려는 것보다 사사로운 감정에 사로잡혀 자기 생각으로 가득한 사람은 자기가 듣고 싶은 것만 듣습니다. 결국 르호보암 왕 시대에 이스라엘이 두 나라로 쪼개지는 분단의 역사가 되었습니다.

마땅히 먼저 구해야 할 "듣는 마음"

솔로몬이 하나님께 구하였던 "듣는 마음"은 있어도 되고 없어도 그만인 것이 결코 아닙니다. 모든 하나님의 사람들이 필히 가져야 하는 마음입니다. 하나님의 모든 사람들은 "듣는 마음"으로 타인의 깊은 심경을 마치 주님께서 보시듯이 읽어내고, 어떠한 상황 속에서도 하나님의 음성을 듣고 하나님의 뜻을 분별하고 하나님의 뜻에 반응하는 자입니다. "듣는 마음"은 솔로몬의 전유물이 아닙니다. 열왕기상 기록자는 솔로몬의 기도가 주님의 마음에 들었다고 말합니다. 하나님의 마음에 들었다는 말의 의미는 어떤 것일까요?

> "이에 하나님이 그에게 이르시되 네가 이것을 구하도다 자기를 위하여 장수하기를 구하지 아니하며 부도 구하지 아니하며 자기 원수의 생명을 멸하기도 구하지 아니하고 오직 송사를 듣고 분별하는 지혜를 구하였으니 내가 네 말대로 하여 네게 지혜롭고 총명한 마음을 주노니 네 앞에도 너와 같은 자가 없었거니와 네 뒤에도 너와 같은 자가 일어남이 없으리라 내가 또 네가 구하지 아니한 부귀와 영광도 네게 주노니 네 평생에 왕들 중에 너와 같은 자가 없을 것이라"(왕상 3:11–13).

사람들의 기도를 들어보면 장수하게 해 달라는 내용이 많습니다. 오래 살게 해 달라고 기도하실 필요가 없습니다. 그냥 부모님을 공경하면 되는 일입니다.

"네 부모를 공경하라 그리하면 네 하나님 여호와가 네게 준 땅에서 네 생명이 길리라"(출 20:12).

어떤 사람들은 부자가 되게 해 달라고 하나님께 지속적인 기도를 올립니다. 그렇게 기도하실 필요가 없습니다. 재물이 많든지 적든지 그냥 나누시면 되는 일입니다.

"주라 그리하면 너희에게 줄 것이니 곧 후히 되어 누르고 흔들어 넘치도록 하여 너희에게 안겨 주리라"(눅 6:38).

어떤 사람들은 자기 원수의 생명을 제거해 달라는 기도를 드립니다. 자신의 기쁨과 행복과 생명을 위협하는 원수들의 제거는 모든 사람들이 바라는 바일 것입니다. 그러나 그렇게 기도하실 필요가 없습니다. 원수의 갚음은 오직 하나님께 있습니다.

"원수 갚는 것이 내게 있으니 내가 갚으리라"(히 10:30).

복수의 칼을 뽑지 마십시오. 보복은 우리가 관여할 일이 아닙니다. 하나님은 우리의 주문대로 행하시는 분도 아닙니다. 오히려 우리는 원수들이 생길 때마다 그들을 사랑하고 그들을 위해 기도하며 축복해 주면 되는 것입니다.

"나는 너희에게 이르노니 너희 원수를 사랑하며 너희를 박해하는 자를 위하여 기도하라"(마 5:44).

솔로몬은 장수도 구하지 않고 부도 구하지 않고 원수의 보복도 구하지 않고 오직 선악의 분별을 위한 "듣는 마음"을 구하였기 때문에 하나님의 마음에 들었으며, 하나님의 마음에 들었기에 놀라운 복을 받습니다.

"내가 네 말대로 하여 네게 지혜롭고 총명한 마음을 주노니 네 앞에도 너와 같은 자가 없었거니와 네 뒤에도 너와 같은 자가 일어남이 없으리라"(왕상 3:12).

이는 지혜와 총명에 있어서 솔로몬 이상의 인물은 역사 전체를 통틀어서 하나도 없었고 앞으로도 없을 것이라는 뜻입니다. 하나님의 마음에 든 자에게 주시는 본은 이것이 전부가 아닙니다.

"내가 또 네가 구하지 아니한 부귀와 영광도 네게 주노니 네 평생에 왕들 중에 너와 같은 자가 없을 것이라라"(왕상 3:13).

솔로몬이 구하지도 않았던 부귀와 영광을 주시되 일평생에 솔로몬과 같은 왕이 없을 정도로 주십니다. 이러한 하나님의 조치는 예수님의 말씀에도 그대로 나타나 있습니다.

"그런즉 너희는 먼저 그의 나라와 그의 의를 구하라 그리하면 이 모든 것을 너희에게 더하시리라"(마 6:33).

사람들은 "듣는 마음"보다 "부귀와 영광"을 선호하는 경향을 보입니다. 그러나 덤으로 주시는 것에 매달리는 자는 어리석은 자입니다. 마땅히 구해야 할 "듣는 마음"을 구하지 않고 장수와 부귀와 명성과 권력을 추구하는 자는 비록 그것이 주어져도 그에게 복이 아닙니다. 오히려 재앙이 될 것입니다. 듣는 지혜의 마음이 없는 사람이 오래 산다고 생각해 보십시오. 타인을 오랫동안 무시하는 인생을 살아갈 것입니다. 듣는 지혜의 마음이 없는 사람이 부자가 된다고 생각해 보십시오. 사람들의 필요를 채우는 덕스러운 삶이 아니라 재물에 휘둘리는 인생을 살아갈 것입니다. 듣는 지혜의 마음이 없는 사람이 명성을 가졌다고 생각해 보십시오. 명성을 활용하여 사람들을 도와주는 자가 아니라 명성 관리에만 정신이 팔린 인생을 살아갈 것입니다. 듣는 지혜의 마음이 없는 사람이 권력을 가졌다고 생각해 보십시오. 권력의 남용과 오용으로 자신도 독재자로 전락하고 타인의 삶도 비참하게 만들 것입니다. 이로써 하나님의 나라와 의를 구하면 다른 모든 것들을 더하여 주신다는 응답의 순서는 우리를 위한 하나님의 깊은 배려와 사랑임을 확인할 수 있습니다.

솔로몬이 하나님께 구하였던 "듣는 마음"을 구하시기 바랍니다. '듣는 마음'은 우리 입술의 말과 마음의 묵상까지 들으시는 하나님의 마음이기 때문에 하나님은 기꺼이 기쁘게 응답해 주십니다. 듣는 마음의 소유자는 하나님의 마음을 가진 자이기 때문에 무엇이 주어져도 하나님의 마음을 따라 사용할 것입니다. 솔로몬을 보십시오. 듣는 마음을 구하였기 때문에 하나님의 마음에 들었던 왕입니다. 하나님은 그에게 듣는 마음만이 아니라 부귀와 영광까지 주십니다. 일평생에 어떠한 왕도 솔로몬이 가진 지혜와 부귀와 영광을 능가했던 왕은 없습니다. 그러나 주의해야 할 것이 있습니다. 하나님의 음성과 백성의 신음을 듣는 마음을 상실하는 순간 부귀와 영광은 복이 아니라 독으로 변한다는 것입니다. 하나님의 나라와 의의 추구를 중단하면 주어진 모든 것들은 악용되고 남용되고 오용되어 하나님의 나라와 의를 훼방하는 원흉으로 전락할 것입니다. "듣는 마음"을 구하였던 솔로몬이 우리에게 교훈하는 것은 다른 무엇보다 하나님의 마음을 품으라는 것입니다.

하나님의 역설

듣는 마음은 역설이다. 듣는 마음은 하나님의 음성을 듣고 타인의 마음을 읽는 최고의 마음이고, 당연히 다른 무엇보다 먼저 하나님께 추구해야 하는 기도의 내용인데, 사람들은 전혀 관심을 기울이지 않고 그들의 눈에는 어리석어 보이는 내용이기 때문이다. 다른 모든 선물들을 유익하게 만드는 최고의 선물인데 겉으로 보기에는 너무 허술해 보여서다. 이것을 구하면 다른 모든 선물들이 뒤따르는 복의 물꼬인데 그 물꼬가 트이기 전까지는 사람들이 몰라서다. 이렇게 귀한 선물인데 세상에는 너무도 희귀하다. 듣는 마음이 없어서 오해가 빚어진다. 원수가 곳곳에서 등장한다. 대립과 반목과 갈등과 분열이 조장된다. 선악의 분별은 실패하고 악의 조장은 왕성하다. 듣는 마음의 회복이 시급하다. 듣는 마음을 소원한 솔로몬의 기도가 우리의 기도여야 한다.